MÉMOIRE

A CONSULTER,

SUR UNE QUESTION

DE PROPRIÉTÉ LITTÉRAIRE.

SE TROUVE :

Chez J.-G. DENTU, Imprimeur - Libraire,
rue du Pont de Lodi, n° 3 ;

Et au Palais-Royal, galeries de bois, n°s 265 et 266.

MOYEN DE PARVENIR EN LITTÉRATURE,

OU

MÉMOIRE A CONSULTER,

SUR UNE QUESTION DE PROPRIÉTÉ LITTÉRAIRE,

DANS LEQUEL ON PROUVE

QUE LE SIEUR MALTE-BRUN,

SE DISANT GÉOGRAPHE DANOIS,

A copié littéralement une grande partie des Œuvres de M. GOSSELLIN, ainsi que de celles de MM. LACROIX, WALCKENAER, PINKERTON, PUISSANT, etc., etc., et les a fait imprimer et débiter sous son nom.

Et dans lequel on discute cette question importante pour le commerce de la librairie : « Qu'est-ce qui distingue le *plagiaire-copiste* du « simple *contrefacteur;* et jusqu'à quel point le premier peut-il « être regardé comme devant encourir la peine portée par la loi « contre le dernier ? »

PAR JEAN-GABRIEL DENTU,

IMPRIMEUR-LIBRAIRE,

Éditeur de la Géographie de J. Pinkerton.

~~~~~~~~

PARIS.

1811.
~~~~~~~~

AVERTISSEMENT.

———

LA question que je soumets au Public est tout-à-fait neuve. Attaqué dans ma propriété, il m'est facile, comme on va le voir, de prouver la lésion et de démasquer celui qui l'a commise ; mais telle est la nature du délit, que j'ignore à quelle autorité je dois adresser ma plainte.

A quelle cour, à quelle partie du ministère public doit être portée une dénonciation de plagiat ?

Il existe une loi formelle pour la répression des contrefacteurs, je le sais ; mais ce n'est pas une simple contrefaçon que j'ai à poursuivre. Telle est donc la question de droit que je dois poser :

« Qu'est-ce qui distingue le PLAGIAIRE-COPISTE *du simple* CONTRE-
« FACTEUR ; et jusqu'à quel point le premier peut-il être regarde
« comme devant encourir la peine prononcée par la loi contre le
« dernier ? »

Si j'invoque cette loi, n'est-il pas de ma prudence de prévoir le subterfuge que ma partie adverse pourrait m'opposer ? « Un contrefacteur, me dira-t-il, est celui qui vole tout un livre ; et moi, je « ne vous ai volé qu'une partie du vôtre. » Cette réponse évasive et dérisoire, le plagiaire la fera individuellement à chacun des auteurs qu'il a pillés ; et, contrefacteur de dix ouvrages divers, il se dérobera à la peine qui attend le contrefacteur d'une simple brochure.

Si notre jurisprudence est incomplète sur ce point, à quelle autorité, je le demande encore, dois-je demander protection et vengeance ? Est-ce à S. E. le Grand-Juge, à ce chef suprême de la Justice qui préside à l'exécution des lois, toujours armées pour la défense du propriétaire et le châtiment du spoliateur ? Est-ce à S. E. le ministre de la Police, dont les regards vigilans poursuivent et répriment sans cesse les délits ténébreux qui troublent le repos de la société ? Est-ce à M. le Directeur-général de la Librairie, à ce magistrat spécialement investi du noble soin de maintenir l'ordre dans cette partie importante de la propriété publique et particulière, soit qu'on l'envisage comme dépôt de nos richesses littéraires et monument de la gloire nationale, soit qu'on ne la regarde même que comme une des branches de notre commerce au dedans et au dehors ? Est-ce enfin à S. E. le Grand-Maître de l'Université impériale, que je dois adresser mes réclamations contre le plagiaire qui arrache audacieusement par lambeaux les pages d'un livre destiné à l'instruction publique, pour en recomposer un autre, qu'il ose présenter comme un service rendu à l'éducation de la jeunesse ? N'est-ce pas au corps exclusivement chargé de l'enseignement en France, à venger des savans Français des vols et des outrages continuels d'un étranger téméraire ? Le Sénat, le Conseil d'Etat, le Corps Législatif, les Cours de Justice comptent dans leur sein des savans et des hommes de lettres du premier mérite : n'est-ce pas à des hommes, si recommandables par leurs lumières et leurs attributions, à flétrir de leur désaveu le plus infâme brigandage littéraire dont il ait jamais été mention parmi nous ?

Il est plus urgent que jamais d'y mettre un terme : au moment même où j'écris ceci, M. Malte-Brun *annonce* dans les papiers publics qu'il nous manque un *Traité complet et particulier de Géographie mathématique ;* qu'à la vérité, le *Précis de sa Géographie universelle* contient un exposé succinct de ces matières ; mais que, *sur les demandes pressantes* des instituteurs et des élèves, il a entrepris, et déjà considérablement avancé, un *Traité complet et spécial de Géographie mathématique.* (*Journal de l'Empire*, du 8 Avril 1811).

Qui ne croirait, d'après ces paroles, que jamais on n'a su, en France, ce que c'était que la *Géographie mathématique ?* Qui ne croirait que, le premier, M. Malte-Brun est venu nous l'apprendre, tandis que ce qu'il lui plaît d'appeler aujourd'hui un *Exposé succinct de ces matières*, n'est qu'une copie presque littérale de l'ouvrage d'un savant français ? La lecture de ce Mémoire va convaincre les lecteurs les plus incrédules, par la voie irrécusable des confrontations, que la *Géographie mathématique* de M. Malte-Brun, qui forme plusieurs livres du second volume de son *Précis de la Géographie universelle*, n'est qu'une transcription, et quelquefois qu'une mutilation du beau Traité élémentaire que M. Lacroix, membre de l'Institut, a placé en tête de ma grande édition de Pinkerton, sous le titre d'*Introduction à la Géographie mathématique et critique.* Je vais en publier une seconde édition, considérablement augmentée, et enrichie de cartes et de planches : mais qu'arrivera-t-il, si je n'obtiens une défense légale contre le plagiaire qui a déjà détourné la première à son profit ? N'est-il pas évident qu'il va s'approprier de nouveau, et le fruit du travail de M. Lacroix, et le produit d'une acquisition que j'ai faite sous la garantie des lois ? Et si je suis lésé dans mes intérêts, ne le sommes-nous pas tous dans notre honneur littéraire ? A en croire le Danois Malte-Brun, nos savans sont tombés dans l'oubli, nos écrivains dans l'impuissance. Quoi ! c'est dans un pays qui possède l'Institut, l'Ecole polytechnique, tant d'illustres établissemens, tant de professeurs célèbres, que les *instituteurs et les élèves* adressent des *demandes pressantes* à un étranger obscur, pour le supplier de répandre sur eux les lumières qui n'ont pas encore pénétré dans nos climats !

Je le répète, c'est une cause nationale que je défends ; et ce n'est plus dans des Journaux qu'elle doit être plaidée. C'est dans celui de tous, qui a le plus de lecteurs, que M. Malte-Brun a trouvé, jusqu'ici, refuge et protection : il en a fait une arme offensive et défensive. Ses censeurs, ses collaborateurs, trop étrangers à des manœuvres que ne connaissent pas les véritables gens de lettres, ont laissé le champ libre et quelquefois prêté la main à des diatribes, dont ils étaient loin de soupçonner les intentions et les conséquences.

Il faut aujourd'hui éclairer le public et mes juges, il faut mettre sous leurs yeux toutes les pièces du procès : je veux qu'il puisse être jugé, non-seulement par tout homme ami des lettres et des sciences, mais par tout ami de la justice et de la bonne-foi.

J. G. DENTU.

MOYEN DE PARVENIR
EN LITTÉRATURE.

Qui terre a, guerre a, dit un vieux proverbe : je n'ai point l'honneur d'être seigneur terrien, mais jamais baronnie, marquisat, ou comté n'excitèrent plus de débats entre des voisins avides et hargneux, qu'il ne m'a fallu soutenir d'assauts pour défendre un bien dont, grâce au ciel et à mon argent, je suis légitime propriétaire. Ce bien est un livre, et ce livre est la *Géographie de Pinkerton*. Me reposant sur la réputation de l'auteur, sur le mérite des savans qui ont fait passer son travail dans notre langue, sur les suffrages glorieux qu'il obtint à sa première apparition dans le monde, je m'endormais au bruit flatteur des éloges prodigués à l'ouvrage, et des félicitations dont on accablait l'éditeur. Cálme trompeur ! funeste illusion ! Tout à coup un mot insidieux se glisse au milieu de ce concert de louanges : il est le signal d'un trait plus envenimé ; l'envie humiliée se relève, se dresse, s'agite ; l'orage éclate.... mais, en historien véridique et modeste, je dois me borner à décrire l'origine et les progrès de la guerre cruelle où je me vois entraîné.

Encouragé par le succès de la grande Géographie de Pinkerton, je me déterminai à en faire un Abrégé qui, renfermant sans détails superflus, tout ce qu'il est essentiel de savoir, fût spécialement utile à la jeunesse. La première édition rapidement enlevée par les pères de famille et les instituteurs, j'en publie une seconde, *revue, corrigée, augmentée.* Tout lui promet une destinée aussi favorable : mais quel cri se fait entendre du fond de la rue des Prêtres Saint-Germain-l'Auxerrois ? Le samedi, 9 septembre 1809, (*nefanda dies !*) le Journal de l'Empire me déclare que « mon Abrégé de « Pinkerton est peut-être inférieur à tout ce qu'il y a de « plus pitoyable parmi les géographies françaises, *qui* « *sont pourtant les plus pitoyables de celles de l'Europe.* »

« On ne conçoit pas , me dit-on , comment il *soit*
« possible d'enseigner la géographie d'*après* un tel livre ;
« Pinkerton , *charlatan littéraire s'il en fût jamais , ose*
« *citer* des ouvrages *danois* qu'il n'a pas lus ; mais cela
« en impose toujours à *beaucoup d'érudits français ;* enfin,
« pour citer un exemple foudroyant des *inexactitudes*
« qui rendent l'Abrégé de Pinkerton *inintelligible ,* on
« cite la ville de Cronstadt, en Russie, à laquelle il
« donne 60,000 habitans , au lieu de 12,000. »

Voilà de terribles allégations contre l'auteur et contre
son livre ! Mais quelle est donc l'autorité qui fulmine
de tels anathèmes ? quel est ce souverain juge des nations qui, du haut de son tribunal , vient prononcer
que les géographes *français* sont *les plus pitoyables*
géographes de l'Europe , et que les citations menson-
gères d'un *charlatan* en imposent à beaucoup *d'érudits
français?* Quel est-il cet arbitre de la science, ce con-
tempteur de nos savans ? c'est M. Malte-Brun. Qu'est-ce
que M. Malte-Brun ? c'est un garçon-philosophe danois
à qui l'air de la Baltique eût pu devenir très-malsain ,
si ses amis ne lui eussent conseillé de prendre au plus
vite le chemin de France ; et, comme il faut être quelque
chose ici-bas, l'honnête jeune homme est venu se faire
géographe à Paris. Si le style dans lequel il rédige ses
arrêts sent encore un peu le Scandinave, il faut convenir du moins qu'il sait encore nous estimer assez ,
pour ne pas se croire tenu de payer en flatteries l'hospitalité qu'il nous demande : trouvera-t-il que *nous*
manquions à celle que nous lui donnons, si nous osons
lui représenter que les géographes des rives de la Seine
peuvent valoir ceux des bords du grand et du petit Belt ;
si nous prenons enfin la liberté de lui affirmer que nul
de nos érudits , tout simples et tout crédules qu'il les
suppose , n'est la dupe d'aucun *charlatan littéraire* ou
scientifique , quels que soient son pays et son jargon.

N'auriez-vous jamais fait, à ce sujet, M. Malte-Brun,
une petite réflexion qui siérait assez bien à un géographe, observateur de l'esprit des nations ? c'est que
tous les charlatans de l'Europe, qu'une sotte vanité ou
l'appât du gain attire chez nous, s'y voient tôt ou tard

arracher leur masque. C'est un fait que l'expérience a dû et peut encore vous apprendre. Nous sommes polis, affables envers les étrangers : c'est un trait de notre caractère national. Mais nous ne poussons pas la bonhommie jusqu'à les croire sur parole ; et, si l'un d'eux, par exemple, vient nous dire que l'Abrégé de la Géographie de Pinkerton donne 60,000 habitans à la ville de Cronstadt, nous allons vîte ouvrir le livre, et nous trouvons, page 139 de la 2ᵉ édition, qui a paru en 1806, c'est-à-dire, trois ans avant l'article cité : *Cronstadt*, 20,000 habitans. Nous reconnaissons l'exactitude du géographe, et nous rions alors du maladroit dénonciateur.

Mais, entre nous, M. Malte-Brun, quel changement si subit s'est-il donc fait dans votre cœur et dans votre pensée à l'égard de ce Pinkerton, dont le nom seul semble aujourd'hui vous donner des vertiges ? Lorsqu'étayé du nom de M. Mentelle, vous donnâtes vos 16 lourds volumes de géographie mathématico-physico-politique (qui sont encore en dépôt chez mon confrère L*****), par quelle bénignité citâtes-vous Pinkerton (pag. 5 de votre annonce) au nombre des *meilleurs auteurs de géographie et de statistique de toutes les nations européennes ?* Quel esprit de justice s'était, à votre insu, emparé de vous, quand votre plume laissa échapper cette note remarquable, tom. 2, pag. 237 : « Un An-« glais, M. Pinkerton, auteur d'une géographie uni-« verselle *et très - estimée*, qui n'a été publiée qu'en « 1802, etc., etc. » Quelle puissance surnaturelle vous força de rendre hommage à la vérité, lorsque, dans la *notice critique* annexée à votre Atlas, vous annoncez et jugez en ces termes le même ouvrage que vous déchirez aujourd'hui avec tant de fureur ? Ouvrez cette notice, et voyez-y pag. 22, 1ʳᵉ colonne, 4ᵉ alinéa, écrit de votre propre main ce qui suit :

«Pinkerton, géographie moderne, traduite de l'anglais « par M. Walckenaer, avec une introduction mathé-« matique par S. F. *Lacroix*, de l'Institut, 6 vol. in-8° « et un vol. d'Atlas ; Paris, 1804. Cet ouvrage est *très-*

« *savant* pour la partie critique, ainsi que pour les
« articles de botanique et de zoologie ; cependant il
« avait besoin des notes de M. Walckenaer pour cette
« dernière partie. (Ce qui est parfaitement vrai,
« M. Malte-Brun!) Il est moins bon pour la partie
« géologique, et assez faible pour la partie statistique ou
« politique et morale ; cependant M. Pinkerton montre
« infiniment moins de préjugés que ses compatriotes,
« et, dans ses préjugés même, il décèle *un savoir peu*
« *commun*, et le désir sincère de connaître la vérité.
« L'auteur a *parfaitement* saisi LE BUT et la NATURE de
« la *géographie*. »

Si les amis de Pinkerton lui font, quelque jour, ériger
un monument, ils chercheront en vain une inscription
qui soit plus digne d'y figurer que cette dernière phrase
de M. Malte-Brun. Dans son énergique concision, elle
contient le plus vaste et le plus profond éloge qui ait
jamais été fait d'un géographe quelconque. Ah ! que
vous seriez bon, que vous seriez aimable, M. Malte-
Brun, si, au lieu d'une longue notice apologétique qui
peut intimider les lecteurs, vous me permettiez de
mettre en tête de la nouvelle édition que j'imprime,
ces mots qui contiennent une recommandation à la fois
si simple et si puissante de mon auteur, ces mots naïfs
qui prouvent qu'autrefois vous fûtes un honnête et loyal
jeune homme ! *quantum mutatus!!!*
Vous ne tarissiez point dans ce temps-là sur les
louanges de Pinkerton : à tout instant son nom revenait
sous votre plume. Que de fois je l'aperçois dans cette
seule page 22 de votre notice, indépendamment du
passage éternellement mémorable que je viens de citer !
Ici, les systèmes de Baven sont proclamés les meilleurs,
d'après le jugement de M. Pinkerton ; là, le malheureux
Guthrie est terrassé par ce seul mot : *M. Pinkerton en
parle avec mépris.* Plus loin, si vous voulez vanter une
collection de voyages anglais, vous pensez qu'il suffit
de dire : Elle est estimée de M. Pinkerton, *qui doit être
regardé comme un juge compétent.* Enfin, si vous mettez
une note au bas de cette page sur laquelle j'aime tant à

arrêter mes regards, c'est pour nous assurer que
M. Pinkerton a mieux décrit la Scandinavie (votre terre
natale) que les autres Anglais ne l'ont fait. Vous auriez pu ajouter : *mieux que quelques Scandinaves même.*
Mais cette note vous eût paru incomplète, si vous
eussiez négligé d'y recueillir un des rayons de la gloire
du géographe anglais : vous vous empressez, en conséquence, d'y prévenir vos lecteurs que Pinkerton a
publié en 1804 une *dissertation sur les Goths,* qui contient des choses *fort savantes* et des erreurs *ingénieuses.*
Erreurs *ingénieuses !* de la galanterie jusque dans les
reproches ! Quoi ! va-t-on s'écrier dans les cafés, où
M. Malte-Brun est un grand homme : Prétendez-vous
nous faire croire que c'est le phénix de la Scandinavie
qui a pu s'abaisser à servir ainsi de trompette au géographe d'Albion ? Oui, Messieurs, c'est lui, je vous le
répète, c'est lui-même

Qui depuis.... mais alors il était innocent.

Quel malin génie s'est donc fait une gloire cruelle
d'empoisonner de son souffle une ame qui nous était
arrivée de Copenhague toute candide et toute débon-
naire ? Pleurons sur la fragilité des vertus humaines.
M. Malte-Brun, qui, en 1804, traite Pinkerton de géographe *très-estimé,* le traite en 1809 (*horresco referens*),
de géographe *très-ignorant.* On refuse encore d'ajouter
foi à mes paroles ? Lisez, incrédules, lisez une lettre
divisée en quatre points, et adressée le 24 septembre
1809 aux rédacteurs du Journal de Paris (1) : vous y
verrez, de plus, que Pinkerton est *méprisé des savans ;*

___

(1) **Les** rédacteurs de cette feuille n'ont pas jugé probablement devoir l'enrichir de cette précieuse lettre, car on la trouve reléguée dans les *annonces,* entre
un chien perdu et une cuisinière a placer. Or, comme il est notoire que l'on
paye pour tout article qui n'est pas dans le corps du journal, nous pouvons conclure sans hésiter que M. Malte-Brun a financé pour l'insertion de sa belle épître.
L'admiration redouble lorsqu'on pense qu'il lui a obtenu, *au même prix,* les
honneurs des *Petites Affiches.* Quelle fureur a donc pu le porter à un si rude
sacrifice ? ou quel intérêt si puissant.....? De la fureur ! Nous venons de voir
que M. Malte-Brun n'était point *furieux* contre Pinkerton, puisqu'il le citait et
le prônait sans cesse. De l'intérêt ! ah ! c'est une autre affaire. M. Malte-Brun
n'est pas apparemment comme les perruquiers, qui se contentent, lorsqu'ils
viennent ouvrir boutique près d'un confrère, d'écrire sur leur enseigne : *Le*

manière adroite de nous faire conclure que ces savans doivent nécessairement avoir une furieuse estime pour M. Malte-Brun ; enfin, vous trouverez dans cette lettre (car que n'y trouve-t-on pas ?) que Pinkerton est sans instruction *dans la littérature grecque;* chef d'accusation dont je prie instamment les lecteurs de tenir note : qui sait si nous n'en viendrons pas à examiner, quelques pages plus bas, jusqu'à quel point l'universel Scandinave est versé lui-même, non dans la littérature, mais dans l'*alphabet grec?*

Avant de rien approfondir à cet égard, j'opinerais déjà à le croire vraiment *grec* lorsqu'il s'agit de déprécier l'ouvrage d'autrui pour mieux faire valoir le sien. Citons-en un petit exemple, et montrons que nous savons rendre justice à l'habileté des manœuvres exécutées par nos ennemis même.

Le Conseil de l'Université impériale, voulant fixer l'incertitude d'une foule d'instituteurs, avait publié, vers la fin de l'année scolaire 1809, une liste assez succincte des livres propres à l'enseignement. Cette liste, où ne se trouvent même pas des auteurs consacrés par l'admiration des siècles, ne fut regardée que comme provisoire, en un mot comme uniquement destinée à subvenir aux besoins du moment. Le moindre écolier de rhétorique n'ignorait pas que les hommes aussi sages qu'éclairés qui composent le Conseil de l'Université, se réservaient de prendre une connaissance approfondie de tous les écrits proposés pour l'instruction de la jeunesse ; il était notoire enfin que S. E. le Grand-Maître avait nommé *ad hoc* une commission, dite des *livres classiques.* Ainsi, lorsque le Conseil, dans la liste abrégée dont je viens de parler, ne fit mention d'aucun ouvrage de géographie, il ne tomba dans la tête de personne que son dessein eût été de flétrir de sa désapprobation

---

soleil luit pour tout le monde. **M.** Malte-Brun veut que le soleil ne luise que pour lui. S'il dépense largement son argent ou celui du libraire Buisson, pour faire circuler ses diatribes jusque dans les estaminets et les tabagies, croyez qu'il calcule fort bien. Il y a plus d'un marchand d'orviétan sur le Pont-Neuf ou la place Maubert, qui, à force de décrier les drogues de son voisin, parvient quelquefois à vendre un paquet des siennes.

le travail des écrivains qui se sont occupés de cette science : autant eût-il valu croire qu'il entrait dans ses vues de proscrire l'étude même de la géographie. Mais ce n'est pas ainsi qu'il convenait à deux individus d'interpréter le silence de ce corps respectable : spéculant d'un côte sur une gloire exclusive, de l'autre sur un monopole absolu, ces deux puissans raisonneurs ne se sont pas bornés à conclure que l'autorité condamnait, parce qu'elle se taisait : ils ont trouvé expédient de la faire parler. Grande et belle idée, certes ! mais il fallait la mettre à exécution ; et c'est là que des esprits vulgaires se fussent trouvés embarrassés. Mais M. Malte-Brun en revendrait au valet de l'*Etourdi* ; comme Mascarille il s'écrie :

> Croyez que je mets bien mon adresse en usage ;
> Si j'ai reçu du ciel des fourbes en partage,
> Je ne suis point au rang de ces esprits mal-nés,
> Qui cachent les talens que Dieu leur a donnés.
>
> MOLIÈRE, l'*Etourdi*, act. III, scène VII.

Et, le 27 octobre 1809, il écrit et porte cette lettre au rédacteur du Journal de l'Empire :

« **Permettez-moi**, Monsieur, d'annoncer dans votre « journal un fait qui intéresse *tous les professeurs des* « *Lycées.*

« Il résulte d'un réglement sur l'enseignement publié « officiellement par l'Université impériale, que ni *la* « *fameuse Géographie de Pinkerton, ni la Traduction, ni* « *l'Abrégé, ne se trouvent plus au nombre des livres pres-* « *crits,* ou seulement *recommandés* pour l'usage des Ly- « cées. »

Ainsi, de par le *danois* Malte-Brun, voilà tous les professeurs des Lycées de France avertis qu'un ouvrage, honoré de l'approbation de l'ancien chef de l'instruction publique, n'est plus considéré *par l'Université impériale* comme digne de se trouver dans leurs mains ou dans celles de leurs élèves.

Que ne peut un bon exemple ! Quand Gilles a fait un

tour de force à la foire, Paillasse veut aussitôt le surpasser : et c'est ce que nous allons voir ici. A peine la
déclaration *officielle* du géographe danois a-t-elle paru,
que voici mon très-honoré confrère Buisson, libraire,
ami, patron ou compère du susdit Danois, qui se présente à son tour (*Journal Typographique* du 30 octobre
1809), et qui dit : « Il résulte d'un réglement sur l'en-
« seignement, publié officiellement par l'Université im-
« périale, etc. » C'est mot à mot toute la phrase de son
noble client, ce qui est assez remarquable, quoi qu'en
dise le proverbe : *les beaux esprits se rencontrent ;* car je
doute que ce soit jamais à ce titre-là que MM. Buisson
et Malte-Brun puissent se rencontrer. Mais j'ai annoncé
du plus fort, et nous y sommes :

« Jean Pinkerton, dit mon aimable confrère, a été
« inhumé en définitif avec sa géographie distinguée,
« le 19 septembre 1809, sous le grand escalier du palais
« de l'*Université impériale*. Que J. G. Dentu assiste avec
« résignation à son oraison funèbre et à ses obsèques,
« et que Dieu fasse paix et miséricorde au défunt ! »

La plaisanterie est fine et de bon goût, *ridiculum acri,*
nous ne prétendons pas le nier : mais, permettez-moi,
mon cher confrère, de m'extasier sur la miraculeuse
exactitude avec laquelle vous êtes instruit de tout ce
qui se passe à l'Université impériale. Vous mettriez le
comble à la vénération que je vous porte, si vous eussiez rendu patent le diplome qu'elle vous a conféré pour
la représenter dans l'occasion ; dans celle-ci, par
exemple, où vous la faites agir et parler d'une manière
d'autant plus noble et plus juste, que vous n'êtes point
du tout *partie intéressée.* Que vous avez bonne grâce à
commenter jusqu'à ce que n'a point dit l'Université impériale! Et que peut-il lui rester à dire, lorsque celui qui
compile une nouvelle géographie et celui qui veut la
vendre, montent sur les bornes pour crier aux passans?
« La Géographie de Pinkerton est condamnée à mort
« par moi et mon compère. »
Vos amis vous doivent cependant, Messieurs, un

avis charitable : non, Pinkerton n'est point enterré sous le grand escalier de l'Université impériale. Quoique vous lui fassiez un peu la guerre à la manière des Algonquins, vos flèches empoisonnées n'ont pas compromis son existence ; enfin, Messieurs, veuillez me permettre de vous le dire :

Les gens que vous tuez se portent assez bien.

Malgré les arrêts de proscription rendus par vous au nom de l'Université impériale, qui n'en sait rien ; malgré les billets d'enterrement que vous avez pris la peine de distribuer ; enfin, depuis l'époque même où vous réunîtes toutes vos forces pour écarter de votre chemin un livre qui vous offusque et vous gêne : ce livre tant décrié a été adopté pour l'enseignement dans les écoles impériales militaires de Saint-Cyr et de Saint-Germain ; il a été choisi pour l'instruction des pages de Sa Majesté.

Il faut croire, Messieurs, que l'on n'a pas été frappé, dans ces établissemens, de la vigueur d'un des argumens dont vous vous armez avec une certaine complaisance pour ferrailler contre ce Pinkerton qui, jour et nuit, trouble vos cerveaux. *C'est un Anglais !* criez-vous à tue-tête. Eh ! qui prétend le nier ? Mais nous sommes en guerre avec l'Angleterre ! Assurément : équipez un bâtiment, soyez une fois corsaires avec honneur, et je prends des actions dans votre armement. Mais sommes-nous en guerre avec la raison, les lumières et les sciences ? Si Newton et Locke écrivaient aujourd'hui, faudrait-il brûler leurs ouvrages comme un ballot d'étoffes de Manchester ?

Mais que parlé-je de géographie *anglaise* ? Celle que vous voulez *vendre* à sa place ne sera-t-elle pas une géographie *danoise* ? Connaissez-vous quelque loi de l'Empire qui, en fait de sciences, d'arts ou de littérature, donne à Copenhague une préférence exclusive sur Londres ?

Mais, avez-vous avancé dans vos journaux, la Géographie de Pinkerton est remplie de *déclamations contre la France.* Vous n'en croyez rien ; mais il est peut-être des gens honnêtes et bons à qui il aura moins coûté de le croire, sur votre parole, que de vous soupçonner capables d'une calomnie aussi atroce. Je ne puis donc répandre trop de clarté sur la vérité que vous avez feint de méconnaître : elle va recevoir ici l'appui d'un garant irrécusable, d'un témoin à l'autorité duquel vous avez rendu vous-même le plus éclatant hommage, en prenant tous les soins possibles d'écarter sa déposition.

L'habile traducteur de la Géographie de Pinkerton (*M. Walckenaer*) a vu constamment d'un œil de pitié la grande colère et les petites manœuvres de ceux qui trouvaient plus commode de déchirer son ouvrage que d'en faire un meilleur. Les articles signés ou non signés, les lettres anonymes ou pseudonymes, les déclamations furibondes du compilateur danois, et les gros bons-mots du libraire son patron, rien ne put troubler le repos ni même attirer l'attention d'un écrivain qui, dès long-temps, savait qu'Hésiode avait dit en grec que *le potier est jaloux du potier, le musicien du musicien, et Malte-Brun de Pinkerton.*

L'envieux eût été plutôt las de crier que le savant de se taire, lorsque le premier, irrité de voir sans cesse échouer ses moyens scientifiques, conçut la noble idée de recourir aux moyens politiques. Soudain l'alarme sonne à la fois dans la rue *Git-le-Cœur* et dans la rue des *Prêtres;* la patrie est proclamée en danger : *Voici un anglais qui déclame contre la France ! ! !*

Pour la première fois, le français qui a servi d'interprète à cet anglais dont le nom sème la terreur, sort de son cabinet, et vient répondre pour lui. Il ne s'agit plus d'un vain combat d'auteur contre auteur, ou de boutique contre boutique : la discussion prend ici un caractère plus grave. Au sanglant manifeste lancé contre Pinkerton, son traducteur et ses lecteurs, M. Walckenaer n'oppose qu'une déclaration aussi modérée que cathégorique. Elle est adressée au journaliste qui a battu la générale : nul doute qu'il ne s'empresse de battre la retraite, et de rassurer les bons citoyens sur les projets hostiles du géographe britannique.... Vain espoir ! le géographe danois est en faction à la porte du bureau et de l'imprimerie : il fait si bonne garde qu'il parvient à en défendre l'entrée à la note explicative et pacifique qui peut faire avorter son plan de campagne. Mais, ô triomphe incomplet! vous avez repoussé la vérité, M. Malte-Brun, vous ne l'avez point anéantie. Je puis encore la faire parler, je puis encore transcrire cette lettre à laquelle une autre feuille a donné la publicité tant redoutée par vous et votre complice. Qu'il me suffise d'en retracer ici ce passage, qui vous a paru trop concluant pour que votre prudence n'exigeât pas la suppression du tout.

« Quant à ce qui concerne les déclamations contre la « France, vous écrivait M. Walckenaer, je dirai pour « toute réponse au public : LISEZ. »

Vous avez *lu*, M. Malte-Brun, mais vous ne voulez pas que les autres *lisent :* ne vous ai-je pas deviné?

« Cependant, continue M. Walckenaer, comme un « ministre a permis que M. Pinkerton restât tranquille « et libre à Paris, tandis que ses compatriotes étaient « prisonniers à Verdun ; comme il a permis qu'il re- « tournât dans sa patrie avec un passeport signé de sa « main ; comme un officier distingué qui occupait alors « et qui occupe encore auprès de S. M. l'Empereur « une place importante, a logé chez lui M. Pinkerton et « en a fait sa société intime ; comme plusieurs conseillers « d'état et un grand nombre de gens de lettres ont reçu « et fréquenté cet *anglais*, il n'est peut-être pas inutile « d'apprendre à ces illustres personnages que, depuis « son retour à Londres, il a publié sur Paris deux vo- « lumes in-8°, qui lui ont valu, de la part des journa- « listes de son pays, le surnom de *Gallomane*. »

Chose étrange! voilà le malheureux Pinkerton déclaré à Paris *ennemi de la France*, et à Londres *ami des Français!* Mais pourquoi s'en étonner? Dans cette contra- diction apparente voyons que partout l'envie se sert des mêmes armes, et concluons-en qu'ici comme chez nos voisins un mérite supérieur est un forfait qu'elle ne pardonne pas. *Si vous voyez*, dit Swift, *un homme persé-cuté par les sots, soyez certain que c'est un homme de mérite.*

Mais, encore une fois, que font ici les opinions individuelles et les principes politiques? Il me semble qu'il s'agit d'examiner si Pinkerton est un grand géographe, et non quel degré d'affection il nous porte dans le fond de son ame. D'après cette logique, qui me paraît fort saine, j'aurai soin de m'informer si vous, M. Malte-Brun, qui refusez (*aujourd'hui*) tout savoir à Pinkerton, en possédez un bien réel et bien positif. Mais irai-je prendre la peine de scruter les replis de votre cœur, pour découvrir depuis quand y a germé pour la France et les Français une tendresse si soudaine et si vive, que vous, qui n'avez pas manqué une occasion de ridiculiser nos *pitoyables* géographes, nos *crédules* érudits, et nos *ignares* professeurs, vous teniez maintenant pour *ennemi* quiconque n'est pas votre *ami?* Enverrai-je des exprès à Copenhague pour m'y faire instruire des sentimens que vous y avez professés, de l'estime dont vous y avez joui, et des motifs qui vous ont *décidé* à en sortir si lestement? Non, je vous le proteste. Donnez-nous de bons livres, et peu m'importe ce que vous valez vous-même.

Laissez donc en paix la conscience du géographe de Londres. Parvinssiez-vous à me prouver qu'il a été révolutionnaire, jacobin, propagandiste, qu'il a péroré dans les cabarets et les carrefours, tantôt comme *athée*, tantôt comme *théophilanthrope*, enfin qu'il a été banni de son pays comme un pestiféré : je vous déclare que je n'aurai pas moins de foi dans ses descriptions géographiques et la précision de ses cartes. Et, *vice versâ*, eussiez-vous toujours été, comme je n'en doute pas, M. Malte-Brun, le plus zélé défenseur des principes monarchiques, le plus intrépide champion de l'ordre social, le plus fervent apôtre du christianisme, je me prosternerai devant vos vertus, mais je ne croirai pas à votre omni-science.

Nous voici donc d'accord que, pour juger du savoir d'un homme et du mérite de ses écrits, il n'est pas nécessaire de suivre de l'œil tout ce qui se passe dans son for intérieur : Pinkerton n'est pas le seul qui pourra gagner à cette liberté de conscience. Mais si vous alliez réussir à nous démontrer une de vos assertions favorites, savoir : que le géographe anglais *désavoue la traduction française dont je suis l'éditeur*, il faudrait convenir, non pas que cette traduction ne vaut rien, car le public savant, auquel on la soumet, est le seul juge suprême dans cette affaire, mais qu'il s'élève contre l'ouvrage un préjugé peu favorable. Cependant, avant de l'admettre, souffrez que je discute tant soit peu la validité des pièces sur lesquelles vous vous êtes hâté si bénignement de prononcer ma sentence.

Au mois de septembre 1809, M. Malte-Brun imprima dans le Journal de l'Empire une lettre qu'il affirmait avoir été adressée au Moniteur en l'an 13 (1804) par M. Pinkerton lui-même. Quelques jours après, son libraire Buisson (qui passe toujours le dernier, quoique ce soit lui qui paye) nous donna dans un autre journal une seconde édition de cette lettre, entrelardée de ces épaisses plaisanteries qu'il fait quelquefois lui-même pour épargner les frais d'auteur. Tous les acquéreurs de la Géographie de Pinkerton dûrent trembler pendant cinq ou six minutes. Il disait, ou on lui faisait dire dans cette terrible lettre « qu'en publiant sa dernière édition an
« glaise il avait été *contraint* d'avouer *le juste mécontente*
« *ment* que lui causait la *traduction française* ; qu'il y
« trouvait au moins *quatre cents fautes* ; que, dans la
« crainte qu'on ne lui imputât les *erreurs grossières* de
« cette traduction, il avait confié à un homme de
« lettres *très-connu* le soin de traduire la dernière édi
« tion anglaise ; qu'enfin il allait faire faire sous ses yeux
« une nouvelle traduction de l'*Abrégé de sa Géographie*,
« dégagée des erreurs qu'offre la première, et qui peu
« vent beaucoup nuire à l'instruction de la jeunesse. »

Et, comme s'il pouvait encore me rester un souffle de vie après un tel *désavœu*, voilà l'impitoyable M. Malte-Brun qui vient me donner le coup de grâce par cette apostille foudroyante : « Cette lettre, *je l'es
* père*, n'a pas besoin de commentaire ; elle anéantit

« tous les éloges que le libraire Dentu a *fait faire*, et
« de sa Traduction et de son Abrégé. »

Eh ! Messieurs, que ne suis-je aussi habile *à faire
faire* des éloges de mes livres, que vous l'êtes *à faire
faire* des lettres qui les dénigrent ! Que je me sens encore novice auprès de vous, je l'avoue en rougissant,
dans l'art d'accaparer les cent voix de la renommée !
M'a-t-on jamais vu me glisser furtivement, comme un
vent coulis, par une porte entr'ouverte, dans le bureau
d'un journaliste, avancer vers lui à petits pas, sur la
pointe du pied, arrondissant les épaules, roulant la
prunelle, et, après avoir déposé sur sa table l'exemplaire du chef-d'œuvre nouveau avec un article *tout
fait* et une carte d'invitation, me retirer humblement
à reculons, en suppliant par des signes et des *chut-chut*
l'inflexible Aristarque de ne point quitter son fauteuil
ni sa plume ? M'a-t-on jamais vu, apercevant de cinquante pas le prote d'une imprimerie de feuille périodique, courir à lui, les bras tendus,

> Lui présenter la main, et, d'un baiser flatteur,
> Appuyer les sermens d'être son serviteur ?

Hélas ! vous confesserai-je que je suis venu jusqu'à ce
jour sans savoir comment avec un pâté de foies gras,
une terrine de Nérac, ou un flacon de vin de Cons-
tance, on obtenait un brevet de savant pour un compilateur brouillon, et une patente de grand écrivain
pour un phrasier qui n'a pas encore achevé d'étudier la
grammaire française ?

Les éloges qu'ont reçus mes quatre éditions de la
grande Géographie de Pinkerton et de son Abrégé, ne
peuvent donc être attribués tout platement qu'au mérite de l'ouvrage, et non à la séduction de mes dîners ·
Au mérite de l'ouvrage ! Eh ! ne venons-nous pas de
voir que l'auteur l'a désavoué ? M. Malte-Brun nous en a
bien et dûment avertis ; il *espère*, charitablement, que
tout commentaire à ce sujet sera désormais superflu.
Mais que serait-ce, grands dieux ! si M. Malte-Brun
lui-même allait être à son tour *désavoué* par Pinkerton !

J'ai dit, dans le temps où le géographe scandinave et

mon honoré confrère Buisson eurent la maladresse de parler de cette fameuse lettre de l'an XIII, et je répète aujourd'hui tout aussi formellement, qu'elle a été forgée dans l'ombre. Elle a été rédigée par un homme qui s'était engagé à traduire de prétendues augmentations de Pinkerton, pour le compte de l'honnête libraire ci-dessus nommé. Il fallait *per fas et nefas* entraver le débit de l'édition que je publiais alors, et ce n'était pas le choix des moyens qui pouvait embarrasser le patron du compilateur danois.

Mais je vais plus loin : et pour ne pas avoir l'air, un instant, d'esquiver le coup de massue qui doit m'écraser, je veux reconnaître ici l'authenticité de la terrible lettre de *désaveu*. N'est-il pas possible, après tout, que M. Pinkerton, qu'on avait eu grand soin d'éloigner de moi, par suite de basses intrigues et de manœuvres que je passe sous silence, se soit vu, avec une certaine complaisance, recherché, caressé par ce même François Buisson, qui, alors comme aujourd'hui, eût tenu à honneur suprême d'être l'éditeur de cette géographie, objet de ses regrets plus encore que de sa burlesque colère ? N'est-il pas possible, enfin, qu'obsédé d'instances, séduit par de somptueuses promesses, il ait griffonné son nom au bas d'un papier blanc ou noir que l'on aura glissé devant lui ? Vous savez, M. Buisson, qu'il ne m'a pas fallu la science d'Œdipe pour deviner cela, et pour pénétrer les raisons qui vous ont déterminé à ne publier cette lettre qu'après le départ de Pinkerton pour Londres ? Mais pourquoi ne l'avoir imprimé qu'en la morcelant par une foule de réticences et de points suspensifs...... Ah ! pourquoi ? parce que les profonds génies qui avaient machiné ce tour de passe-passe, se seront aperçus, après coup, que cet écrit, dont ils voulaient faire la plus formidable de leurs armes offensives, contenait des choses qu'il fallait taire, ou ne disait pas tout ce qu'il fallait dire (1).

---

(1) Voici, par exemple, quelques-uns des passages de cette lettre, qui auraient un peu contrarié le petit géographe, qui comptait faire un coup de partie en la publiant : «*Dans l'avertissement de la dernière édition anglaise de ma*

Mais, n'importe : j'ai promis d'aller franchement au-devant de l'ennemi ; et je veux admettre , encore un coup, que Pinkerton ait réellement *signé*, et, qui plus est, ait réellement *écrit* la lettre par laquelle les traductions que j'ai débitées et que je débite, sont *improuvées* et *désavouées*. Eh ! mais, me crie-t-on de toutes parts, voilà une supposition qui vous tue ! Qu'avez-vous à répliquer ?—Moi, Messieurs, pas un mot ; mais savez-vous qui va répondre à Pinkerton ? Pinkerton lui-même :

C'est, dit la fameuse lettre citée plus haut (1), dans *l'avertissement de sa dernière édition anglaise* que Pinkerton a été contraint d'avouer *le juste mécontentement* que lui donnait la traduction française. Or, j'ai sous les yeux, en ce moment, cette dernière édition anglaise, et j'y copie, mot à mot, dans *l'avertissement* même (tom. I, pag. 17), le passage que l'on va lire :

« *The french translation of this Work contributed by* « *its great succes to open additional sources of informa-* « *tion, and cannot pass without the acknowledgement* « *that the translator* (M. Walckenaer) *is a man far su-* « *perior to the usual pretensions of translator, and has* « *enriched the text with many valuable notes.* »

M. Malte-Brun n'entend pas l'anglais mieux que moi (2) ; mais, comme moi, il peut se faire traduire

---

« *Géographie, j'ai témoigné la plus sincère reconnaissance de l'accueil flatteur* « *que cet ouvrage a reçu en France, de la manière honorable dont M. le con-* « *seiller d'état Fourcroy en a parlé, et du beau Traité de la sphère, composé* « *par M. Lacroix. Le traducteur* (M. Walckenaer) *est un homme de ta-* « *lent, etc.* »

(1) *Voyez* la page 13.

(2) Je prendrai pour garant de ce que j'avance ici, un excellent article du *Publiciste* (13 avril 1807,) sur la traduction du *Voyage de Barrow à la Chine* par ledit Malte-Brun. On y trouve, comme échantillon de la science du traducteur, des demoiselles *qui plument leurs roses* (tom. Ier, pag. 23) ; des canons posés sur de *mauvaises lavettes* ibid. p. 86), et le mot *average* pris pour le nom d'un poids indien (tom. II, p. 346).

Ayant à traduire la phrase anglaise *girls who pluck their roses*, notre docte damois a pris, sans façon, le premier mot que lui a offert le dictionnaire pour *pluck*, et c'est en effet *plumer* ; tant pis pour les roses si elles viennent après : les voilà *plumées* comme des chapons ou des cailles. Mais ce n'est pas tout que cette balourdise, que Gilles ou Arlequin ne manqueront pas de voler à M. Malte-Brun ; il n'a pas plus compris le sens que les mots. S'il eût pris, comme moi,

littéralement ces six lignes, et il saura qu'elles signifient :

« La traduction française de cet ouvrage a contribué,
« *par son grand succès*, à ouvrir de nouvelles sources
« d'instruction ; et je ne puis me dispenser de recon-
« naître que l'écrivain auquel on la doit, est un homme
« très-supérieur au mérite ordinaire des traducteurs, et
« qu'il a *enrichi le texte d'un grand nombre de notes pré-*
« *cieuses.* »

Je le demande maintenant à tout homme que la ja-
lousie et la haine ne font pas délirer : est-ce en ces
termes qu'un auteur s'exprime sur le compte d'un
écrivain qui, sous prétexte de traduire son ouvrage
chéri, l'a déshonoré par *quatre cents fautes et erreurs
grossières?* Comment un Malte-Brun lui-même pourra-
t-il concilier cet hommage public rendu par Pinkerton
au travail de M. Walckenaer, avec le *juste mécontentement* articulé dans la lettre de l'an XIII ?

Mais voici du plus fort : le *désaveu* de Pinkerton tombe

la peine d'interroger un Anglais, il aurait su ce que l'on entend, en Angleterre, par des demoiselles qui *cueillent* (et non qui *plument*) *des roses.* On lui
aurait indiqué une note du *Sentimental journey*, stéréotype de Didot (p. 170,)
qui explique très-clairement, quoique très-délicatement, ce que Sterne a voulu
dire à la fin de son chapitre intitulé : *The rose.*

Le *Pocket Dictionary* tout seul aurait pu apprendre à notre docteur qu'*average* n'est pas un poids indien équivalent à un *million*, comme il l'a écrit, mais
un mot anglais qui signifie *partage égal.* Dans le sens où l'a employé Barrow,
on average devait se rendre par l'expression vulgaire : *l'un portant l'autre.*

Quant aux canons posés sur des *lavettes*, j'ai pris à ce sujet des renseignemens, dont il résulte que M. Malte-Brun est tout aussi profondément versé dans
l'allemand que dans l'anglais. Il a fait de sa traduction, ou de son travestisse-
ment de Barrow, une capilotade, dans laquelle il a fourré je ne sais quelles bribes
tirées de l'allemand et du hollandais. Il aura trouvé dans l'un de ces morceaux
le mot *lavette*, par lequel, d'un bout de l'Allemagne à l'autre, on entend un
affût; mais ne daignant pas s'embarrasser s'il était question de *canons* ou de
casseroles, le savant traducteur a pensé que ce serait faire injure à sa sagacité
que de recourir ici au dictionnaire, et le joli terme de *lavettes* est tombé de sa
plume. On conviendra que voilà du français de cuisine.

M. Malte-Brun a toujours été véhémentement soupçonné d'être l'auteur d'un
fameux article traduit de l'anglais, qui parut dans certain journal lors de
la prise du cap de Bonne-Espérance, et dont le Publiciste amusa, le lendemain, ses abonnés. Dans cette relation vraiment curieuse, une grande quantité
de bétail (*cattle*) était prise pour une grande quantité de châteaux (*castles*);
six *vaisseaux de ligne* (*six men of war*) étaient transformés en six *hommes de
guerre* qui bloquaient étroitement le port, etc. etc. Le *Médecin malgré lui*,
comme on le voit, n'est pas moins fort en latin que l'est M. Malte-Brun dans
les langues viva[ntes.]

2

sur la traduction de l'*Abrégé*, comme sur celle du grand ouvrage : or , M. Malte-Brun qui explique tant de choses sans les comprendre, m'expliquera-t-il et me fera-t-il concevoir comment le géographe anglais a pu *désavouer*, en 1804, un livre qui n'a été imprimé par moi et mis en vente qu'en 1806?

Faut-il enfin entasser argument sur argument, preuve sur preuve, pour démontrer jusqu'à l'évidence que dans toute cette pièce qui devait m'anéantir, il n'y a pas un mot qui s'accorde avec ce qu'a dit et fait , depuis, le savant auquel on ose l'attribuer? Mettons de côté l'éloge personnel de M. Walckenaer que nous venons d'entendre de la bouche même de Pinkerton, et demandons-nous sincèrement s'il nous paraît concevable qu'un auteur, à qui son traducteur a causé de *justes mécontentemens*, aille lui emprunter la plus grande partie des notes et additions dont il a cru devoir enrichir l'original ? Non, sans doute. Eh bien ! c'est ce qu'a fait précisément Pinkerton en publiant sa nouvelle édition. Il y a fondu, dans le texte même, ou traduit en notes, mais en ayant toujours soin d'en prévenir ses lecteurs, ces *valuable notes*, ces supplémens dus au savoir et aux soins de M. Walckenaer, et qui forment environ un SIXIÈME de l'édition primitive.

Ces diverses éditions anglaises, je ne puis trop le dire, sont entre mes mains ; *elles sont à la disposition de toutes les personnes qui voudront les confronter, et vérifier ce que j'avance.*

Il faut que je fasse le plaisir à M. Malte-Brun d'en extraire encore un petit passage qui pourra lui paraître piquant : Pinkerton , depuis son retour à Londres , a changé l'article concernant le gouvernement français , et, dans sa nouvelle édition (tom. 1ᵉʳ, pag. 272), cet article commence ainsi :

« *The present state of the governement of France may be most impartially derived from the mouth of a french author, a man of talent and observation.* (M. Walcke-
« naer, *in his translation of this geography, t. 1, p. 53,*
« *or t. 1, p. 55, in an other edition of the same year).* »

Avec l'aide de son dictionnaire, ou d'un ami complaisant, M. Malte-Brun apprendra que cette phrase veut dire en français :

« L'état présent du gouvernement de France peut
« être décrit avec beaucoup d'impartialité d'après un
« auteur français, homme de talent et bon observateur,
« (M. Walckenaer, dans sa Traduction de cette Géogra
« phie, tom. i, pag. 53 ou pag. 55 d'une autre édition
« de la même année.) »

Suit après, dans l'original, la traduction de l'article FRANCE, tel que l'a écrit M. Walckenaer, le géographe anglais ayant loyalement substitué ce morceau au sien propre.

Et voilà cet homme, accusé de *déclamations contre la France,* qui emprunte à un *français* ce qu'il doit en dire !

Et voilà encore cet auteur qu'on nous représente comme indigné contre son traducteur, comme *désavouant la traduction,* qui donne ici de nouvelles louanges à l'un, et qui prend l'autre pour guide et pour modèle !

S'il m'est permis enfin de tirer tous mes avantages de cette dernière citation de l'anglais, je ferai remarquer que Pinkerton y reconnaît bien formellement deux éditions françaises de sa Géographie, publiées dans la même année, deux éditions qu'il a lues et comparées : tandis que mon honoré confrère Buisson qui ne lit rien (et pour cause), qui ne compare rien (et pour cause encore), a publiquement affirmé et fait affirmer par son jeune homme, que jamais il n'y avait eu qu'une seule édition de cette Géographie, qui trouble la fin de ses jours, et fait craindre un nouveau dérangement dans les fibres de son cerveau.

Voilà, grâce à Dieu, Pinkerton bien purgé de ce soupçon d'*anti-gallicisme* qui alarmait si vivement le *Danois* Malte-Brun ! voilà mes éditions françaises de sa Géographie solennellement *avouées,* et même *vantées* par lui. Qui peut donc encore exciter ces fureurs, tantôt tragiques, tantôt bouffonnes, qui donnent l'air au géo-

graphe scandinave d'être échappé de certaine maison située sur les bords de la Marne? Serait-ce parce que
Pinkerton, dans un Mémoire sur les progrès récens
et l'état actuel de la géographie, qu'il a mis en tête de
sa nouvelle édition (1), s'est amusé à lui donner la
petite marque de souvenir que voici :

« *One* Brun, *a young Dane, who has left his country,*
« *and been glad to live as an amanuensis at Paris, had*
« *compiled and translated from various german authors*
« *a modern geography in sixteen volumes, in so chaotic a*
« *manner that it was justly styled a good description of the*
« *world before it was made. This compilation of the danish*
« *youth was baptized with the name of* Mentelle. »

C'est-à-dire en français tout uni :

« Un nommé *Brun*, jeune Danois, qui a *quitté* son
« pays (vous voyez comme Pinkerton choisit ses expres-
« sions), et qui s'est trouvé heureux de vivre à Paris
« en qualité de copiste, a compilé et traduit de divers
« auteurs allemands une géographie moderne en seize
« volumes, et dans une manière tenant tellement du
« chaos, qu'on a justement nommé cet ouvrage une
« exacte description du monde avant la création. Cette
« compilation du jeune Danois a été baptisée du nom
« de Mentelle. »

Sans doute M. Malte-Brun, qui s'est mis quelquefois
à nous prêcher les vertus évangéliques avec autant
d'onction qu'un missionnaire, professe trop sincèrement le pardon des injures, pour ne pas rire avec nous
de cette vengeance anodine du malin anglais. Il conviendra qu'il l'a mordu aux jambes assez long-temps,
avant d'en obtenir ce léger signe d'attention. Jusque-là,
qu'avait fait le vieux savant au jeune compilateur, pour
allumer dans son ame tant de haine et de rage ? Hélas !
en serait-il de M. Malte-Brun comme de ces gens qui
ne peuvent plus voir un homme, qui ne veulent même

____

(1) Tom. 1, p. 35.

plus entendre prononcer son nom, dès qu'ils en ont reçu quelque service? M. Malte-Brun aurait-il contracté envers Pinkerton quelque dette secrète? Il me vient tout à coup de singulières idées à ce sujet, et je ne puis résister à l'envie de l'approfondir.

Mais irai-je péniblement lire, page à page, tout ce qu'a écrit ou plutôt tout ce qu'a imprimé le géographe danois, pour y chercher la trace des emprunts clandestins qu'il aura faits à l'ouvrage dont je suis éditeur et propriétaire? Dieu m'en garde! un tel interrogatoire serait presqu'aussi fastidieux pour moi qu'humiliant pour lui : mais je vais ouvrir les premiers volumes qui me tomberont sous la main, et lorsque l'*imitation* me semblera un peu forte, je mettrai scrupuleusement l'original en regard de la copie.

Voici, par exemple, le tome XII de M. Malte-Brun : l'article *Empire chinois* me rappelle involontairement quelque chose que je suis sûr d'avoir déjà lu autre part; je le confronte aussitôt avec celui de Pinkerton, et, à ma grande surprise, j'observe entre l'un et l'autre la ressemblance dont le lecteur va juger :

Pinkerton, tome IV, page 201.	*Malte-Brun*, tome XII, page 45.
La Chine possède tous nos animaux domestiques, le cheval, l'âne, le bœuf, le buffle, le chien, le chat, le cochon. La variété du chien la plus ordinaire dans le midi, depuis Canton jusqu'à Tong-Chin-Chen, est l'épagneul à oreilles droites; et au nord, depuis Tong-Chin-Chen jusqu'à Pekin, les chiens ont ordinairement les oreilles pendantes et la queue grêle. Près de la ville de Tan-Gnan-Chen, il y a une variété de cochons qui est toute noire, et qui diffère de celle de Canton.	La Chine possède tous nos animaux domestiques, le cheval, l'âne, le bœuf, le buffle, le chien, le chat, le cochon; mais les chevaux sont de petite taille et mal bâtis. Les chameaux de la Chine ne sont souvent pas plus grands que nos chevaux. Les autres races sont belles, sur-tout celle des cochons. L'espèce du chien la plus ordinaire, dans le midi, depuis Canton jusqu'à Tong-chin-tchen, est l'épagneul à oreilles droites ; plus au nord jusqu'à Pekin, les chiens ont ordinairement les oreilles pendantes et la queue grêle.
Les éléphans sont communs dans le midi de la Chine, et on en trouve même jusqu'au 30e degré de latit. nord, dans la province de Yunnan et de Nankin. L'antilope goitrée, infatigable, grimpe les montagnes et les rochers ; l'énorme rhinocéros unicorne, dans les provinces de Thuenan et de Quang-Si, habite les bords des marais et se vautre dans leur limon; le cerf agile, l'ours pesant, le sanglier, le lapin, le renard, l'once, etc., se retirent dans les profondeurs des forêts ; et divers singes, le gibbon aux	Les éléphans sont communs dans le midi de la Chine ; ils vivent jusqu'au 30e deg. de lat. nord, dans la province de Nan-kin. Le rhinocéros unicorne habite les bords des marais, dans la province d'Hou-nan et de Quan-si. Le lion, selon Duhalde, est étranger à la Chine, mais les tigres, les onces, les sangliers ainsi que les cerfs, les renards, les lapins se trouvent en grand nombre dans les forêts. Selon quelques naturalistes on trouve dans les pro-

Pinkerton.

longs bras (*simia longimana*), le magot à face hideuse (*simia inuus*), le pithèque (*simia silvanus*), imitateurs des gestes et du rire même de l'homme, se trouvent, suivant quelques naturalistes, dans les provinces méridionales et dans l'île de Haïnan.

L'animal du musc, qui est un des moins répandus sur le globe, et qui paraît sur-tout particulier au Tibet et au plateau de l'Asie, pénètre cependant en Chine vers l'occident jusque dans les provinces de Xensi et de Suchuen. Les faisans dorés et argentés de la Chine, que l'on voit si souvent peints sur les papiers chinois, et qui font actuellement l'ornement de nos volières, nous donnent l'idée la plus avantageuse des oiseaux que l'on trouve dans cette contrée. Il en est de même de la sarcelle de la Chine, remarquable par ses deux belles crêtes oranger.

Des dessins exacts faits en Chine, nous ont appris que cette contrée possède presque tous les poissons qui sont communs en Europe, et Bloch et Lacépède en ont fait connaître plusieurs qui lui sont particuliers. La dorade chinoise (*cyprinus auratus*, Bloch), que nous conservons dans des bocaux, et qui, en France, aussi bien qu'en Chine, sert d'ornement à nos bassins et d'amusement aux oisifs, est originaire d'un lac qui est peu éloigné de la haute montagne qu'on nomme Tien-King, près de la ville de Tchang-Hou, située dans la province de The-Kiang, à 30° 23' de latitude. Elle a, dit-on, été transportée de là dans les autres provinces de l'empire, et ensuite au Japon. En 1611, elle fut apportée en Angleterre, et en 1728 y était généralement connue. Ce bombix dont la chenille file la soie, est aussi originaire de la Chine et du Tibet, et si c'est un des insectes les moins remarquables pour la couleur, c'est un des plus précieux pour les produits.

Malte-Brun.

vinces méridionales diverses espèces de singes, le gibbon aux longs bras, (*simia longimana*), le magot à face hideuse (*simia inuus*), le pithèque (*simia silvanus*) qui imite les gestes et jusqu'au rire de l'homme.

L'animal porte-musc, qui semble être particulier au plateau central de l'Asie, descend quelquefois dans les provinces occidentales de la Chine. La volaille abonde en Chine, sur-tout les canards; on en voit errer des troupes entières sur les canaux pendant le jour, le soir leurs maîtres les font rentrer en les appelant par un sifflet. Les oiseaux de la Chine sont remarquables par la beauté des formes et l'éclat des couleurs. Témoins ces faisans dorés et argentés que l'on voit si souvent peints sur les papiers chinois, et qui font actuellement l'ornement de nos volières; témoin encore la sarcelle de Chine remarquable par ses deux belles crêtes de couleur orange.

Des dessins exacts faits en Chine, nous ont appris que cette contrée possède presque tous les poissons communs de l'Europe; Bloch et Lacépède en ont fait connaître plusieurs espèces qui lui sont particulières. La dorade chinoise, qui, en Chine comme chez nous, sert d'ornement aux bassins, est originaire d'un lac au pied de la haute montagne de Tien-king, près la ville de Tchang-hou, dans la province de Tche-kiang; elle a été transportée de-là dans les autres provinces de l'empire, et ensuite au Japon. En 1611 elle fut apportée, pour la première fois, en Angleterre. Le poisson nommé en chinois *kay-pou* est aussi très beau, mais sa chair est extrêmement venimeuse.

Eh bien! M. Malte-Brun, que dites-vous de cette petite découverte, qui n'est, d'ailleurs, que le prélude d'une foule d'autres plus curieuses encore? Mais vous pourrez vous venger de mon indiscrétion par un démenti formel : je vous ai accusé d'avoir volé Pinkerton, et vous n'avez volé ici que son traducteur. Cette note intéressante a dû coûter à M. Walckenaer d'assez longues recherches ; elle ne vous a coûté, tout au plus, que la peine de la copier avec quelques transpositions de mots : c'est profit tout clair. Quant à votre poisson *kai-pou*, il est à vous, jusqu'à ce que l'auteur chez qui vous l'avez pêché le réclame.

Voyons si vos connaissances dans le *règne minéral* vous appartiennent aussi légitimement.

Pinkerton, tome IV, *pag.* 203 *et suiv.*	*Malte-Brun, tome* XII, *page* 47.
Le cuivre de Yunnan et d'autres provinces sert à faire la petite monnaie qui a cours dans tout l'empire ; mais il y a un cuivre singulier, d'une couleur blanche, appelé par les Chinois *petung*, qui mérite une attention particulière. On le mêle quelquefois avec le tutenag pour le rendre plus doux, mais le meilleur moyen est de l'allier avec un cinquième d'argent.	Le cuivre jaune de Yun-nan et d'autres provinces sert à fabriquer la petite monnaie qui a cours dans tout l'empire. Mais il y encore un cuivre singulier, de couleur blanche, appelé par les Chinois *pe-tung*. Pour le rendre plus doux, on l'allie avec la toutenague, et mieux encore avec un cinquième d'argent.
La *pierre musicale* des Chinois est une espèce de marbre noir très-sonore. Plusieurs idoles chinoises sont formées de smectite ou de stéatite durcie (c'est le talc glaphique de Haüy, ou la pierre de lard de Delisle.) Sans doute que les montagnes qui sont au nord et à l'occident de la Chine renferment un grand nombre d'autres minéraux ; mais elles ont échappé aux recherches des Européens.	La *pierre musicale* des Chinois est une espèce de marbre noir très-sonore. Plusieurs idoles sont *faits* de la pierre de lard, qu'on appelle aussi smectite ou talc glaphique. La Chine renferme sans doute un grand nombre de substances minérales utiles ou curieuses ; mais elles ont échappé aux recherches des Européens.
A cette énumération des productions minérales de la Chine, il faut ajouter la baryte sulfatée ou spath pesant, que les Chinois nomment *chekao*, et qu'ils font entrer dans la composition de leur porcelaine, ainsi que les différens feldspaths qui en sont la base, le *kaolin* et le *petunzé*.	Nous devons cependant nommer les trois substances qui entrent dans la composition de la porcelaine de Chine ; c'est le *petuntsé*, un feld-spath laminaire blanchâtre, le *kaolin*, un feld-spath argiliforme, et le *chekao*, ou la baryte sulfatée.
L'arsenic sulfuré connu sous le nom de *réalgar* est aussi employé par les Chinois en masse pour faire des pagodes et des vases ; lorsqu'ils veulent se purger, ils laissent séjourner pendant quelques heures dans ces vases du vinaigre ou du jus de citron, et l'avalent ensuite.	L'arsenic sulfuré connu sous le nom de *réalgar*, et qui pour nous est un violent poison, est employé par les Chinois en masse pour faire des pagodes et des vases ; lorsqu'ils veulent se purger, ils laissent séjourner pendant quelques heures dans ces vases du vinaigre ou du jus de citron, et l'avalent ensuite.

J'avouerai que la patience pourrait me manquer s'il

fallait, chaque fois, faire le même travail pour collationner les pièces du procès : le géographe danois a mis ici un certain art pour dérouter le lecteur. Il a interverti l'ordre des phrases, il a même fondu dans son texte les deux derniers paragraphes qui forment une note du traducteur de Pinkerton : mais, enfin, je suis venu à bout de démêler la fusée. Je ne m'amuserai pas à relever les petits larcins ou emprunts faits à la dérobée : ils sont sans nombre ; je ne relèverai même pas la ruse employée çà et là par le compilateur, pour se donner un air tout-à-fait innocent : quelquefois quand il prend dix lignes à Pinkerton ou à son traducteur, il les cite ; mais lorsqu'il prend des pages entières, il passe vite sans mot dire. Voici une légère esquisse de cette double manœuvre.

Dans l'*Avis au lecteur* qui précède le tome XII, qui ne serait édifié d'entendre M. Malte-Brun déclarer modestement qu'il a profité des recherches du *savant géographe Pinkerton sur la géographie botanique ?* Or, il est à remarquer que le *savant géographe Pinkerton* n'a jamais fait de recherches sur la géographie botanique : lui-même a pris soin de nous instruire dans sa préface (page 14), que c'est à M. Arthur Aïkin, naturaliste zélé, qu'il est redevable de cette partie de son ouvrage. Quoi qu'il en soit, nous venons de voir M. Malte-Brun s'accuser dans un petit coin d'avoir *profité des recherches du savant Pinkerton;* mais nous allons le voir, en revanche, lui escamoter deux grandes pages sur la Sibérie, sans daigner articuler son nom.

Pinkerton, tome IV*, page* 141 *et* 142.	*Malte-Brun, tome* XII*, p.* 271 *et* 272.
La Sibérie présente aussi une grande variété de pierres précieuses, sur-tout dans les montagnes d'Adunshollo près de la rivière d'Argoon, dans la province de Nershinsk ou de Daourie. On n'a jamais trouvé le diamant que dans l'Indostan et le Brésil, où il est toujours détaché ; de même la pierre précieuse ne se trouve que dans l'île Ceylan, et se nomme, suivant sa couleur, rubis, saphir, ou topaze orientale. On trouve dans la montagne d'Adunshollo des topazes communes, cristallisées en prismes quadrangulaires, de	La Sibérie présente aussi une grande variété de pierres précieuses, sur-tout dans les montagnes d'Adunshollo, près de la rivière d'Argoun, dans la province de Nertchinsk ou de Daourie. On n'a jamais trouvé le diamant que dans l'Indostan et le Brésil, où il est toujours détaché ; de même la pierre gemme (*télésie* d'*Haüy*) ne se trouve que dans l'île de Ceylan, et se nomme, suivant sa couleur, rubis, saphir ou topase orientale. On trouve dans la montagne d'*Adunshollo* des topases communes cristallisées en prismes qua-

Pinkerton.	*Malte-Brun.*

même que la hyacinthe L'émeraude y est inconnue : cette espèce de pierre appelée mère d'émeraude est particulière à la Sibérie ; et le beryl ou l'aigue-marine se trouve à Adunshollo , mais on la trouve en plus grande perfection, ainsi que la chrysolite, dans ce que l'on appelle les mines de pierres précieuses de Moursintsky près de Catherinburg. Le grenat rouge abonde près de la mer de Baïkal, et une espèce particulière d'un blanc jaunâtre a été découverte par Laxman. On dit qu'on a trouvé l'opale dans les montagnes Altaïques, mais c'est probablement un demi-opal, car le véritable opal paraît particulier à la Hongrie. Le schorl couleur de rubis fut découvert dans les monts Urals par le professeur Herman, à Sarapoulsky, à environ 7 milles de Moursintsky. Il est appelé rubellite par M. Kirwan, et présente un tissu fibreux et délicat, et lorsqu'il est poli il offre aux yeux la couleur changeante et veloutée du rubis. Le baïkalite du même auteur est d'une couleur verte-olive, et contient une quantité suffisante de magnésie, pour être placée dans la classe des sels muriatiques, avec le péridot des Français qui lui est très-analogue. Le feld-spath vert de Sibérie est une très-belle pierre que les Russes façonnent pour en faire divers ornemens. Les montagnes de Daourie qui sont entre la rivière d'Onon et celle d'Argoon produisent aussi de très-beaux onix. La pierre de selve est un fongit agatisé. Les belles pierres appelées les cheveux de Vénus et de Thétis, sont des cristaux de roche très-limpides, contenant du schorl capillaire vert ou rouge, qui se trouve près Catherinburg. La pierre d'alliance est un porphyre gris, mêlé et comme aglutiné avec un quartz transparent.

Les beaux jaspes vert et rouge de Sibérie sont pour la plupart dans les montagnes éloignées, ainsi que je l'ai déjà dit. Le lapis lazuli se trouve près de la mer de Baïkal. La chaîne des monts Urals offre aussi une belle espèce de marbre blanc, et les nombreuses montagnes primitives présentent différentes variétés de granit et de porphyre.

drangulaires, de même que la hyacinthe ; l'émeraude y est inconnue : cette espèce de pierre appelée mère d'émeraude est particulière à la Sibérie ; et le beryle ou l'aigue-marine se trouve à Adunshollo , mais on la trouve en plus grande perfection, ainsi que la chrysolite, dans ce que l'on appelle les mines de pierres précieuses de Moursintsky, près de Catherinburg. Le grenat rouge abonde près de la mer Baïkal, et une espèce particulière d'un blanc jaunâtre a été découverte par Laxman. On dit qu'on a trouvé l'opale dans les montagnes Altaïques ; mais c'est probablement un demi-opale, car le véritable opale paraît particulier à la Hongrie. Le schorl couleur de rubis fut découvert dans les monts Urals par le professeur Hermann, à Sarapulski, à environ 7 milles de Moursinski. Il est appelé rubellite par M. Kirwan, et présente un tissu fibreux et délicat, et lorsqu'il est poli il offre aux yeux la couleur changeante et veloutée du rubis.

Le baïkalite du même auteur est d'une couleur verte-olive, et contient une quantité suffisante de magnésie pour être placée dans la classe des sels muriatiques, avec le péridot des Français qui lui est très-analogue. Le feld-spath vert de Sibérie est une très-belle pierre que les Russes façonnent pour en faire divers ornemens. Les montagnes de Daourie qui sont entre la rivière d'Onon et celle d'Argoun produisent aussi de très-beaux onix. La pierre de selve est un fongit agatisé. Les belles pierres appelées les cheveux de Vénus et de Thétis sont des cristaux de roche très-limpides, contenant du schorl capillaire vert ou rouge, qui se trouve près Catherinburg.

Les beaux jaspes vert et rouge de Sibérie sont pour la plupart dans les montagnes éloignées, ainsi que je l'ai déjà dit. Le lapis lazuli se trouve près de la mer de Baïkal. La chaîne des monts Urals offre aussi une belle espèce de marbre blanc, et les nombreuses montagnes primitives présentent différentes variétés de granite et de porphyre.

Voilà un article de minéralogie qui a dû coûter sang et eau à notre profond Scandinave ! Je ne puis toutefois omettre **une** observation : c'est que ce docteur qui

(page 6 de son *Avis au lecteur*), affirme *avoir toujours examiné les sources par lui-même*, ne s'est pas donné, une seule fois, la peine de consulter le texte original de Pinkerton. Cet ouvrage, à la vérité, est écrit en anglais, et nous avons vu (page 16, *en note*), que M. Malte-Brun n'est pas très-familier avec cette langue. Aussi, quand il a besoin de recourir à Pinkerton pour couvrir sa nudité, il tombe sans scrupule sur la traduction française : alors, tout y passe, l'auteur et le traducteur. J'en ai précisément un petit exemple sous la main :

Pinkerton, t. iv, note de la p. 237.	*Malte-Brun, tome xii, page 149.*

Pinkerton, t. iv, note de la p. 237.

Il n'est peut-être pas de contrée dont la zoologie soit plus intéressante à connaître que celle de la Tatarie chinoise, qui renferme les lieux les plus fertiles du nord de l'Asie, et ce vaste plateau, considéré par quelques auteurs comme le berceau du genre humain. Tous les animaux utiles aux hommes se trouvent ici sauvages. Le cheval, l'âne et une troisième espèce de solipède, qui tient le milieu entre l'âne et le cheval, le dzeggitaï ou l'hemione de Gmelin, se rassemblent par troupes sur les bords de l'Onon, de l'Argoun et de l'Amour, dans le désert de Cobie, et jusqu'aux confins de la Chine et du Tibet. Le chameau qui, de tous les animaux, est celui que l'homme a le plus anciennement et le plus universellement réduit en esclavage, erre indépendant dans les déserts sablonneux de la Mongolie. Le yak ou bœuf grognant sauvage fréquente les pâturages ; cet animal est peut-être la tige du zébu, ou de notre bœuf d'Europe, et a mal à propos été confondu avec l'aurochs, qui est une espèce bien différente. La mer de Baïkal et les monts d'où dérive la source de l'Amour, marquent à la fois les limites méridionales et orientales que la nature a assignées au renne, qui se trouve sauvage dans ces contrées ; mais cinq degrés plus bas, au 35ᵉ degré de latitude, on retrouve encore l'élan qui a avec lui de si grands rapports. L'argali, espèce de brebis sauvage, la chèvre, le chamois, le bouquetin du Caucase, l'antilope goitrée (qui est probablement la chèvre-jaune de du

Malte-Brun, tome xii, page 149.

Il n'est peut-être pas de contrée dont la zoologie soit plus intéressante à connaître que celle du centre de l'Asie, de ce vaste plateau considéré par quelques auteurs comme le berceau du genre humain. Tous les animaux utiles aux hommes se trouvent ici sauvages. Le cheval, l'âne et une troisième espèce de solipède qui tient le milieu entre l'âne et le cheval, le *dzeggitaï* de Pallas (1), ou l'*hemione* de Gmelin, se rassemblent par troupes sur les bords de l'Onon, de l'Argoun et de l'Amour, dans le désert de Cobie, et jusqu'aux confins de la Chine et du Tibet. Le chameau, qui de tous les animaux est celui que l'homme a le plus anciennement et le plus universellement réduit à l'esclavage, erre indépendant dans les déserts sablonneux de la Mongolie. Le *yak* ou bœuf grognant sauvage, fréquente les pâturages ; cet animal est peut-être la tige du *zéba* ou de notre bœuf d'Europe, et a mal-à-propos été confondu avec l'*ureis*, qui est une espèce bien différente. La mer de Baïkal et les monts d'où dérive la source de l'Amour, marquent à-la-fois les limites méridionales et orientales que la nature a assignées aux rennes qui se trouvent sauvages dans ces contrées : mais 5 degrés plus bas, au 35ᵉ parallèle de latitude, on retrouve encore l'élan, qui a avec lui de si grands rapports. L'*Argali*, espèce de brebis sauvage (2), la chèvre, le chamois, le bouquetin du Caucase, l'antilope goitrée (qui est probablement la chèvre jaune de Duhalde),

(1) Voyages de Pallas, t. IV, p. 305. *Voyez* l'extrait dans cette *géographie*, t. II, p. lxxix.

(2) *Idem*, t. IV, p. 325.

Pinkerton.

Halde), le saiga, le kevel, se retirent dans les montagnes, et grimpent en troupes les sommets les plus escarpés. L'animal du musc erre seul et sans suite dans ces vastes solitudes : la Mongolie, la Daourie et les régions montagneuses qu'arrose le fleuve Amour, paraissent être sa patrie native ; mais au midi, il pénètre dans le Tibet, en Chine, et jusqu'au Tonquin ; et vers l'ouest, jusqu'aux montagnes de Cachemire ; au nord, Pallas en a rencontré sur les bords du Lena, jusqu'à Iakutsk. Dans les bois qui sont au nord-ouest de la Corée, on trouve le sanglier, l'ours brun et noir, le blaireau, le renard noir, le chat sauvage, le linx sur les frontières de la Chine, ainsi que l'once et divers autres animaux, du genre des *felis ;* mais on n'y a pas, quoi qu'en aient dit quelques naturalistes, trouvé le tigre proprement dit, et l'animal de la Chine que Neuhof a figuré comme un tigre, n'en est pas un. Parmi les animaux de cette vaste contrée, nous nommerons encore l'adive, le serval, le manul, sur les rives de la Selenga et de la Chida, dans la Mongolie ; l'hermine, la marte, la zibeline, la loutre, qui se trouvent sur les bords des lacs nombreux du pays des Calmoucks ; la marmotte, la polatouche, l'écurcuil strié, différentes espèces de lièvres ; le tolaï, l'ogoton et une petite espèce de lapins blancs, dont Bell a rencontré des troupes composées de plus de six cents individus. Telle est l'énumération des principaux animaux de cette intéressante contrée, dont la plupart sont aussi communs à la Russie asiatique, au Tibet et au nord de la Chine. Elle suffit pour prouver que la nature a en quelque sorte rassemblé dans une seule partie du monde ce qui ne se trouve disséminé que dans plusieurs autres. très-éloignées les unes des autres : enfin, nous ne terminerons pas cette rapide esquisse sans nommer ce bel et singulier oiseau qui tient le milieu entre les faisans et les paons, l'argus ou le luen des Chinois, *phasianus argus* des naturalistes ; il paraît être originaire des montagnes de l'Asie centrale, et se retrouve, dit-on, en Chine et à Sumatra.

Malte-Brun.

le *Saiga* ou chèvre du désert (1) se retirent dans les montagnes, et grimpent en troupes les sommets les plus escarpés. L'animal porte-musc erre seul et sans suite dans ces vastes solitudes. La Mongolie, la Daourie et les régions montagneuses qu'arrose le fleuve Amour paraissent être son pays natif ; mais au midi il pénètre dans le Tibet, en Chine, et jusqu'au Tonquin et vers l'ouest, jusqu'aux montagnes de Cachemire. Au Nord M. Pallas en a rencontré sur les bords d'Eniseï, aux environs de Krasnoiarsk(2). Dans les bois qui sont au nord-ouest de la Corée on trouve le sanglier, l'ours brun et noir, le blaireau, le renard noir, le chat sauvage, le linx sur les frontières de la Chine, ainsi que l'once et divers autres animaux du genre des *Felis ;* mais on n'y a pas, quoi qu'en aient dit quelques naturalistes, trouvé le tigre proprement dit ; et l'animal de la Chine que l'un a pris pour un tigre n'en est pas un. Parmi les animaux de cette vaste contrée nous nommerons encore l'adive, le serval, le manul, sur les rives de la Selenga et de la Chida, dans la Mongolie ; l'hermine, la marte, la zibeline, la loutre, qui se trouvent sur les bords des lacs nombreux, du pays des Kalmouks ; la marmotte, la polatouche, l'écurcuil strié, différentes espèces de lièvres ; le tolaï ; l'ogoton, et une petite espèce de lapin blanc, dont Bell a rencontré des troupes composées de plus de six cents individus. Telle est l'énumération des principaux animaux de cette intéressante contrée, dont la plupart sont aussi communs à la Russie asiatique, au Tibet et au nord de la Chine. Elle suffit pour prouver que la nature a en quelque sorte rassemblé dans une seule partie du monde ce qui ne se trouve disséminé que dans plusieurs autres très-éloignées les unes des autres : enfin nous ne terminerons pas cette rapide esquisse sans nommer ce bel et singulier oiseau qui tient le milieu entre les faisans et les paons, l'argus ou le luen des Chinois, *Phasanus argus* des naturalistes ; il paraît être originaire des montagnes de l'Asie centrale, et se trouve, dit-on, en Chine et à Sumatra.

(1) Pallas, t. IV, p. 285.
(2) *Idem*, t. IV, p. 13.

Dans ce long passage, il n'y a que quatre ou cinq

mots d'intercalés : du reste c'est une copie littérale
où le scribe a seulement écorché les noms, en écrivant
Zéba au lieu de *Zébu* (1), et *Ureis* pour *Urus*. Voilà,
d'ailleurs, M. Malte-Brun paré, à bon marché, d'une
érudition étrangère! Mais voici le plus important.

M. Walckenaer, en homme véritablement savant, a
pensé que les faits contenus dans l'article ci-dessus étant
généralement connus des naturalistes, l'indication des
autorités n'eût été qu'une vaine parade scientifique : il
s'est donc borné à une seule citation de Neuhof : qu'a
fait notre compilateur? Il s'est bien gardé de nommer
M. Walckenaer en lui volant tout ce morceau ; mais il
s'est hâté d'aller chercher dans la traduction française
des *Voyages de Pallas* les noms des animaux en question, et, à l'aide de trois ou quatre citations jetées au
bas des pages, il s'est flatté que ses lecteurs lui attribue-
raient le résultat des recherches variées qu'a dû faire
l'estimable auteur de cet article de zoologie. Elles ne
sont pas toutes puisées dans Pallas, quoique le maladroit plagiaire affecte de s'appuyer de son autorité ;
aussi a-t-il eu grand soin de supprimer la citation et
le nom de Neuhof.

Maintenant, qu'un lecteur inattentif et superficiel,
comme il n'y en a que trop, soit frappé, par hasard,
de voir le volume de Pinkerton et celui de M. Malte-
Brun porter la même date de 1804 : comparant les deux
ouvrages sans savoir l'époque précise de leur publica-
tion, il n'hésitera pas un seul instant à prononcer que
le Danois est l'auteur original et que le traducteur français est le plagiaire : en effet, le morceau du premier
est appuyé de citations scientifiques, et le second est
dénué de cet étalage. Mais heureusement, M. Malte-
Brun nous fournira lui-même la preuve irrécusable qu'il
n'est venu qu'en dernier ; il cite plusieurs fois Pinkerton
dans ce même volume, et y renvoie nommément au
tome IV dont est tiré tout l'article zoologique qu'on
vient de lire. (*Malte-Brun,* tome XII, page 179.)

---

(1) Nous aurons occasion de voir plus tard que ce nom de *zébu* semble destiné
à porter malheur à M. Malte-Brun.

(29)

Plus d'un lecteur trouvera, sans doute, assez curieux de voir par quels moyens on peut voler un auteur et faire soupçonner cet auteur même d'être le voleur. On conviendra que voilà vraiment le sublime de l'art pour le plagiaire ; mais que ce serait en même temps pour l'écrivain pillé et n'osant s'en plaindre, le *nec plus ultrà* de la dégradation littéraire.

« Mais, s'écriera peut-être ici quelque personne
« charitable, l'équité ordonne de citer le bien comme
« le mal ; et si M. Malte-Brun s'est cru en droit de
« faire à Pinkerton et à son traducteur les petits em-
« prunts que vous venez malicieusement de nous dé-
« noncer, pourquoi ne lui rendriez-vous pas hommage
« pour les belles et savantes choses qui lui appartien-
« nent en propre ? Pourquoi affecteriez-vous de ne pas
« vous apercevoir que, dans l'*avis au lecteur* dont vous
« parliez à l'instant, le géographe danois dit formelle-
« ment (page 6) que, dans la rédaction de ses articles
« *Tatarie, Japon* et *Tibet*, il s'est sur-tout appliqué à en
« retracer la *géographie naturelle, négligée par les géogra-
« phes français ? »*

Cette interpellation est on ne saurait mieux fondée : je connais le devoir que m'impose ici la justice, et tout prêt à me prosterner devant le profond savoir du docteur de Copenhague, je vais lire attentivement tout ce qu'il lui a plu de nous révéler sur ces fameuses contrées asiatiques si honteusement *négligées* par nos *pitoyables géographes français.*

Je commence par le Tibet, et je suis d'abord édifié de la candeur de M. Malte-Brun, qui n'ose citer une vingtaine de lignes de Pinkerton sans les guillemeter scrupuleusement. Séduit par cet heureux début, je dévore les pages suivantes.... mais bientôt je m'arrête, et, saisi d'une douloureuse surprise, je m'écrie : Serait-il possible que le nom de Pinkerton et les guillemets ne fussent placés là que pour établir un doute et hasarder une contradiction ? cette apparence de bonne foi ne serait-elle qu'un artifice, par lequel notre docteur scandinave veut se donner l'air d'un sceptique qui n'admet rien légèrement ? enfin, cette reconnaissance d'un emprunt de vingt lignes n'a-t-elle d'autre but que de cacher le vol de vingt pages ? Nous allons savoir promptement à quoi nous en tenir :

Pinkerton , tome IV *, pag.* 266 *et suiv.*

MONTAGNES. On a souvent parlé des vastes chaines de montagnes du Tibet ; mais il n'y a jamais eu de description géographique de leur direction ou de leur étendue, faite avec exactitude. Celles de l'ouest et du sud semblent se courber en forme de croissant, depuis les sources du Gange jusqu'aux frontières d'Asam, dans une direction nord-ouest et sud-est. Au nord du Sampou, paraît se diriger une chaîne parallèle et encore plus haute, à l'extrémité de laquelle se trouvent beaucoup de grands lacs glacés. Dans l'atlas de Duhalde, dressé par le savant d'Anville, les montagnes où le Gange prend sa source sont désignées sous le nom de Kentaisse, et semblent appartenir à la chaîne du nord, connue sous diverses dénominations locales. La principale élévation paraît, comme à l'ordinaire, être centrale. Elle est au sud du lac Terkiri : on l'appelle Koiran, nom qu'en langage scientifique on pourrait étendre à toute la chaîne, si celui de Kantel, sa partie occidentale, est rejeté. On emploie des noms divers pour désigner les différentes montagnes de la chaîne méridionale ; mais le nom indous d'Himmala doit être préféré.

Plusieurs branches de ces différentes chaînes s'étendent au nord et au sud, comme dans les Alpes : ce n'est que d'une manière très-inexacte que l'on peut étudier leurs noms et leurs directions, dans la carte générale du Tibet, et dans les cartes particulières que nous avons citées plusieurs fois, et que d'Anville a données d'après les dessins des missionnaires.

Pinkerton , tom. IV *, pag.* 265 *et suiv.*

FLEUVES. Le principal fleuve du Tibet est le Sampou, ou le Berhampouter. Il s'en faut beaucoup qu'aucun autre puisse lui être comparé. Il prend sa source vers les contrées occidentales, dans ces mêmes montagnes d'où sort le Gange. Sa direction se porte d'abord à l'est et au sud-est, et parcourt un espace de 8.17 milles, jusqu'aux confins du Tibet d'Asam ; il se dirige ensuite au sud-ouest, et coule dans l'embouchure du

Malte-Brun , t. XII *, p.* 180 *et suiv.*

MONTAGNES. On a souvent parlé des vastes chaînes des montagnes du Tibet ; mais il n'y a jamais eu de description géographique de leur direction ou de leur étendue, faite avec exactitude. Celles de l'ouest et du sud semblent se courber, en forme de croissant, depuis les sources du Gange jusqu'aux frontières d'Asham, dans une direction nord-ouest et sud-est. Au nord du Sampou paraît se diriger une chaîne parallèle et encore plus haute, à l'extrémité de laquelle se trouvent beaucoup de grands lacs glacés. Dans l'atlas de Duhalde, dressé par le savant Danville, les montagnes où le Gange prend sa source sont désignées sous le nom de Kentaisse, et semblent appartenir à la chaîne du nord, connue sous diverses dénominations locales. La principale élévation paraît, comme à l'ordinaire, être centrale. Elle est au sud du lac Terkiri ; on l'appelle Koiran, nom qu'en langage scientifique on pourrait étendre à toute la chaîne, si celui de Kantel, sa partie occidentale, était rejeté. On emploie des noms divers pour désigner les différentes montagnes de la chaîne méridionale ; mais le nom indous d'*himmala* ou de *himmaloia* doit être préféré.

Plusieurs branches de ces différentes chaînes s'étendent au nord et au sud, comme dans les Alpes : ce n'est que d'une manière très-inexacte que l'on peut étudier leurs noms et leurs directions dans la carte générale du Tibet, et dans les cartes particulières que nous avons citées plusieurs fois, et que Danville a données, d'après les dessins des missionnaires.

Malte-Brun , tome XII *, page* 181.

FLEUVES. Le principal fleuve du Tibet est le Sampou, ou le Berhampouter. Il s'en faut beaucoup qu'aucun autre puisse lui être comparé. Il prend sa source vers les contrées occidentales, dans ces mêmes montagnes d'où sort le Gange. Sa direction se porte d'abord à l'est et au sud-est, et parcourt un espace de 360 lieues jusqu'aux confins du Tibet et d'Asham ; il se dirige ensuite au sud-ouest, et coule dans l'embouchure du

Pinkerton.

Gange, après avoir parcouru 340 milles.

Le Hoan-Ho et le Kian-Ku tirent aussi leur origine des confins orientaux du Tibet. On sait peu de chose sur les autres rivières, mais le grand fleuve japonais de Camboge ou le Mai-Kaung du Laos, le Noukia, que l'on croit se jeter dans le golfe du Pégu, près de Martaban, et l'Irraouady de cette dernière contrée, sont supposés tirer leur source des montagnes du Tibet, que l'on peut regarder comme les Alpes de l'Asie. On ne doit point oublier un antre fleuve considérable, nommé le Sardjou ou Gagra, qui, après un cours de 600 milles vers l'est, presque parallèle à celui du Gange, se joint à ce dernier fleuve près de Choupra, et prend aussi sa source dans les montagnes élévées qui sont à l'occident du Tibet.

Pinkerton, tome IV, *page* 266.

LACS. Ces régions montagneuses ont, comme c'est l'ordinaire, beaucoup de lacs. Le plus considérable porte le nom de Terkiri; il a environ 68 milles de long, et 21 milles de large. Les lamas de la Chine, qui ont dressé les cartes du Tibet, que les géographes copient encore faute de mieux, y ont placé plusieurs autres lacs dans les parties septentrionales. Il est certain qu'il en existe un très-singulier, qui fournit du tinkal, ou borax brut. Celui qui est au sud de Lassa, et que nos cartes appellent Iamdro, ou Palté, n'est pas moins extraordinaire. Ce dernier nom dérive vraisemblablement de Peiti, village qui, dans l'Atlas original du père Duhalde, est placé sur ses bords. Cet étrange lac est figuré comme une vaste tranchée d'environ deux lieues de large, qui entoure une île d'environ douze lieues de diamètre : singulier jeu de la nature, si le fait est vrai. Les lacs plus petits, même du sud du Tibet propre, sont gelés en hiver à une grande profondeur.

Pinkerton, tom. IV, *pag.* 262 *et suiv.*

CLIMAT. Le climat du Boutan peut être regardé comme tempéré, si on le compare avec celui du Tibet propre; cependant des hivers sont très-rigoureux, même dans ce premier pays. Il règne une remarquable uniformité dans la température des saisons du Tibet, ainsi que dans leur durée et leur retour périodique. Elles s'y divisent de la même manière que dans les régions les

Malte-Brun.

Gange, après avoir parcouru 140 lieues.

Le Hoan-Ho et le Kian-Ku tirent aussi leur origine des confins orientaux du Tibet. On sait peu de chose sur les autres rivières; mais le grand fleuve dit Japonais ou de Camboge ou le Maikauny du Laos, le Noukia, que l'on croit se jeter dans le golfe du Pégu près de Martaban, et l'Irroonady de cette dernière contrée, sont supposés tirer leur source des montagnes du Tibet, que l'on peut regarder comme les Alpes de l'Asie. On ne doit point oublier un autre fleuve considérable, nommé le Sardjou ou Gagra, qui après un cours de 250 lieues vers l'est, presque parallèle à celui du Gange, se joint à ce dernier fleuve près de Choupra, et prend aussi sa source dans les montagnes élévées qui sont à l'occident du Tibet.

Malte-Brun, t. XII, *p.* 181 *et suiv.*

LACS. Ces régions montagneuses ont, comme c'est l'ordinaire, beaucoup de lacs. Le plus considérable porte le nom de Terkiri; il a environ 27 lieues de long, et 9 lieues de large. Les lamas de la Chine, qui ont dressé les cartes du Tibet, que les géographes copient encore faute de mieux, y ont placé plusieurs autres lacs dans les parties septentrionales. Il est certain qu'il en existe un très-singulier, qui fournit du tinkal ou borax brut. Celui qui est au sud de Lassa, et que nos cartes appellent Jambro ou Palté, n'est pas moins extraordinaire. Ce dernier nom dérive vraisemblablement de Peiti, village qui, dans l'atlas original du père Duhalde, est placé sur ses bords. Cet étrange lac est figuré comme une vaste tranchée d'environ deux lieues de large, qui entoure une île d'environ douze lieues de diamètre : singulier jeu de la nature, si le fait est vrai. Les lacs plus petits, même du sud du Tibet propre, sont gelés en hiver à une grande profondeur.

Malte-Brun, t. XII, *p.* 182 *et suiv.*

CLIMAT. Le climat du Boutan ou du *Tibet méridional* est tempéré, si on le compare avec celui du Haut-Tibet : cependant les hivers sont très-rigoureux, même dans ce premier pays. Il règne une remarquable uniformité dans la température des saisons du Tibet, ainsi que dans leur durée et leur retour périodique. Elles s'y divisent de la même manière que dans les régions les plus

 |

plus méridionales du Bengale. Le printemps, depuis mars jusqu'en mai, y est marqué par de grandes variations dans l'atmosphère, et on y éprouve de fortes chaleurs : le tonnerre s'y fait fréquemment entendre, et il est quelquefois suivi d'ondées rafraîchissantes. La saison humide a lieu depuis juin jusqu'en septembre ; alors de fortes pluies tombent continuellement, les rivières enflent jusqu'aux bords, coulent avec rapidité et vont contribuer à l'inondation du Bengale. Depuis octobre jusqu'en mars, le ciel est constamment serein ; rarement des brouillards ou des nuages l'obscurcissent. Pendant trois mois de cette saison, on éprouve un froid peut-être plus rigoureux qu'en Europe ; mais son âpreté se borne plus particulièrement à la partie qui forme la frontière sud du Tibet, près de cette chaîne élevée qui le sépare d'Asam, du Boutan et du Nipal.

Ainsi le caractère distinctif de ce climat est un froid sec et piquant, qui, sous la latitude de 26 degrés dans le voisinage de cette zone à laquelle nos pères ont donné le nom de Torride, le dispute à celui des Alpes sous la latitude de 46 deg.

Le voyageur ingénieux que j'ai déjà cité, nous apprend que le Boutan, malgré ses montagnes informes et confuses, est couvert d'une verdure éternelle, et abonde en forêts pleines d'arbres d'une grosseur et d'une élévation étonnantes ; des mains industrieuses ont mis en valeur les pentes de ces montagnes, et les ont couronnées de vergers, de champs, de villages. Le Tibet propre, au contraire, n'offre que des collines basses, hérissées de rochers et sans aucune apparence de végétation, ou des plaines arides d'un aspect uniforme et triste. Le froid du climat force le malheureux habitant à chercher un abri dans le creux des vallées, ou des rocs, où l'air est moins pénétrant. Cependant, le Tibet produit une grande quantité de gibier ; il a de nombreux troupeaux de moutons, de chèvres et de gros bétail ; il est infesté par un grand nombre de bêtes féroces, au lieu que dans le Boutan, il n'y a d'animaux sauvages que des singes et quelques faisans.

méridionales du Bengale. Le printemps, depuis mars jusqu'en mai, y est remarqué par de grandes variations dans l'atmosphère, et on y éprouve de fortes chaleurs : le tonnerre s'y fait fréquemment entendre, et il est quelquefois suivi d'ondées rafraîchissantes. La saison humide a lieu depuis juin jusqu'en septembre ; alors de fortes pluies tombent continuellement, les rivières enflent jusqu'aux bords, coulent avec rapidité, et vont contribuer à l'inondation du Bengale. Depuis octobre jusqu'en mars le ciel est constamment serein, rarement des brouillards ou des nuages l'obscurcissent. Pendant trois mois de cette saison on éprouve un froid peut-être plus rigoureux qu'en Europe ; mais son âpreté se borne plus particulièrement à la partie qui forme la frontière du Tibet, près de cette chaîne élevée qui sépare l'Asham du Boutan et du Nipal.

Ainsi le caractère distinctif de ce climat est un froid sec et piquant, qui sous la latitude de 26 degrés dans le voisinage de cette zône à laquelle nos pères ont donné le nom de Torride, le dispute à celui des Alpes sous la latitude de 46 degrés.

Turner, ce voyageur ingénieux qui nous a fait connaître un peu le Tibet, assure que le Boutan, malgré ses montagnes informes et confuses, est couvert d'une verdure éternelle, et abonde en forêts pleines d'arbres d'une grosseur et d'une élévation étonnante ; des mains industrieuses ont mis en valeur les pentes de ces montagnes, et les ont couronnées de vergers, de champs, de villages. Le Tibet propre, au contraire, n'offre que des collines basses, hérissées de rochers et sans aucune apparence de végétation, ou des plaines arides d'un aspect uniforme et triste. Le froid du climat force les habitans à chercher un abri dans le creux des vallées ou des rocs, où l'air est moins pénétrant. Cependant le Tibet a une grande quantité de gibier ; il a de nombreux troupeaux de moutons, de chèvres et de gros bétail ; il est infesté par un grand nombre de bêtes féroces, au lieu que dans le Boutan il n'y a d'animaux sauvages que des singes et des faisans.

Pinkerton, tome IV, page 264 et suiv.

Malte-Brun, tome XII, page 183.

Sol. La nature du sol, dans cette contrée, oppose un obstacle au pro-

PRODUCTIONS VÉGÉTALES. La nature du sol dans cette contrée oppose un

Pinkerton. | *Malte-Brun.*

grès de l'agriculture. Vers l'approche de l'hiver, les vallées sont communément sous les eaux. Au printemps on laboure et on sème. De fréquentes pluies et l'influence d'un soleil ardent ont bientôt mûri les épis. Le temps de l'automne étant clair et serein, on laisse la moisson sur terre pour y sécher, ensuite on la fait fouler par des bœufs. Les produits ordinaires sont du froment, des pois, de l'orge. Le riz ne croît que dans les climats méridionaux.

obstacle au progrès de l'agriculture. Vers l'approche de l'hiver, les vallées sont communément sous les eaux. Au printemps on laboure et on sème. De fréquentes pluies et l'influence d'un soleil ardent ont bientôt mûri les épis. Le tems de l'automne étant clair et serein, on laisse la moisson sur la terre pour y sécher, ensuite on la fait fouler par des bœufs. Les produits ordinaires sont du froment, des pois, de l'orge. Le riz ne croît que dans les climats méridionaux.

Pinkerton ne fournissssait pas ici au docte danois tout ce qu'il lui fallait pour gonfler son article de botanique ; mais il a bien vîte trouvé de la science toute faite dans l'un de ces *géographes français,* qu'il accusait tout à l'heure d'avoir négligé *la géographie naturelle* du pays que nous parcourons présentément.

Pinkerton, tome iv *, pag.* 268 *et suiv.* | *Malte-Brun, t.* xii *, p.* 183 *et suiv.*

M. Saunder nous a donné une idée assez étendue des productions végétales du Boutan et du moyen Tibet, entre les 27e et 29e degrés de latitude nord, depuis Buxadéouar jusqu'à Teschou-Lombou. La plupart des plantes de cette contrée se retrouvent aussi au Bengale et en Europe. Les nombreuses montagnes qui s'y trouvent sont entourées, à leur base, par des forêts de bambous, de bananiers, de trembles, de bouleau, de cyprès, d'ifs, de frênes très-grands et très-beaux, de pins et sapins petis et rabougris. On trouve sur leur sommet neigneux, le *rheum undulatum*, espèce de rhubarbe dont les habitans font usage. Les marais sont couverts de joncs et de plantes grasses. Les arbres à fruits les plus communs, tant sauvages que cultivés, sont les péchers, les abricotiers, les pommiers, les poiriers, les orangers, les grenadiers. Les autres arbustes, plantes et arbrisseaux, sont le raisin d'ours, le sureau, l'airelle à fruit noir et l'airelle canneberge, le *datura ferox* ou pomme épineuse, commune à la Chine et au Tibet, et regardée dans ces deux contrées comme un puissant narcotique ; deux espèces du genre laurier ; la racine de l'une, appelée le *canellier bâtard,* a le goût et l'odeur de la canelle ; la *cacalia seracenica* qui sert à la fabrication du chong, liqueur spiritueuse un peu acide ; enfin le *coriandrum testiculatum,* le *chenopodium*, etc.

Nous avons des relations assez exactes sur les productions végétales au Tibet méridional et central, entre les 27 et 29 degrés de latitude. La plupart des plantes qui s'y trouvent sont également répandues en Europe et au Bengale. Les montagnes sont entourées à leur base par des forêts de bambou, de bananiers, de trembles, de bouleaux, de cyprès, d'ifs, de frênes très-grands et très-beaux, de pins et sapins petits et rabougris. On trouve sur leurs sommets neigeux le *rheum undulatum,* espèce de rhubarbe dont les habitans font usage. Les arbres à fruit les plus communs, tant sauvages que cultivés, sont les pêchers, les abricotiers, les pommiers, les poiriers, les orangers, les grenadiers. Les autres arbustes, plantes et arbrisseaux, sont le raisin d'ours, l'airelle à fruit noir, et l'airelle canneberge, le *datura ferox* ou pomme épineuse, commune à la Chine comme au Tibet, et regardée dans ces deux contrées comme un puissant narcotique, deux espèces du genre laurier, la racine de l'une appelée le *canellier-bâtard*, a le goût et l'odeur de la canelle ; la *cacalia saracenica*, qui sert à la fabrication du *chong*, liqueur spiritueuse un peu acide, enfin le *cloriandrum testiculatum,* le *chenopodium,* etc.

<table>
<tr><td>

Pinkerton, tome IV, page 269 et suiv.

ZOOLOGIE. On remarque dans le Boutan peu d'animaux sauvages, excepté des singes ; mais le Tibet abonde en toute sorte de gibier. Les chevaux y sont petits, mais pleins de feu, vifs et obstinés. Le bétail y est aussi d'une taille médiocre : on y trouve de nombreux troupeaux de moutons ; communément l'espèce est petite. Ils ont la tête et les jambes noires ; leur laine est fine et douce, et leur chair excellente. Une chose particulière à ce pays, c'est que ce dernier mets s'y mange cru. Quand on l'a fait sécher à l'air froid, il n'est point désagréable, même pour un palais européen.

Il y a une grande quantité de chèvres ; elles renommées pour leur beau poil, qui sert à faire les schâls, et qui se trouve au-dessous d'un poil plus grossier. Je ne dois point omettre une espèce particulière de bétail, que les Tatares appellent *yak*, auquel la nature a donné un poil long et épais, et une queue singulièrement flottante et lustrée : c'est au Levant un article de luxe. On en fait des mouchoirs, et on les tanne pour servir à la parure. Ces animaux ne beuglent pas ; mais quand ils souffrent, ils font entendre une espèce de *grognement ;* ce qui a fait donner à l'espèce le nom de *bos grunniens.*

L'animal du musc se plaît au grand froid. Le chevrotain précieux a deux défenses courbes qui descendent de sa mâchoire supérieure, et qui paraissent destinées à déterrer les racines dont il fait sa nourriture ordinaire. Il ressemble assez par le corps à un porc, tandis que ses soies se rapprochent des épines du porc-épic. Le musc ne se trouve que dans le mâle ; il se forme dans une petite poche ou tumeur qui tient au nombril : il est noir et séparé par de minces pellicules ; c'est-là le seul musc véritable.

On range aussi le cheval sauvage dans la classe des animaux du Tibet. Peut-être rencontre-t-on des tigres au sud-est ; mais les autres bêtes féroces, tel que l'once, etc., sont d'une petite taille, ainsi qu'on doit s'y attendre dans un climat aussi froid.

Pendant l'été, les lacs abondent en poissons d'eau douce, dont plusieurs peut-être sont jusqu'ici inconnus en zoologie. On a fait peu de découvertes au sujet des poissons et des insectes de ce singulier pays.

</td><td>

Malte-Brun, t. XII, p. 184 et suiv.

ANIMAUX. On remarque dans le Boutan peu d'animaux sauvages, excepté des singes ; mais le Tibet abonde en oute sorte de gibier. Les chevaux y sont petits, mais pleins de feu, vifs et obstinés. Le bétail y est aussi d'une taille médiocre. On y trouve de nombreux troupeaux de moutons, communément l'espèce est petite. Ils ont la tête et les jambes noires, leur laine est fine et douce, et leur chair excellente. Une chose particulière à ce pays, c'est que ce dernier mets s'y mange cru. Quand on l'a fait sécher à l'air froid, il n'est point désagréable, même pour un palais européen.

Il y a une grande quantité de chèvres : elles sont renommées pour leur beau poil, qui sert à faire des châls, et qui se trouve au-dessous d'un poil plus grossier. Je ne dois point omettre une espèce particulière de bétail que les Tartares appellent *yak*, auquel la nature a donné un poil long et épais, et une queue singulièrement flottante et lustrée : c'est au levant un article de luxe. On en fait des mouchoirs, ou on les tanne pour servir à la parure. Ces animaux ne beuglent pas, mais quand ils soufflent, ils font entendre une espèce de *grognement*, ce qui a fait donner à l'espèce le nom de *bos grunniens.*

L'animal *porte-musc* se plaît au grand froid. Ce chèvrotain précieux a deux défenses courbes qui descendent de sa mâchoire supérieure, et qui paraissent destinées à déterrer les racines dont il fait sa nourriture ordinaire. Il ressemble assez par le corps à un porc, tandis que ses soies se rapprochent des épines du porc-épic. Le musc ne se trouve que dans le mâle ; il se forme dans une petite poche ou tumeur qui tient au nombril : il est noir, est séparé par de minces pellicules ; c'est là le seul musc véritable.

On range aussi le cheval sauvage dans la classe des animaux du Tibet. Peut-être rencontre-t-on des tigres au sud-est ; mais les autres bêtes féroces, tels que l'once, etc. sont d'une petite taille, ainsi qu'on doit s'y attendre dans un climat froid.

Pendant l'été les lacs abondent en poissons d'eau douce, dont plusieurs peut-être sont jusqu'ici inconnus en zoologie. On a fait peu de découvertes au sujet des poissons et des insectes de ce singulier pays.

</td></tr>
</table>

MINÉRALOGIE. D'après la notice dont M. Turner a enrichi son voyage de 1783, on a des connaissances plus étendues sur la minéralogie. Il résulte de sa relation, que le Boutan paraît ne contenir que du fer et une petite quantité de cuivre. Le Tibet propre, au contraire, a de riches mines : l'or s'y trouve en grande quantité ; quelquefois on le rencontre sous la forme de poudre dans le lit des rivières ; d'autres fois en grandes masses ou en veines irrégulières ; communément dans des gangues de pétro-silex ou de quartz. On trouve une mine de plomb à deux journées de Teschou-Lombou. Le minerai est une galène qui probablement contient de l'argent : on y rencontre aussi du cinabre, riche en mercure, et de fortes indications y font présumer qu'il y a du cuivre. Le sel gemme est une autre production du Tibet ; mais en général, on ne peut y travailler les métaux, faute de combustibles. Le charbon y serait beaucoup plus précieux que l'or.

La production la plus particulière au Tibet, est le tincal, ou borax brut. Voici les renseignemens intéressans que donne sur cette substance M. Saunder, qui accompagnait M. Turner : « Le lac d'où l'on tire le tincal et le sel gemme, est environ à quinze journées au nord de Teschou-Lombou, il est de tout côté entouré par des montagnes rocheuses : on ne voit à sa portée ni ruisseau, ni fontaines ; mais il est alimenté par des sources qui, ayant un goût saumâtre, ne sont point mises en usage par les gens du pays. Le tincal se forme et se dépose dans le lit du lac : ceux qui vont le recueillir le tirent du fond en grandes masses, qu'ils rompent ensuite pour les rendre plus transportables, et qu'ils exposent à un air sec. Quoiqu'on en tire depuis un temps très-considérable, la quantité ne paraît point en diminuer sensiblement. Les cavités qui résultent de son exploitation, disparaissant ou se remplissant promptement, l'opinion commune est qu'il s'en forme continuellement du nouveau. Cependant on n'en a jamais trouvé sur un sol à sec, ou dans des situations élevées, mais seulement à de petites profondeurs et sur les bords du lac ; et comme sa profondeur augmente graduellement depuis les bords jusqu'au centre, il y a trop d'eau pour qu'elle permette de rechercher commodément le tincal. Mais c'est des en-

MINÉRAUX. D'après la notice dont M. Turner a enrichi son voyage de 1783, on a des connaissances plus étendues sur la minéralogie. Il résulte de sa relation, que le Boutan paraît ne contenir que du fer et une petite quantité de cuivre. Le Tibet propre, au contraire, a de riches mines : l'or s'y trouve en grande quantité ; quelquefois on le rencontre sous la forme de poudre dans le lit des rivières ; d'autres fois en grandes masses ou en veines irrégulières ; communément dans des gangues de pétro-silex ou de quartz. On trouve une mine de plomb à deux journées de Teschou-Lombou. Le minerai est une galène qui probablement contient de l'argent : on y rencontre aussi du cinabre riche en mercure, et de fortes indications y font présumer qu'il y a du cuivre. Le sel gemme est une autre production du Tibet ; mais en général on ne peut y travailler les métaux faute de combustibles. Le charbon y serait beaucoup plus précieux que l'or.

La production la plus particulière au Tibet est le tinkal ou borax brut. Voici les renseignemens intéressans que donne sur cette substance M. Saunder, qui accompagnait M. Turner ; le lac d'où l'on tire le tinkal et le sel gemme est environ à quinze journées au nord de Teschou-Lombou. Il est de tous côtés entouré par des montagnes rocheuses : on ne voit à sa portée ni ruisseaux ni fontaines ; mais il est alimenté par des sources qui, ayant un goût saumâtre, ne sont point mises en usage par les gens du pays. Le tinkal se forme et se dépose dans le lit du lac : ceux qui vont le recueillir le tirent du fond en grandes masses, qu'ils rompent ensuite pour les rendre plus transportables, et qu'ils exposent à un air sec. Quoiqu'on en tire depuis un temps très-considérable, la quantité ne paraît point en diminuer sensiblement. Les cavités qui résultent de son exploitation disparaissent ou se remplissent promptement ; l'opinion commune est qu'il s'en forme continuellement du nouveau. Cependant on n'en a jamais trouvé sur un sol à sec, ou dans des situations élevées, mais seulement à de petites profondeurs et sur les bords du lac ; et comme sa profondeur augmente graduellement depuis les bords jusqu'au centre, il y a trop d'eau pour qu'elle permette de rechercher commodément le tinkal. Mais c'est des endroits les plus profonds que l'on

Pinkerton.	*Malte-Brun.*

droits les plus profonds que l'on pêche le sel gemme : on ne le trouve ni dans les médiocres profondeurs, ni vers les bords. On ne voit les eaux du lac ni s'élever, ni baisser d'une manière bien sensible ; il est entretenu par une source qui ne tarit point. Aucune autre eau courante n'y entre pour l'augmenter, aucun ruisseau n'en sort pour sa diminution. On m'a assuré que le lac a au moins 17 milles de circonférence. Situé sous un ciel assez froid, il est gelé la plus grande partie de l'année : les ouvriers employés à recueillir ces sels, sont obligés de renoncer à leur travail dès le mois d'octobre, à cause de la glace. Au Tibet on emploie le tincal pour soudure, et pour aider la fusion de l'or et de l'argent. Dans le Tibet, le Boutan et Nipal, le sel gemme sert généralement aux usages domestiques.

Les eaux minérales se trouvent en quantité dans les différentes parties de cette vaste contrée. Les gens du pays ne sont point étrangers à leur usage.

Il devrait y avoir beaucoup de curiosités naturelles dans ces régions montagneuses ; mais on y fait peu de recherches. Vers le nord de Tassisudon, M. Saunder a observé un rocher singulier, formant de face six ou sept demi-colonnes d'une grande circonférence, et qui a près de cent pieds de haut. Cette masse s'est détachée en partie de la montagne, et se projette sur une chute d'eau considérable, ce qui augmente beaucoup son effet pittoresque. Il ajoute que le rocher est formé de lames, et qu'il pourrait être taillé en ardoises. Comme on trouve des pierres ferrugineuses dans le voisinage, il est probable que ces colonnes, comme celles du basalte, sont dues à l'influence de ce métal.

pêche le sel gemme : on ne le trouve ni dans les médiocres profondeurs ni vers les bords. On ne voit les eaux du lac ni s'élever ni baisser d'une manière bien sensible ; il est entretenu par une source qui ne tarit point. Aucune autre eau courante n'y entre pour l'augmenter, aucun ruisseau n'en sort pour sa diminution. On m'a assuré que ce lac a au moins 17 milles de circonférence. Situé sous un ciel assez froid, il est gelé la plus grande partie de l'année. Les ouvriers employés à recueillir ces sels sont obligés de renoncer à leur travail dès le mois d'octobre, à cause de la glace. Au Tibet on emploie le tinkal pour soudure, et pour aider la fusion de l'or et de l'argent. Dans le Tibet, le Boutan et Nipal, le sel gemme sert généralement aux usages domestiques.

Les eaux minérales se trouvent en quantité dans les différentes parties de cette vaste contrée. Les gens du pays ne sont point étrangers à leur usage.

Il devrait y avoir beaucoup de curiosités naturelles dans ces régions montagneuses ; mais on y a fait peu de recherches. Vers le nord de Tassisudon, M. Saunder a observé un rocher singulier, formant de face six ou sept demi-colonnes d'une grande circonférence, et qui a près de cent pieds de haut. Cette masse est détachée en partie de la montagne, et se projette sur une chute d'eau considérable ; ce qui augmente beaucoup son effet pittoresque. Il pourrait être taillé en ardoises. Comme on trouve des pierres ferrugineuses dans le voisinage, il est probable que ces colonnes, comme celles du basalte, sont dues à l'influence de ce métal.

Je ne transcrirai pas l'article *villes et édifices*, parce que M. Malte-Brun n'en a guère pris que les *deux tiers* à Pinkerton, et que je ne veux pas avoir l'air si minutieux. Mais je demanderai la permission de poursuivre la confrontation si bien entamée sur les articles qui suivent :

Pinkerton, tome IV, *page* 256 *et suiv.*	*Malte-Brun*, t. XII, p. 188 *et suiv.*

MŒURS. M. Turner peint les habitans du Tibet sous les traits d'un peuple doux et aimable ; les hommes sont vigoureux, leur physionomie tient un peu de celle des Tatares ; le teint des

MŒURS. M. Turner peint les habitans du Tibet sous les traits d'un peuple doux et aimable ; les hommes sont vigoureux, leur physionomie tient un peu de celle des Tatares, le teint des femmes est d'un brun incarnat, haut en couleur, comme les fruits qui reçoivent de près l'impression du soleil. Les fraîches brises d'un pays montagneux entretiennent leur vigueur et leur santé.

« Au Tibet, les mariages n'exigent point de préliminaires ennuyeux ou embarrassans. Rien de si simple que la manière de courtiser sa femme future; rien de si promptement conclu que l'union conjugale. Dans une famille, lorsque l'aîné, à qui appartient la prérogative de choisir, est épris d'une demoiselle, il s'adresse à ses parens. Si sa recherche est approuvée, ceux-ci se rendent avec leur fille à la maison du prétendu. Les amis et les connaissances des deux parties les y accompagnent; trois jours se passent dans les plaisirs de la danse, de la musique, et dans d'autres divertissemens. Quand ce temps est expiré, le mariage est censé fait. Les prêtres, qui au Tibet ne se permettent aucune sorte de commerce avec les femmes, n'y interviennent point. Leur présence n'est point nécessaire à la ratification des obligations que contractent les époux. Le consentement mutuel forme le contrat, il a les assistans pour témoins; et cela suffit pour le rendre indissoluble. Le mari n'a pas le droit de renvoyer une femme qui lui déplaît, ni la femme celui de quitter son mari, à moins que le même consentement qui les a unis, ne concoure à leur séparation. Dans ce cas, ni l'un ni l'autre ne peuvent former un nouveau lien. Les exemples d'incontinence sont rares. Si une femme mariée néanmoins viole la foi qu'elle a promise, elle expie son crime par une punition corporelle, et son complice répare le scandale en payant une amende pécuniaire. »

Une circonstance remarquable et particulière au Tibet, c'est que la polygamie y est admise dans le sens inverse des autres contrées de l'Orient. Là ce sont les femmes à qui il est permis d'avoir plusieurs maris. Le privilége du frère aîné est, comme nous l'avons dit, de choisir l'épouse. Mais dès-lors elle est commune à tous ses frères, quel qu'en soit le nombre. On prétend que cet usage s'est pratiqué secrétement à Venise, dans des familles nobles et pauvres, par un motif d'orgueil. Au Tibet, il est fondé sur l'infériorité du nombre des femmes comparé à celui des hommes, quoiqu'une grande quan-

femmes est d'un brun incarnat, haut en couleur, comme les fruits qui reçoivent de près l'impression du soleil. Les fraîches brises d'un pays montagneux entretiennent leur vigueur et leur santé.

Au Tibet, les mariages n'exigent point de préliminaires ennuyeux ou embarrassans. Rien de si simple que la manière de courtiser sa femme future; rien de si promptement conclu que l'union conjugale. Dans une famille, lorsque l'aîné, à qui appartient la prérogative de choisir, est épris d'une demoiselle, il s'adresse à ses parens. Si sa recherche est approuvée, ceux-ci se rendent avec leur fille à la maison du prétendu. Les amis et les connaissances des deux parties les y accompagnent; trois jours se passent dans les plaisirs de la danse, de la musique et dans d'autres divertissemens. Quand ce tems est expiré, le mariage est censé fait. Les prêtres, qui au Tibet ne se permettent aucune sorte de commerce avec les femmes, n'y interviennent point. Leur présence n'est point nécessaire à la ratification des obligations que contractent les époux. Le consentement mutuel forme contrat, il a les assistans pour témoins, et cela suffit pour le rendre indissoluble. Le mari n'a point le droit de renvoyer une femme qui lui déplaît, ni la femme celui de quitter son mari, à moins que le même consentement qui les a unis ne concoure à leur séparation, dans ce cas, ni l'un ni l'autre ne peuvent former un nouveau lien. Les exemples d'incontinence sont rares. Si une femme mariée néanmoins viole la foi qu'elle a promise, elle expie son crime par une punition corporelle, et son complice répare le scandale en payant une amende pécuniaire.

Une circonstance remarquable et particulière au Tibet, c'est que la polygamie y est admise dans le sens inverse des autres contrées de l'orient. Là ce sont les femmes à qui il est permis d'avoir plusieurs maris. Le privilége du frère aîné est, comme nous l'avons dit, de choisir l'épouse. Mais dès-lors elle est commune à tous ses frères, quel qu'en soit le nombre. On prétend que cet usage s'est pratiqué secrétement à Venise dans des familles nobles et pauvres, par un motif d'orgueil. Au Tibet, il est fondé sur l'infériorité du nombre des femmes comparé à celui des hommes, quoiqu'une grande quantité de ceux-ci

Pinkerton.	*Malte-Brun.*

tité de ceux-ci s'ensevelissent dans des monastères.

Tel est le respect porté au lama, qu'après sa mort, son corps est conservé tout entier dans une espèce de châsse. On brûle celui des prêtres inférieurs, et on en conserve les cendres dans de petites images creuses de métal. Les autres corps morts sont privés de sépulture, et demeurent exposés à la voracité des oiseaux de proie et autres bêtes carnacières, dans de grands enclos fermés de murs.

s'ensevelissent dans des monastères.

Le corps du grand Lama est conservé après sa mort dans une grande châsse. On brûle celui des prêtres inférieurs, et on conserve les cendres dans de petites images creuses. Les corps de la profane multitude sont jetés aux oiseaux, dans de grands enclos fermés de murs.

Pinkerton, tome IV, pag. 261 et suiv.

MANUFACTURES. Les principales manufactures du Tibet consistent dans des fabriques de schâls ou d'étoffes de laine. En général, il y a peu d'industrie. Le superbe poil de chèvre avec lequel on fait les schâls, est en grande partie transporté à Cachmir. Les objets d'exportation pour la Chine consistent en poudre d'or, perles, corail, que Marco-Polo cite comme une denrée du pays, en peaux d'agneaux, en une petite quantité de musc, et en étoffes de laine. La plus grande partie de ce que les Chinois importent sont des produits de leurs manufactures. Le Tibet envoie à Nipal du sel gemme, du tincal ou borax brut et de la poudre d'or. Il reçoit en retour de la monnaie d'argent, du cuivre, du riz, de grosses étoffes de coton. Par Nipal, le Tibet fait aussi un commerce avec le Bengale, qui consiste en poudre d'or, en borax et musc ; les retours sont en draperies, épices, toile à voiles, émeraudes, saphirs, lapis lazuli, jayet et ambre, etc. Le Tibet n'entretient point de correspondance avec Asam située au sud est, et le peu de commerce qui a lieu avec le Boutan doit être regardé comme commerce intérieur.

Celui que l'on fait avec la Chine, et qui est le principal, a sur-tout lieu à Sining, ville où il y a garnison, et qui est située à l'extrémité occidentale de la province de Shensi. Les Tibétains y achètent le thé avec un avide empressement. Comme on ne bat point monnaie au Tibet, parce que les principes religieux ne le permettent pas, on se sert du bas argent de Nipal qui a cours dans tout le pays.

Malte-Brun, t. XII, p. 190 et suiv.

MANUFACTURES ET COMMERCE. Les principales manufactures du Tibet consistent dans des fabriques de schâls ou d'étoffes de laine. En général il y a peu d'industrie. Le superbe poil de chèvre avec lequel on fait les schâls est en grande partie transporté à Cachemir. Les objets d'exportation pour la Chine consistent en poudre d'or pâle, corail que Marco-Polo cite comme une denrée du pays, en peaux d'agneaux, en une petite quantité de musc et en étoffes de laine. La plus grande partie de ce que les Chinois importent sont des produits de leur manufacture. Le Tibet envoie à Nipal du sel gemme, du tinkal ou borax brute et de la poudre d'or. Il reçoit en retour de la monnaie d'argent, du cuivre, du riz, de grosses étoffes de coton. Par Nipal, le Tibet fait aussi un commerce avec le Bengale, qui consiste en poudre d'or, en borax et musc ; les retours sont en draperies, épices, toiles à voiles, émeraudes, saphirs, lapis lazuli, jais, etc. Le Tibet n'entretient point de correspondance avec Asham, situé au sud-est.

Celui que l'on fait avec la Chine, et qui est le principal, a sur-tout lieu à Sining, ville où il y a garnison, et qui est située à l'extrémité occidentale de la province de Shensi. Les Tibétains y achètent le thé avec empressement. Comme on ne bat pas monnaie au Tibet, parce que les principes religieux ne le permettent pas, on se sert du bas argent de Nipal, qui a cours dans tout le pays.

Vous plairait-il maintenant, M. Malte-Brun, de faire avec moi un petit calcul arithmétique ? L'article

Tibet de MM. Pinkerton et Walckenaer, dans mon édition française, est composé de 32 pages ; et, dans votre savant livre, dont l'impression est plus serrée, il en forme 13. Sur ces 13 pages, j'en signale 10 qui font incontestablement partie de l'ouvrage dont je suis propriétaire ; j'établis donc cette petite règle de proportion : $13 : 10 :: 32 : X$, et je n'ai pas de peine à trouver pour mon inconnu, $24 \frac{8}{13}$. Voilà donc à quoi ont abouti les nobles et vigoureux efforts promis à vos lecteurs! à vous approprier les *trois grands quarts* des recherches faites, avant vous, par ces géographes que vous traitez de *négligens!* Que dis-je approprier? vous n'avez pas même ici le facile mérite de la rédaction : vous avez servilement copié mot à mot ces auteurs que vous déchirez aujourd'hui ; vous ressemblez à ces enfans pervers qui battent la nourrice qui les a sustentés.

Et observez, encore une fois, M. Malte-Brun, que ce n'est pas votre ouvrage, si mauvais sous tant de rapports, que j'attaque ici directement. Je ne m'attache uniquement qu'aux articles compilés par vous, avoués par vous, dont vous faites gloire, et que vous vantez dans vos préfaces comme le fruit de vos longues et pénibles recherches.... (et je n'ai pas encore passé en revue un volume entier sur 16!) je ne relève point les passages où vous profitez des idées de MM. Pinkerton et Walckenaer, ni ceux où vous les copiez en les citant légèrement ; mais je me borne aux morceaux que vous avez impudemment pillés, sans faire la moindre mention ni du livre ni des auteurs.

Qu'il serait plaisant, phénix du Danemarck, de rappeler les déclamations furibondes auxquelles vous n'avez cessé de vous livrer contre les géographes *français* et *anglais*, vous, qui ne pouvez faire un pas sans leur appui, vous, qui n'eussiez pu vivre sans les secours que vous leur avez extorqués! Qu'elle est bien placée dans votre bouche cette éternelle raillerie contre les malheureux écrivassiers qui font des livres *à coups de ciseaux!* En existe-t-il un seul qui, dans sa vie entière, en ait fait un si fréquent et si large usage que vous, depuis quelques années que vous vous êtes établi fabricant de géographie? De quel terrible instrument étiez-vous armé, lorsque vous vous mîtes en campagne pour m'enlever mon Japon? Vous aviez fait paraître encore quelque modération dans la conquête du Tibet, puisque vous nous en laissâtes près d'un quart; mais dans votre expédition au Japon, vous nous forcez à ne plus voir en vous qu'un Attila : tout tombe sous le tranchant de votre fer.

Quarante-deux pages composent l'article *Japon*, tant texte que notes, de Pinkerton et du traducteur : vous les avez toutes fait passer dans votre tome XII, toutes, je le répète, sans omettre une virgule. La seule peine que vous ayez prise a été d'intervertir l'ordre des matières, dans le ridicule espoir dont vous vous bercez constamment, de faire perdre à vos lecteurs les traces de vos honteux larcins. Non, M. Malte-Brun, dans tout votre *Japon* vous ne nous montrerez pas *dix lignes* qui ne soient pas à Pinkerton ou à M. Walckenaer ; et, encore, ce ne serait point prouver qu'elles vous appartiennent : à défaut d'Anglais et de Français, n'y a-t-il point d'Allemands à piller ?

Je sais fort bien que tout cela n'est point vraisemblable, mais enfin cela est.

Je ne quitterai point le Japon sans faire observer que dans la note placée au bas de la page 337 (tom. XII,) vous citez et *M. Walckenaer* et *la Géographie de Pinkerton* : c'est la vingtième preuve que je vous arrache de l'antériorité de date de mon livre sur le vôtre, et je ne parle ici que de la traduction dont je suis l'éditeur ; car lorsque Pinkerton a mis au jour sa géographie anglaise, l'univers ignorait que le géographe Malte-Brun existât. Mais avec un homme comme vous, la vérité reste toujours à prouver.

Je ne me déciderai cependant pas à mettre ici *tout* votre Japon en regard de *tout* le nôtre ; l'opération se réduirait, il est vrai, à copier deux fois l'un ou l'autre, puisque c'est *unum et idem*. Mais il faut prendre garde à deux choses : 1° A ne pas fatiguer mes lecteurs ; 2° à ne pas faire un livre d'une brochure.

Il me vient néanmoins un scrupule : je vous entends.

déjà vous écrier, **M. Malte-Brun**, qu'il y a une certaine malice de ma part à vous attaquer sans cesse dans un même volume ; que ce tome XII a pu être fabriqué dans un moment de presse, où il ne vous aura pas été bien facile de distinguer toujours le *tien* et le *mien ;* qu'enfin dans tous les autres vous êtes constamment *neuf, original, indépendant !* Vos réclamations me touchent ; et quoique je ne fasse ici qu'une guerre défensive, je veux la soutenir loyalement. Pour vous complaire, je vais donc changer de champ de bataille. Je quitte le tome XII, réceptacle immense de vos larcins, et je prends le XVe, consacré à l'*Amérique.* Nous voici dans un autre hémisphère ; voyons si vous me poursuivrez jusque-là !

J'observe d'abord la première phrase de votre *Avis au lecteur :* « La Description des Indes occidentales qui « commence ce volume, remplit une *lacune* qu'on ren- « contre ordinairement dans les géographies modernes. » Plus bas, vous nous confiez que vous avez des *mémoires particuliers sur différentes îles.* Saint-Domingue, comme la plus intéressante de toutes pour un Français, doit premièrement attirer mes regards. Mais de quoi sont-ils frappés à l'ouverture du livre ? de ce dont les lecteurs vont juger en se donnant la peine de comparer les deux colonnes suivantes :

Pinkerton, tom. VI *, pag.* 127 *et suiv., note de M. Walckenaer.*	*Malte-Brun, tom.* XV *, pag.* 69.
D'après la dernière carte de Saint-Domingue, publiée par ordre du ministre de la marine française en l'an 11, et rédigée sur les plans les plus exacts et les observations les plus authentiques, elle a 160 lieues de longueur de l'est à l'ouest, sur une largeur moyenne de 30 lieues. Son circuit est de 600 lieues en faisant le tour des anses.	D'après la carte de Saint-Domingue, publiée par ordre du ministre de la marine française en l'an XI, et rédigée sur les plans les plus exacts et les observations les plus authentiques, elle a 160 lieues de longueur de l'est à l'ouest, sur une largeur moyenne de 30 lieues. Son circuit est de 600 lieues en fesant le tour des anses.
Pinkerton, tome VI *, pag.* 128 *et suiv., suite de la note.*	*Malte-Brun, tom.* XV *, p.* 69 *et suiv.*
Le centre de cette île paraît occupé par un groupe de montagnes plus élevées que les autres, qu'on nomme le Cibao. De ce groupe, comme d'un point commun, partent trois chaînes principales: l'une, la plus alongée, se dirige vers l'est en traversant dans son milieu cette	Le centre de cette île paraît occupé par un groupe de montagnes plus élevées que les autres, qu'on nomme le Cibao. De ce groupe, comme d'un point commun, partent trois chaînes principales; l'une, la plus alongée, se dirige vers l'est en traversant dans son

Pinkerton.

portion de l'île : on pourrait l'appeler chaîne de l'*Engano*, d'après la nouvelle division de cette île par département. Il se trouve encore deux autres chaînes, l'une se dirige au nord-ouest et aboutit au cap Fou ; l'autre, moins élevée et moins alongée que la précédente, suit la même direction, et en décrivant une courbe vers le sud, va se terminer au cap Saint-Marc : la première pourrait s'appeler chaîne du nord, et l'autre chaîne Artibonite : entre les deux, est encore la petite chaîne des Gonave, qui court du sud-est au nord-est, et est de tout côté séparée par des plaines des deux autres. Cette multiplicité de montagnes à l'ouest de l'île, rend les communications très-difficiles entre le nord et le sud de cette partie. Le rivage le plus septentrional de l'île, qui se trouve entre la baie de Mancenile et la baie Ecossaise, est bordé par une chaîne de montagnes qui a reçu le nom de Monte-Christo ; et le rivage de la péninsule méridionale, au nord de laquelle se trouve le Port-au-Prince, ou Port-Républicain, est pareillement bordé par une chaîne non-interrompue de montagnes, dont les points les plus élevés, en allant de l'est à l'ouest, reçoivent successivement les noms de montagnes Bahorecco, de la Selle, de la Hotte. Cette chaîne pourrait être appelée chaîne du sud. C'est entre ces chaînes de montagnes, que les principales rivières prennent leurs sources. De ces chaînes partent d'autres montagnes secondaires, courant dans divers sens, qui laissent des gorges plus ou moins profondes, que coupent encore, dans des directions différentes, des mamelons contigus ou séparés, formant de petites vallées et des vallons, où de moindres rivières, ou plutôt des torrens et des ravins, trouvent une issue. C'est au bas de toutes ces montagnes et collines, que se trouvent ces plaines, autrefois couvertes des produits de la végétation la plus riche, et qui formaient de cette île une des plus belles colonies du monde.

Pinkerton, tome VI, *page* 129 *et suiv.,*
suite de la note.

Les principales rivières de Saint-Domingue sont, au sud, l'Ozama, dont l'embouchure forme le port de Santo-Domingo, et la Nevva ; la Yague, ou rivière de Monte-Christo, au nord ; la Yuna à l'est, qui se jette dans la baie

Malte-Brun.

milieu cette portion de l'île : on pourrait l'appeler chaîne de l'*Engano*, d'après la nouvelle division de cette île par département. Il s'y trouve encore deux autres chaînes, l'une se dirige au nord-ouest et aboutit au cap Fou ; l'autre, moins alongée que la précédente, suit la même direction, et en dérivant une courbe vers le sud, va se terminer au cap Saint-Marc. La première pourrait s'appeler chaîne du nord, et l'autre chaîne Artibonite : entre les deux est encore la petite chaîne des Gonaïves, qui court du sud-est au nord-est, et qui de tous côtés est séparée par les plaines des deux autres. Cette multiplicité de montagnes à l'ouest de l'île, rend les communications très-difficiles entre le nord et le sud de cette partie. Le rivage le plus septentrional de l'île, qui se trouve entre la baie de Mançanille et la baie Ecossaise, est bordé par une chaîne de montagnes qui a reçu le nom de Monte-Cresto : et le rivage de la péninsule méridionale, au nord de laquelle se trouve le Port-au-Prince ou port Républicain, est pareillement bordé par une chaîne non-interrompue de montagnes, dont les points les plus élevés, en allant de l'est à l'ouest, reçoivent successivement le nom de montagnes Bahorecco, de la Salle, de la Hotte. Cette cinquième chaîne pourrait être appelée chaîne du Sud. C'est entre ces montagnes que les principales rivières prennent leurs sources. De ces chaînes partent d'autres montagnes secondaires, courans dans divers sens, qui laissent des gorges plus ou moins profondes, que coupent encore, dans des directions différentes, des mamelons contigus ou séparés, formant de petites vallées et des vallons, où de moindres rivières, ou plutôt des torrens et des ravins trouvent une issue. C'est au bas de toutes ces montagnes et collines que se trouvent ces plaines autrefois couvertes des produits de la végétation la plus riche, et qui formaient de cette île une des plus belles colonies du monde.

Malte-Brun, t. XV, *p.* 71 *et suiv.*

Les principales rivières de St.-Domingue sont, au sud, l'Ozama, dont l'embouchure forme le port de Santo-Domingo, et la Nevva ; la Jague, ou rivière de Monte-Christo, au nord ; la Juna, à l'est, qui se jette dans la

Pinkerton.

de Samana ; et l'Artibonite, à l'ouest. Les autres ne sont que des torrens ou des ruisseaux ; et de toutes celles que nous venons de nommer, il n'y en a pas une seule qui soit navigable à quatre lieues de son embouchure. Ces rivières et ces ruisseaux, en descendant des montagnes, entraînent vers la mer et sur les esters, des terres et des substances de diverses natures. Les esters sont des rivages de niveau avec la mer basse, et qu'elle couvre dans le flux. Un auteur récent prétend que près de la moitié de Saint-Domingue consiste en esters.

« Ce sont, dit-il, des plages marécageuses, couvertes de mangles, demeures d'une prodigieuse quantité d'insectes, de maringouins, de moustiques et de crustacées, dont les décompositions exhalent, avec les détritus des végétaux, des myriades d'émanations délétères, sources inépuisables de maladies de mauvaise nature, si communes dans les colonies. »

Pinkerton, tome vi, *page* 130 *et suiv*, *suite de la note.*

La terre végétale de Saint-Domingue a très-peu d'épaisseur, et on trouve à une très-petite profondeur le tuf, l'argile ou le sable : mais la nature du terroir est très-diversifiée et propre à toutes les cultures. On y trouve des terrains calcaires, argileux, schisteux, marneux, sablonneux. La moitié de l'île est en montagnes, dont la plupart peuvent se cultiver jusqu'à leurs sommets. Il y en a de stériles et très-escarpées, d'une grande hauteur ; leurs gorges, dont le terrain est plus humide par la chute habituelle des torrens, se couvrent de bananiers, de palmiers, de *mimosa* de toute espèce. D'autres montagnes, également arides, bordent les côtes. A leur pied, se voient des rochers effrayans par leurs masses, s'élevant à pic, et formant ce que l'on appelle les côtes de Fer. Telle est la côte qui s'étend depuis le fort Picolet, au Cap, jusqu'au fort de l'Acul ; telle est encore la bande du nord de l'île de la Tortue. La plupart des côtes des départemens du nord et de l'ouest, sont des collines calcaires, formées par des masses énormes de madrépores, souvent cellulaires. Les habitans les nomment roches à Ravets, du nom de l'insecte *blatta americana* de Linné, aussi commun qu'incom-

Malte-Brun.

baie de Saumaca ; et l'Artibonite à l'ouest. Les autres ne sont que des torrens ou des ruisseaux : et de toutes celles que nous venons de nommer il n'y en a pas une seule qui soit navigable à quatre lieues de son embouchure. Ces rivières et ces ruisseaux, en descendant les montagnes, entraînent vers la mer et sur les *esters* des terres et des substances de diverses natures. Les *esters* sont des rivages de niveau avec la mer basse, et qu'elle couvre dans le flux. Un auteur récent prétend que près de la moitié de St.-Domingue consiste en esters.

« Ce sont, dit-il, des plages marécageuses, couvertes de mangles, demeure d'une prodigieuse quantité d'insectes, de maringouins, de moustiques et de crustacés, dont les décompositions exhalent, avec les détritus des végétaux, des myriades d'émanations délétères, source inépuisable de maladies de mauvaise nature si communes dans les colonies ».

Malte-Brun, t. xv, *p.* 70 *et suiv.*

La terre végétale de Saint-Domingue a très-peu d'épaisseur, et on trouve à une très-petite profondeur le tuf, l'argil ou le sable : mais la nature du terroir est très diversifiée, et propre à toutes les cultures. On y trouve des terrains calcaires, argileux, schisteux, marneux, sablonneux. La moitié de l'île est en montagnes, dont la plupart peuvent se cultiver jusqu'à leurs sommets. Il y en a de stériles, très-escarpées et d'une grande hauteur ; leurs gorges, dont le terrain est plus humide par la chûte habituelle des torrens, se couvrent de bananiers, de palmiers, de *mimosa* de toute espèce. D'autres montagnes également arides bordent les côtes. A leurs pieds se voient des rochers effrayans par leurs masses, s'élevant à pic, et formant ce qu'on appelle les côtes de Fer. Telle est la côte qui s'étend depuis le fort Picolet au Cap, jusqu'au fort de l'Acul ; telle est encore la bande du nord de l'île de la Tortue. La plupart des côtes des départemens du nord et de l'ouest sont des collines calcaires, formées par des masses énormes de madrépores souvent cellulaires. Les habitans les nomment rochers à ravette, du nom de l'insecte *blatta americana* de Lin-

Pinkerton.

mode, qui se réfugie dans ces madrépores.

Suivant un auteur déjà cité , on trouve dans ces montagnes des mines d'or, d'argent, de cuivre, de fer, d'étain et d'aimant ; du cristal de roche, du soufre, du charbon de terre, etc. ; des carrières de marbre, de schiste, de marne, dans lesquelles on rencontre beaucoup de silex ; des produits volcaniques et des stalactites dans les cavernes ; et, suivant Moreau, des granits, des jaspes, des porphyres de la plus grande beauté, et des huîtres fossiles de six pouces de diamètre et trois pouces de hauteur. Le Morne, ou la montagne nommée Bonnet-à-l'Evêque , située dans la paroisse de la plaine du nord, près le canton de Grand-Boucan, ne présente , dans son intérieur, qu'excavations, précipices et cavernes, où d'immenses stalactites et stalagmites annoncent le long et continuel ouvrage de la nature. On remarque une caverne curieuse près la côte de Fer, à cinq quarts de lieues de la mer, sur un lieu nommé la Grande-Colline. Elle est composée de sept grottes ou voûtes considérables, et contient des meubles, des fétiches et des ossemens des sauvages indigènes.

Pinkert. t. **vi** , *p* 131 , *suite de la note.*

Les eaux des rivières y sont vives et fraîches ; celles qui avoisinent les bords de la mer sont saumâtres et limoneuses ; elles deviennent meilleures à mesure que leurs sources approchent des mornes ; le plus grand nombre d'entr'elles contient plus ou moins de sulfate calcaires , ou chaux sulfatée. On y a découvert deux sources d'eaux minérales, toutes deux sulfureuses.

On trouve dans l'intérieur quelques étangs ou petits lacs. Les deux plus considérables sont le lac Henriquillo et l'étang Saumage, situés entre la chaîne Artibonite et la chaîne du sud.

Pinkert. t. **vi** , *p.* 131 , *suite de la note.*

Les chaînes de montagnes qui coupent en différens sens l'île de Saint-Domingue, y produisent une telle variété de climat, que les habitans des diverses parties ne sont pas d'accord entre eux sur ce qu'ils doivent appeler hiver ou été. A l'est et au sud de l'île, on appelle hiver le temps des orages, depuis avril jusqu'en novembre ; on n'y connaît ni printemps ni automne. Au

Malte-Brun.

né, aussi commun qu'incommode, qui se réfugie dans ces madrépores.

Suivant un auteur déjà cité , on trouve dans ces montagnes des mines d'or, d'argent, de cuivre, de fer , d'étain et d'aimant, du crystal de roche, du soufre, du charbon de terre, etc. ; des carrières de marbre, de schiste, de marne, dans lesquelles on rencontre beaucoup de silex, des produits volcaniques et des stalactites dans les cavernes ; et suivant Moreau, des granits, des jaspes, des porphyres de la plus grande beauté, et des huîtres fossiles de six pouces de diamètre et trois pouces de hauteur. Le morne ou la montagne nommée Bonnet-à-l'Evêque, située dans la paroisse de la Plaine-du-Nord, près le canton de Grand-Boucaud, ne présente, dans son intérieur, qu'excavations, précipices et cavernes, où d'immenses stalactites et stalagmètes annoncent le long et le continuel ouvrage de la nature. On remarque une caverne curieuse près la côte de Fer, à cinq quarts de lieue de la mer, sur un endroit nommé la Grande-Colline. Elle est composée de sept grottes ou voûtes considérables , et contient des meubles , des fétiches et des ossemens des sauvages indigènes.

Malte-Brun, tom. **xv** , *pag.* 72.

Les eaux des rivières y sont vives et fraîches ; celles qui avoisinent les bords de la mer sont saumâtres et limoneuses : elles deviennent meilleures à mesure que leurs sources approchent des mornes ; le plus grand nombre d'entr'elles contient plus ou moins de sulfate calcaire ou chaux sulfatée. On y a découvert deux sources d'eaux minérales, toutes deux sulfureuses.

On trouve dans l'intérieur quelques étangs ou petits lacs. Les deux plus considérables sont le lac Haniquillo et l'étang Saumache, situés entre la chaîne Artibonite et la chaîne du Sud.

Malte-Brun, tom. **xv** , *pag.* 73.

Les chaînes de montagnes qui coupent en différens sens l'île Saint-Domingue y produisent une telle variété de climats, que les habitans des diverses parties ne sont pas d'accord entr'eux sur ce qu'ils doivent appeler hiver ou été. A l'est et au sud de l'île on appelle hiver le temps des orages, depuis avril jusq'en novembre ; on n'y connaît ni printemps ni automne. Au

Pinkerton.

Malte-Brun.

nord, l'hiver commence au mois d'août et finit au mois d'avril. C'est alors que se font sentir les vents du nord, appelés les Nords ; ils sont accompagnés d'un temps nébuleux, pluvieux ; ils durent trois à quatre jours de suite et reviennent deux à trois fois le mois ; alors les nuits et les matinées sont fraîches et même un peu froides ; les plantes végètent peu, quoique ce soit le temps des pluies : le printemps naît, se continue jusque vers la fin de mai ; les végétaux sont parés de verdure, de fleurs et de fruits ; l'air est embaumé : juin amène avec lui les chaleurs dévorantes, les sécheresses accablantes, les vents de sud étouffans ; c'est l'été de la zone torride, il dure jusqu'en octobre, temps des orages, saison de l'automne, qui se termine en novembre. C'est l'époque des maladies et sur-tout des fièvres. Celle qui s'est manifestée dernièrement, d'une manière si terrible dans l'armée française, n'est autre, suivant un habile observateur, que la fièvre jaune d'Amérique, qui est la fièvre putride ordinaire des tropiques, connue depuis long-temps et devenue plus maligne par des circonstances particulières : c'est enfin la même qui ravagea la Catalogne en 1764, et Cadix en 1800.

nord, l'hiver commence au mois d'août et finit au mois d'avril. C'est alors que se font sentir les vents du nord, appelés les Nords ; ils sont accompagnés d'un temps nébuleux, pluvieux ; ils durent trois à quatre jours de suite, et reviennent deux à trois fois le mois ; alors les nuits et les matinées sont fraîches et même un peu froides ; les plantes végètent peu, quoique ce soit le temps des pluies : le printems naît, se continue jusque vers la fin de mai ; les végétaux sont parés de verdure, de fleurs et de fruits ; l'air est embaumé. Juin amène avec lui les chaleurs dévorantes, les sécheresses accablantes, les vents du sud étouffans ; c'est l'été de la zône torride ; il dure jusqu'en octobre, temps des orages, saison de l'automne, qui se termine en novembre. C'est l'époque des maladies et sur-tout des fièvres. Celle qui s'est manifestée dernièrement d'une manière si terrible dans l'armée française, n'est autre, suivant un habile observateur, que la fièvre jaune d'Amérique, qui est la fièvre putride ordinaire des tropiques, connue depuis long-temps et devenue plus maligne par des circonstances inconnues : c'est enfin la même qui ravagea la Catalogne en 1764, et Cadix en 1800.

Pinkerton, tome VI, *page* 150.

Malte-Brun, t. XV, *pag.* 14 *et suiv.*

On foule aux pieds, dans les Savannes, le *cleome pentaphylla,* le *lepidium Virginicum,* le *bunias cakile,* le *turnera pumicea,* l'*ocymum americanum;* sur les bords de la mer, les grands raisiniers, *coccoloba uvifera,* croissent entre les rochers ; sur les coteaux on trouve des acacias de toute espèce, et entre autres l'acacia de Farnèse, *mimosa Farnesiana,* formant des buissons charmans par la finesse de ses feuilles et le parfum de ses petites fleurs jaunes disposées en boucles ; là se trouvent aussi la modeste sensitive, cachée sous le gazon entre les *sida,* les *dianthera,* les *ruelia;* les habitations et les plantations sont entourées d'orangers, de citroniers, de bois de Campêche, *hæmatoxylum campechianum,* de Brésil, et de *cæsalpinia crista;* d'élégant troène d'Amérique, *volkameria aculeata,* de jolis *melia azedarach;* de belles poincillades, *poinciana pulcherrima.* Dans les bois, des lianes de toutes les familles, *convolvulus, dolichos, granadilla, raiana, paulinia, bignonia,* se-

On foule aux pieds, dans les savannes, le *cléome pentaphylla,* le *lepidium virginicum,* le *bunias cakile,* le *turnera pumicea,* l'*ocymum Americanum;* sur les bords de la mer, les grands raisiniers, *coccoloba uvifera,* croissent entre les rochers ; sur les coteaux on trouve des accacias de toute espèce, et entr'autres l'accacia de farnèse, *nimosa farnesiana,* formant des buissons charmans, par la finesse de ses feuilles et le parfum de ses petites fleurs jaunes disposées en bouches; là se trouve aussi la modeste sensitive, cachée sous le gazon entre le *sida,* les *dianthera,* les *ruelia;* les habitations et les plantations sont entourées d'orangers, de citroniers, de bois de campêche, *hæmatoxylum campechianum,* de Brésil, et de *cæsalpinia cristata;* d'élégant troène d'Amérique, *volkameria aculeata,* de jolis *melia azedarach,* de belles poincillades, *poinciana pulcherima.* Dans les bois, des lianes de toutes les familles, *convolvulus, dolichos granadilla, raiana, pouli-*

Pinkerton.	*Malte-Brun.*
riana, etc. , forment par leurs entrelacemens et leurs contours multipliés autour des palmiers les plus élevés, des figuiers , des cycas , des élatés, des zamias, une multitude de berceaux où pendent en nombreux festons leurs longs pétioles, leurs feuilles armées d'épines, et leurs fleurs odorantes. Enfin sur le penchant couvert des mornes, on trouve des *cactus*, des cierges, des *opuntia*, des aloës.	*nia*, *bignonia*, *seriana*, etc. , forment, par leurs contours multipliés autour des palmiers les plus élevés, des figuiers, des cycas, des élatés, des zamias, une multitude de berceaux où pendent en nombreux festons leurs longs pétioles, leurs feuilles armées d'épines et leurs fleurs odorantes. Enfin , sur le penchant couvert des mornes, on trouve des *cactus*, des cierges, des apuntia, des aloës.

Certes, M. Malte-Brun, quand vous nous promettiez dans *votre Avis au Lecteur* de remplir, par votre Description des Indes occidentales, la *lacune qui existe dans les géographies modernes*, vous ne vous engagiez pas témérairement ! nous voyons bien où vous étiez sûr de trouver les matériaux nécessaires pour combler cette *lacune*. Et ces fameux *mémoires particuliers* dont vous étiez le mystérieux possesseur ! ce sont donc des notes *publiques*, des notes *imprimées* de M. Walckenaer !

Entre nous , savant géographe , ne serait-ce pas encore M. Walckenaer qui vous aurait fourni les *mémoires particuliers*, d'après lesquels vous avez composé votre long article *sur les quadrupèdes du Paraguay ?* Vous citez bien exactement le titre de l'ouvrage de M. d'Azara ; mais est-ce vous ou l'estimable traducteur de Pinkerton qui a pris la peine de faire l'extrait dont vous avez enrichi votre volume ? Enfin les observations sur le texte de l'auteur espagnol sont-elles à vous ou à M. Walckenaer ? C'est ce que nous allons bientôt éclaircir.

Pinkerton, tome VI , page 201 *et suiv.* , suite de la note de *M. Walckenaer.*	*Malte-Brun*, t. XV, p. 183 *et suiv.*
M. de Azara commence par le tapir, bien connu des naturalistes. Les guaranis *le nomment* mborébi ; le nom d'anta est celui qui lui a été donné par les Portugais qui , sans doute, auront aussi appliqué le même nom à un animal d'Afrique qui leur aura paru avoir quelque ressemblance avec celui-là. Il paraît, d'après cela, que M. Pinkerton a commis la même faute qu'il reproche si souvent aux autres, en cherchant à tirer quelqu'induction de cette identité de nom, pour en inférer l'identité de	M. de *Azara*, qui a séjourné plus de vingt ans dans le pays dont il trace la zoologie, commence ses descriptions par le tapir, bien connu des naturalistes. Les guaranis (1) *se nomment* mborebi ; le nom d'anta est celui qui lui a été donné par les Portugais, qui sans doute auront aussi appliqué le même nom à un animal d'Afrique qui leur aura paru avoir quelque ressemblance à celui-là. Il y a trois espèces de sangliers, toutes trois mentionnées par Garcillasso, liv. VIII, chap. 18 ;

(1) Le plagiaire a commis ici une lourde bévue en confondant le *tapir* (mborebi) avec les *Guaranis*.

Pinkerton.

population entre l'Afrique et l'Amérique. Viennent ensuite trois espèces de sangliers, toutes trois mentionnées, suivant Azara, par Garcilasso, liv. 8, chap. 18. Le premier est le *sus tajassu* de Linné, ou pécari de Buffon, le taytétou des Guaranis; le second est le tayazou, espèce nouvelle jusqu'ici confondue avec le taytétou; le tagnicati ou mâchoire blanche, qui est dans le même cas : ces animaux habitent les forêts. Azara compte au Paraguai jusqu'à quatre espèces de cerfs, différens par leur conformation, leurs mœurs et leurs habitudes, que les Guaranis comprennent sous le nom générique de gazou, deux rougeâtres et deux bruns ; le gouazoupanou, le plus grand de tous, est roux, son bois est large et ramifié, il habite les lieux baignés et les grands esters; le gouazouti ou cerf blanc, qui est le *cervus mexicanus* de Linné, se rapproche du chevreuil d'Europe; il est brun, il habite les champs découverts depuis Pampas jusqu'à Buénos-Ayres, vit en famille et va en troupes composées quelquefois de cent individus; c'est le plus rapide à la course : le guazoupita est roux, son bois n'est pas ramifié, il n'habite que les forêts, et n'en sort que la nuit; le gouazoubira est brun, mais le corps plus petit et plus ramassé que le gouazouti : les femelles de ces quatre espèces, ont la tête sans ornement; elles s'apprivoisent toutes, et il y en a dans le pays de réduites à l'état de domesticité. L'auteur décrit ensuite sous les noms de gnouroumi ou yoqoui, et de cagouari, les deux espèces connues de fourmillier, le tamanoir, *myrmecophaga jubata*, et le tamandua *myrmecophaga tridactyla* et *tetradactyla* de Linné, qui ne forment qu'une seule et même espèce.

Il discute ensuite l'intéressante et obscure famille des nombreux individus du genre chat; l'yagouarété ou jaguar de Buffon, est le plus grand, mais il a été très-mal décrit par ce célèbre naturaliste, qui s'en est formé des idées très-fausses; l'yagouarété est un animal très-redoutable qui terrasse même des taureaux, et par conséquent l'homme. Le gouazara ou cougar de Buffon, *felis discolor* de Linné, est appelé pouma par Garcilasso, liv. 18. chap. 8. Il paraît que le même animal se retrouve aussi dans l'Amérique septentrionale, et que c'est celui que Charlevoix a décrit sous le nom de tigre du pays des Iroquois; il est moins redoutable que le précédent, et n'attaque jamais l'homme; il grimpe aux arbres.

Malte-Brun.

le premier est le *sus tajassu* de Linné, ou le pécari de Buffon, le tayetetous de Guaranis ; le second est le tayazou, espèce nouvelle jusqu'ici confondue avec le tayetetous, le tagnicato ou mâchoire blanche, qui est dans le même cas ; ces animaux habitent les forêts. Azara compte au Paraguay jusqu'à quatre espèces de cerfs, différens par leurs conformations, leurs mœurs et leurs habitudes, que les Guaranis comprennent sous le nom générique de gazou, deux rougeâtres et deux bruns ; le gouazoapoucou, le plus grand de tous, est roux, son bois est large et ramifié ; il habite les lieux baignés et les grands esters : le guoazouti ou cerf blanc, qui est le *cervis mexicanus* de Linné, se rapproche du chevreuil d'Europe, il est brun, et habite les champs découverts, depuis Pampas jusqu'à Buénos-Ayres, vit en famille, et va en troupes composées quelquefois de cent individus, c'est le plus rapide à la course; le guazoupita est roux, son bois n'est pas ramifié, il n'habite que les forêts, et n'en sort que la nuit; le guazoubira est brun, mais le corps plus petit et plus ramassé que le guazouti, les femelles ont la tête sans ornement; elles s'apprivoisent toutes, et il y en a dans le pays de réduites à l'état de domesticité. L'auteur décrit ensuite, sous les noms de gnouroumc ou yoqoui, et de cagouari, les deux espèces connues de fourmillier, la tamanoir, *myrmecophaga jubata*, et le tamandua, *myrmecophaga trydactila et tetradactila* de Linné, ils ne forment qu'une seule et même espèce.

M. *Azara* discute ensuite l'intéressante et obscure famille des nombreux individus du genre *felis* ; l'ingouarète ou jagouar de Buffon est le plus grand, mais il est mal décrit par ce célèbre naturaliste, qui s'en est formé des idées très-fausses. L'iagouarete est un animal très-redoutable, qui terrasse même les taureaux et par conséquent l'homme. Le gouazara ou couguar, *felis discolor* de Linné, est appelé pouma par Garcillasso, liv. VIII, chap. 8. Il paraît que le même animal se trouve aussi dans l'Amérique septentrionale, et que c'est celui que Charlevoix a décrit sous le nom de tigre du pays des Iroquois; il est moins redoutable que le précédent, et n'attaque jamais l'homme, il grimpe aux arbres.

Pinkerton, tome VI, *page* 202, *suite de la note.*

Le chibigouazou est le *felis pardalis,* ou l'ocelot de Buffon ; il est très-commun, il grimpe aussi aux arbres pour manger les oiseaux : deux autres chats, l'yagouaroundi et l'évra, paraissent entièrement inconnus aux naturalistes d'Europe ; il semble que ces deux espèces, ainsi que le chat pampa qu'on ne rencontre pas au Paraguay, mais dans les pampas au sud de Buenos-Ayres, ont été confondus avec le chat d'Europe. L'auteur passe ensuite aux animaux, qu'il comprend sous les noms de furets, que Buffon a nommés mouffettes, et Linné *viverræ* : ce sont *viverra, vittata, barbara,* et une troisième espèce décrite sous le nom de yagouaré qui, suivant Cuvier, se rapproche de la mouffette du Chili de Buffon, ou *viverra compatl* de Linné. Viennent ensuite six espèces de didelphes ou de sarigues, qu'il nomme micouré ; on reconnaît parmi ces six espèces, le *didelphis virginiana* de Pennant, ou la sarigue à long poil, ou des illinois de Buffon, et peut-être aussi le cayopollin ; mais les autres espèces sont ou entièrement nouvelles, ou ne se rapportent qu'imparfaitement aux descriptions connues ; elles sont nommées par Azara micouré à queue grosse, à longue queue, à queue courte, micouré nain : toutes ces espèces, dit l'auteur, sont nocturnes, stupides, ni féroces, ni inquiètes, et on pourrait les apprivoiser. Observons en passant, d'après Cuvier, qu'aucun vrai sarigue n'est oriental, et qu'on ne trouve en Orient que deux genres voisins, les phalangers et les kangurous : c'est par erreur que Séba a donné son grand philandre pour oriental, et qu'il a été en cela suivi par Linné. L'*ursus cancrivorus* de Cuvier, ou le raton crabier de Buffon, est décrit par Azara sous le nom de agouara-gouazou, dont la première partie signifie renard : l'agouarachay, espèce nouvelle, paraît plutôt appartenir au genre du chien qu'à celui de l'ours ; on l'a confondu avec le renard d'Espagne : le couati, *viverra nasua* de Linné, *ursus nasua* de Cuvier, coati noirâtre de Buffon, n'habite point les montagnes comme on l'a dit, mais les forêts ; il y en a de domestiques dans ces contrées, qui y tiennent lieu de chats. La loutre décrite par Azara ne paraît être qu'une variété de la saricovenne, *mustella lutris brasiliensis* de Linné. Le

Malte-Brun, t. XV, *pag.* 185 *et suiv.*

Le chibigouazan est le *felis pardalis* ou l'ocelot de Buffon ; il est très-commun ; il grimpe aussi aux arbres pour manger les oiseaux. Deux autres chats, l'yagoua rundi et l'eyra paraissent entièrement inconnus aux naturalistes d'Europe ; il semble que ces deux espèces, ainsi que le chat pampa, qu'on ne rencontre pas au Paraguay, mais dans les pampas du sud de Buénos-Ayres, ont été confondus avec le chat d'Europe. M. Azara passa ensuite aux animaux qu'il comprend sous les noms de furets, que Buffon a nommés mouffettes, et Linné *viverræ.* Ce sont la *viverra vittata,* la *barbata,* et une troisième espèce décrite sous le nom de yagouaré qui, suivant Cuvier, se rapproche de la mouffette du Chili de Buffon, ou viverra compati de Linné. Viennent ensuite six espèces de didelphes ou de sarigues. On reconnaît parmi ces six espèces, le *didelphis virginiana* de Pennant, ou la sarigue à long poil, ou les illinois de Buffon, et peut être aussi le cayopollin ; mais les autres espèces sont entièrement nouvelles, ou ne se rapportent qu'imparfaitement aux descriptions connues ; elles sont nommées par Azara *fécondo* ou sarigue à grosse queue, à longue queue, à courte queue, et sarigue nain ; toutes ces espèces, dit l'auteur, sont nocturnes, stupides, ni féroces, ni inquiètes, et on pourrait les apprivoiser. On peut observer, d'après Cuvier, qu'aucun vrai sarigue n'est oriental, et qu'on ne trouve en orient que deux genres voisins, les phalanges et les kangurous : c'est par erreur que Séba a donné un grand philandre pour oriental, et qu'il a été en cela suivi par Linné. L'*ursus cancrivorus* de Cuvier, ou le raton crabier de Buffon, est décrit par Azara, sous le nom de agouara-gouazou, dont la première partie signifie renard. L'agouarachay, espèce nouvelle, paraît plutôt appartenir au genre du chien qu'à celui de l'ours ; on l'a confondu avec le renard d'Espagne. Le couati *viverra nasua* de Linné, *ursus nasua* de Cuvier, coati noirâtre de Buffon, n'habite point les montagnes comme on l'a dit, mais les forêts ; il y en a de domestiques dans ces contrées, qui y tiennent lieu de chats. La loutre décrite par Azara, ne paraît être qu'une variété de saricovenne, *mustella lutris brasiliensis*

Pinkerton. | **Malte-Brun.**

quouiya est une espèce nouvelle de *cavia*; il abonde dans la province de Buénos-Ayres et dans celle du Tucuman; mais il est rare au Paraguay. Le capiygoua est le *cavia capybara* ou cabiaï de Buffon, que l'on trouve sur les bords des lacs et des rivières. Le pay est le *cavia paca* qui habite, dit-on, l'épaisseur des forêts, et se cache dans les terriers. L'acouti est l'agouti ou *cavia acuti* qui se trouve dans les bois sous des arbres abattus. La vizcache est le *cavia acuschi* ou l'accouchi de Buffon, et peut-être aussi le *lepus viscacia* de Chili, mentionné par Gmelin, d'après Molina : on n'en trouve guère que dans la partie méridionale par le 30e degré de latitude, point depuis lequel elles deviennent plus communes, en raison de la hauteur du pôle, jusqu'à la terre des Patagons. Elles habitent en familles et creusent des trous que l'on nomme vizcachères; elles s'établissent dans le voisinage des maisons. Le lièvre pampa est une espèce nouvelle et commune de *cavia* qui habite depuis le 34e degré de latitude jusqu'à la terre des Patagons; il s'apprivoise, on mange sa chair, et on fait des tapis de son poil. Le tapiti est le *lepus brasiliensis* de Pallas et autres. L'apéréa est le *cavia cabaya* ou cochon d'inde sauvage, dont Gmelin a fait à tort une espèce particulière; il se cache dans les ronces, n'entre pas dans les bois et ne forme point de terrier. Les sept espèces de rats décrites par notre auteur, sont entièrement nouvelles et inconnues à tous nos systèmes d'histoire naturelle. Le couiy est le coëndon de Buffon, ou l'*histrix brachiura* de la dixième édition de Linné. Mais une des parties les plus curieuses de l'ouvrage de M. Azarra, est celle où il traite des tatous; on les a classés par le nombre des bandes qui cependant varient avec l'âge; d'où il s'ensuit que toutes les descriptions doivent être refaites et rapportées à celles qu'il a données; il en décrit huit espèces. Ces singuliers animaux creusent des terriers qu'ils dirigent communément sous un angle de 45 degrés, mais tout-à-coup ils les détournent; ils ont l'odorat très-fin, vivent d'oiseaux, d'œufs de vipères, de petits lézards, de crapauds, de vers. Le grand tatou seul se trouve dans les grands bois du Paraguay; le poyou ou tatou à main jaune, le tatouay, le tatou noir, vivent dans les champs, les chacarras (ou jardins des Indiens), et sur

de Linné. Le quouyia est une espèce nouvelle de *cavia*; il abonde dans la province de Buénos-Ayres et dans celle du Tucuman; mais il est rare au Paraguay. Le capyigoua est le *Cavia paca*, qui habite, dit-on, l'épaisseur des forêts, et se cache dans les terriers. L'acouti est l'agouti ou *cavia acuti*, qui se trouve dans les bois sous les arbres abattus. La vizcache (le *lièvre des Patagons* des voyageurs) est le *cavia acuchi* ou l'acouchi de Buffon, et peut-être aussi le *lepus viscacia* du Chili, mentionné par Gmelin d'après Molina : on en trouve guères que dans la partie méridionale par le 30e degré de latitude, point depuis lesquelles elles deviennent plus communes en raison de la proximité du pôle, jusqu'à la terre des Patagons. Elles habitent en familles, et creusent des trous que l'on nomme vizcachères; elles s'établissent dans le voisinage des maisons. Le lièvre pampa est une espèce nouvelle et commune de *cavia* qui habite le 34e degré de latitude jusqu'à la terre des Patagons; il s'apprivoise, on mange sa chair, et on fait des tapis de son poil. Le tapiti est le *lepus brasiliensis* de Pallas et autres. L'apéréa est le *cavia cabaya* ou cochon d'inde sauvage, dont Gmelin a fait à tort une espèce particulière; il se cache dans les ronces, n'entre pas dans les bois, et ne forme pas de terrier. Les sept espèces de rats décrites par notre auteur sont entièrement nouvelles et inconnues à tous nos systèmes d'histoire naturelle. Le couiy est le coëndon de Buffon, ou l'*histrix brachiura* de la 10e. édition de Linné. Une des parties les plus curieuses de l'ouvrage de M. Azara, est celle où il traite des tatous : on les a classés par le nombre des bandes, qui cependant varient avec l'âge. d'où il s'ensuit que toutes les descriptions doivent être refaites et rapportées à celles qu'il a données : il en décrit huit espèces. Ces singuliers animaux creusent des terriers qu'ils dirigent communément sous un angle de 45 degrés; mais tout-à-coup ils les détournent : ils ont l'odorat très-fin, vivent d'oiseaux, d'œufs de vipères, de petits lézards, de crapauds, de vers. Le grand tatou seul se trouve dans les grands bois du Paraguay : le poyou ou tatou à mains jaunes, le tatouay, le tatou noir vivent dans les champs, les chacarras (ou jardins indiens), et sur le bord des bois de la même proles bords des bois de la même province; mais aucune de ces quatre espèces n'habite la province de Buenos-Ayres, où l'on trouve le tatou velu, le tatou mulet, le pichiy et le matacou, qui ne sont point au Paraguay. Le tatou mulet se voit cependant par le 26e degré et demi de latitude australe, dans la partie méridionale de cette province; toutes ces espèces sont fort grasses, et plusieurs sont recherchées par les Indiens non soumis et les Espagnols. Les tatous de la province du Paraguay ne sortent que de nuit, et ce qu'on aura peine à croire d'animaux ainsi conformés, c'est qu'ils courent plus vîte qu'un homme. Le velu, le mulet, le mataco, le pichiy, sont moins véloces; ces quatre espèces vont aussi le jour, et on les prend facilement.

L'auteur ne compte que trois espèces de singes au Paraguay, le caraya *simia belzebut* ou l'ouarine de Buffon, c'est le plus commun dans les forêts épaisses et élevées, et il paraît préférer celles qui sont dans le voisinage des eaux; il est triste, sérieux, paresseux, il va toujours en famille composée de quatre à dix individus, parce que chaque mâle conduit trois ou quatre femelles; à l'aurore et à la fin du jour, ils font retentir les bois de leur voix rauque, forte, triste, et que l'auteur compare au craquement d'une quantité de charrettes non graissées. Azara regarde l'ouarina ou singe hurleur noir, comme le mâle de l'alouate ou du roux (*simia seniculus*); mais cela n'est pas prouvé. Le cay, saï de Buffon, ou *simia capucina*, habite de même les grandes forêts, mais il est plus rare, léger à la course et difficile à atteindre. Le saïmiri de Buffon n'est, suivant notre auteur, qu'un cay ou saï plus jeune. Le miriquouina, *simia pithecia* de Linné, saki de Buffon, habite les bois de la province de Chaco et de la rive occidentale de la rivière du Paraguay : il paraîtrait, d'après notre auteur, que ce joli singe blanc à face rouge, rapporté par la Condamine, qui se trouve au muséum d'histoire naturelle de Paris, et dont Buffon a fait une espèce sous le nom de mico, n'est que celle-ci dégénérée ou un individu albinos. La chair de toutes ces espèces de singes est recherchée par les naturels. Parmi les douze espèces de chauve-souris décrites par Azara, il ne s'en trouve que deux qui soient connues des naturalistes, *vespertilio spectrum* ou vampire, *vespertilio hastatus* ou chauve-

vince; mais aucune de ces quatre espèces n'habite la province de Buénos-Ayres, où l'on trouve le tatou velu, le tatou mulet, le pichiy et le mataco, qui ne sont point au Paraguay. Le tatou mulet se voit cependant par le 26e. degré et demi de latitude australe, dans la partie méridionale de cette province : toutes ces espèces sont fort grasses, et plusieurs sont recherchées par les Indiens non soumis et les Espagnols. Les tatous de la province du Paraguay ne sortent que de nuit, et ce qu'on aura peine à croire d'animaux ainsi conformés, c'est qu'ils courent plus vîte qu'un homme. Le velu, le mulet, le mataco et le pichiy sont moins véloces; ces quatre espèces vont aussi le jour, et on les prend facilement.

Azara ne compte que trois espèces de singes au Paraguay, le cayara, *simia belzebut* ou l'ouarine de Buffon, c'est le plus commun dans les forêts épaisses et élevées, et il paraît préférer celles qui sont dans le voisinage des eaux : il est triste, sérieux, paresseux; il va toujours en famille composée de quatre à dix individus, parce que chaque mâle conduit trois à quatre femelles; à l'aurore et à la fin du jour ils font retentir les bois de leur voix rauque, forte, triste, et que l'auteur compare au craquement d'une quantité de charettes non graissées. Azara regarde louarina, ou singe hurleur noir, comme le mâle de l'alouate et du roux (*simia seniculus*), mais cela n'est pas prouvé. Le cay, le saï de Buffon, ou la *simia capucina* habite de même les forêts, mais il est plus rare, léger à la course, et difficile à atteindre; le saïmiri de Buffon n'est, suivant notre auteur, qu'un cay ou saï plus jeune. Le miriquouina, *simia pithecia* de Linné, saki de Buffon, habite les bois de la province Chaco et de la rive occidentale de la rivière du Paraguay : il paraît, d'après notre auteur, que ce joli singe blanc à face rouge, rapporté par la Condamine, qui se trouve au muséum d'histoire naturelle de Paris, et dont Buffon a fait une espèce sous le nom de mico, n'est que celle-ci dégénérée, ou un individu albinos. La chair de toutes ces espèces de singes est recherchée par les naturels. Parmi les douze espèces de chauve-souris décrites par Azara, il ne s'en trouve que deux qui soient connues des naturalistes, *vespertilio spectrum* ou vampire, *vesper-*

| Pinkerton. | Malte-Brun. |

souris fer de lance : les chauve-souris sont nommées mbopi par les naturels ; ce genre est très-nombreux, et Geoffroy en observa récemment onze espèces nouvelles dans l'Egypte seule. Le crocodile de l'Amérique, qu'Azara nomme l'yacaré d'après les Guaranis, est peu redoutable, et n'attaque que les chiens et autres animaux de moindre taille. Azara ne croit pas qu'il aille au sud plus loin que le 32ᵉ degré de latitude méridionale.

Il nous reste actuellement peu de choses à ajouter à ce catalogue exact et précis, fourni par un observateur encore actuellement résidant sur les lieux, et qui y demeure depuis plus de vingt ans. Les notions que peuvent nous fournir les meilleurs ouvrages des plus grands naturalistes de l'Europe, sur le sujet qui nous occupe, ne méritent pas à beaucoup près la peine de nous arrêter aussi long-temps ; leurs auteurs n'ayant pas eu les mêmes moyens de bien observer, ne sauraient nécessairement avoir autant de droit à la confiance. Différens petits quadrupèdes du Chili indiqués par Molina dans son histoire naturelle de cette contrée, quoiqu'en général peu connus des naturalistes, occupent une place dans leurs systèmes et doivent être ici mentionnés, ne fût-ce que pour provoquer de nouvelles recherches à leur égard : tel est le castor du Chili, *castor huidobrius*, il habite le bord des lacs et des rivières, ne bâtit point comme le castor commun ; sa fourrure est très-estimée. Le *mus coypus*, loutre ou rat aquatique, à queue comprimée à son sommet ; le *mus cyanous*, ou mulet bleu ; le *mus laniger*, rat laineux ; il a , dit-on, les poils très-longs, fins comme de la toile d'araignée, tellement que les Péruviens l'employaient jadis au lieu de la meilleure laine ; le *mus maulinus ;* l'écureuil du Chili, *sciurus degus*, se rapproche du loir ; il vit dans des trous qui s'avoisinent et se communiquent autour des broussailles.

tilio hastatus ou chauve-souris fer de lance , les chauve-souris sont nommées mbopi par les naturels ; ce genre est très-nombreux, et Geoffroy en a observé récemment onze espèces nouvelles, dans l'Egypte seule. Le crocodile de l'Amérique, qu'Azara nomme l'iucaré, d'après les Guaranis , est peu redoutable, et n'attaque que les chiens et autres animaux de moindre taille. Azara ne croit pas qu'il aille au sud plus loin que le 32ᵉ. deg. de lat. méridionale.

Il y a peu de chose à ajouter à ce catalogue exact et précis, fourni par un observateur encore actuellement résidant sur les lieux, et qui y demeure depuis plus de vingt ans. Les notions que peuvent nous fournir les meilleurs ouvrages des plus grands naturalistes de l'Europe, sur le sujet qui nous occupe, ne méritent pas, à beaucoup près, la même confiance, leurs auteurs n'ayant pas eu les mêmes moyens d'observer. Différens petits quadrupèdes du Chili, indiqués par Molina dans son histoire naturelle de cette contrée, quoiqu'en général peu connus des naturalistes, occupent une place dans leur système, et doivent être ici mentionnés, ne fussent que pour provoquer de nouvelles recherches à leur égard, tel est le castor de Chili, *castor huidobrius*, il habite le bord des lacs et des rivières, ne bâtit pas comme le castor commun ; sa fourrure est très-estimée. Le *mus coypus*, l'outre ou rat aquatique à queue comprimée à son sommet ; le *mus cyanéus* ou mulet bleu ; le *mus laniger*, rat laineux ; il a , dit-on, les poils très-longs, fins comme de la toile d'araignée, tellement que les Péruviens l'employaient jadis au lieu de la meilleure laine ; le *mus maulinus ;* l'écureuil du Chili, *siurus degus*, se rapproche du loir, il vit dans des trous qui s'avoisinent et se communiquent autour des broussailles.

Pinkerton, *tome* VI , *page* 207 , *suite de la note.*

Malte-Brun , *t.* XV , *p.* 189 *et suiv.*

Azara donne des détails intéressans sur les chevaux et bêtes à cornes transportés en Amérique en 1535 et 1552, puis abandonnés et devenus sauvages. Les chevaux sauvages vont par troupes composées de plus de dix milles individus, presque tous sont bais-châtains,

Azara donne des détails intéressans sur les chevaux et bêtes à cornes transportés en Amérique en 1535 et en 1552, puis abandonnés et devenus sauvages. Les chevaux sauvages vont par troupes composées de plus de 10,000 individus, presque tous sont bais châtains, il y il y en a environ un dixième de zain, et quelques-uns de noirs, mais en très-petit nombre ; ils diffèrent très-peu des domestiques ; on les dompte facilement ; et comme les pâturages ne manquent pas, le plus pauvre journalier a son cheval. Dans le district de Santa-Fé et de Véra-Cruz, il y a aussi beaucoup d'ânes sauvages qui proviennent de la même source. Il y a aussi beaucoup de bœufs sauvages, sur-tout dans la province de Chiquito, entre le 15e et le 17e degré de latitude méridionale, et dans les champs de Montévidéo, qui sont d'une grande ressource, car ces animaux sont pour les Espagnols et les habitans ce que les rennes et les chameaux sont pour les Lapons et les Arabes ; leur chair est la base de la nourriture, et il est à remarquer que l'on préfère celle de la vache, même à celle du bœuf ou du taureau châtré ; on la trouve plus tendre et de meilleur goût. On exporte leur peau, et cette exportation a produit plus d'un million de peaux en 1794 : on fait avec leurs cornes des vases, des cuillers, des peignes, des pots, des cruches ; avec leur cuir, des cordes, des liens, des matelas, des cabanes ; la graisse supplée l'huile, même pendant le carême ; du suif on fait du savon, de la chandelle ; les os servent de bois à brûler dans beaucoup d'endroits où il manque, et on les fait flamber par le moyen du suif : les crânes sont les chaises dont on use dans les estancias (ou maisons de campagne) ; on fait avec du lait une grande quantité de ragoûts, de fromages ; la couleur de ces animaux est sombre et rougeâtre dans les parties supérieures, et noirâtre dans le reste. Bien loin que le taureau ait dégénéré dans l'Amérique comme le croit Buffon, notre auteur affirme que le bétail de Montévidéo est plus grand que celui de Salamanque, qui est lui-même le plus grand d'Espagne ; mais il avoue cependant que les taureaux ne sont ni aussi légers ni aussi féroces qu'en Espagne, ce qu'il attribue à ce qu'ils ne sont jamais séparés des vaches. Il y a une race naine dans les Corrientes, qu'il faut distinguer de la race ordinaire des fameux *estancias* des Jésuites. Près du Coin-de-la-Lune, à environ 45 lieues vers le sud-ouest de la cité de l'Assomption, par le 27e degré de latitude méridionale, il est né un taureau sans cornes qui a propagé sa race. L'au-

en a environ un dixième de zain, et quelques-uns de noirs, mais en très-petit nombre, ils diffèrent très-peu des domestiques : on les dompte facilement ; et comme les pâturages ne manquent pas, le plus pauvre journalier a son cheval dans le district de Santa-Fé, de Vera-Cruz ; il y a aussi beaucoup d'ânes sauvages qui proviennent de la même source ; il y a aussi beaucoup de bœufs sauvages, sur-tout dans la province de Chiquito, entre le 15e. et le 17e. degré de latitude méridionale, et dans les champs de Monte-Video, qui sont d'une grande ressource ; car ces animaux sont, pour les Espagnols et les habitans, ce que les rennes et les chameaux sont pour les lapons et les arabes ; leur chair est la base de la nourriture, et il est à remarquer que l'on préfère celle de la vache même à celle du bœuf ou taureau châtré ; on la trouve plus tendre et de meilleur goût ; on exporte leurs peaux, et cette exportation a produit plus d'un million de peaux en 1794 ; on fait avec leurs cornes des vases, des cuillers, des peignes, des pots, des cruches ; avec leurs cuirs, des cordes, des liens, des matelas, des cabannes ; la graisse supplée l'huile, même pendant le carême ; de leur graisse on fait du savon, de la chandelle, les os servent de bois à brûler dans beaucoup d'endroits où il manque, et on les fait flamber par le moyen du suif ; les crânes sont des chaises dont on use dans les estancias (ou maisons de campagne) ; on fait avec du lait une grande quantité de ragoûts, de fromages ; la couleur de ces animaux est sombre et rougeâtre dans les parties supérieures, et noirâtre dans le reste. Bien loin que le taureau ait dégénéré dans l'Amérique, comme le croit Buffon, notre auteur affirme que le bétail de Monte-Video est plus grand que celui de Salamanque, qui est lui-même le plus grand d'Espagne ; mais il avoue cependant que les taureaux ne sont pas aussi légers ni aussi féroces qu'en Espagne, ce qu'il attribue à ce qu'ils ne sont jamais séparés des vaches. Il y a une race naine de corientes qu'il faut distinguer de la race ordinaire des fameux *estancias* des Jésuites. Près du Coin-de-la-Lune, à environ 45 lieues vers le sud-ouest de la cité de l'Assomption, par le 27e. degré de latitude méridionale, il est né

Pinkerton.

teur en infère de là, contre l'opinion de Buffon, que ce n'est pas faute de pâturage qu'il se trouve en Irlande des vaches sans cornes.

Une autre race que l'on nomme *nata*, a la tête d'un tiers plus courte et le front garni d'un poil crépu. Il existe aussi quelques variétés de taureaux qu'on appelle *chivos*, parce qu'ils ont les cornes droites, verticales, coniques et très-grosses à la racine. Les bœufs sauvages s'apprivoisent facilement, et ils pourraient, ainsi que les chevaux, devenir une source de richesses et de prospérité entre les mains d'un peuple plus industrieux.

Malte-Brun.

un taureau sans cornes, qui a propagé sa race. L'auteur en infère contre l'opinion de Buffon que ce n'est pas faute de pâturage qu'il se trouve en Islande des bœufs sans cornes; d'ailleurs l'Islande ne manque pas de pâturages.

Une autre race qu'on nomme *nata*, a la tête d'un tiers plus courte et le front garni d'un poil crépu. Il existe aussi quelques variétés de taureaux qu'on appelle *chivos*, parce qu'ils ont les cornes droites, verticales, côniques et très-grosses à la racine. Les bœufs sauvages s'apprivoisent facilement, et ils pourraient, ainsi que les chevaux, devenir une source de richesse entre les mains d'un peuple plus industrieux.

Notre Danois conviendra que M. Walckenaer lui a été de quelque utilité pour se tirer de cette partie toute neuve de la description du Paraguay ; je connais des gens qui osent prétendre que c'est aussi le même savant qui a fait les frais d'un article sur *Madagascar*, placé en tête du n° 31 des *Annales des voyages* de M. Malte-Brun. Parce que ce sublime géographe a été surpris, deux ou trois cent fois seulement, revêtu des dépouilles du prochain, va-t-on en conclure qu'il ne peut rien produire de bon par lui-même ? D'ailleurs, observez que cet article sur *Madagascar* est signé de lui (*par le rédacteur*), tant il craignait qu'on n'en fît honneur à l'un de ses collaborateurs ou de ses correspondans ! En suivant ma méthode accoutumée, je vais bientôt confondre les calomniateurs du phénix de Copenhague.

Pinkerton, tome VI, *page* 421 *et suiv.*

Parmi les plantes nourrissantes se trouvent le riz, la banane, la patate, *nymphæa lotus*, plusieurs espèces de dolichos, ou de fèves de haricots, des citrouilles et des melons d'eau, et des cocotiers. Les fruits consistent en pommes de pin, en tamarins, en oranges et en grenades. Les épices, le poivre de bétel, le gingembre et le curcuma, la cannelle et le sucre y sont communs. La figue de l'Inde y croît, de même que l'ébénier, le bambou, le coton et l'indigo.

Depuis quelques années on s'est pro-

Malte-Brun, Annales des Voyages, n°. XXXI, *pag.* 12.

Parmi les plantes nourrissantes se trouvent le riz, la banane, la patate, le *nymphæa lotus*, plusieurs espèces de *dolichos* ou de fèves, de haricots, des citrouilles et des melons d'eau, et des cocotiers. Les fruits consistent en pommes de pin, en tamarins, en oranges et en grenades. Les épices, le poivre, le bétel, le gingembre et le curcuma, la cannelle et le sucre y sont communs. La figue de l'Inde y croît, de même que l'ébénier, le bambou, le coton et l'indigo.

Depuis quelques années ou s'est pro-

Pinkerton.	*Malte-Brun.*

curé un petit nombre de plantes de Madagascar : les seules espèces qui peuvent intéresser le lecteur sont le mûrier de Mauritanie à fruit verd, et le *gummiphora Madagascariensis*, dont le jus se fige et se transforme en gomme élastique absolument semblable au caoutchouc de Cayenne.

curé un petit nombre de plantes de Madagascar : les espèces les plus intéressantes sont le mûrier de Mauritanie à fruits verts, et le *gummiphora Madagascariensis*, dont le jus se fige et se transforme en gomme élastique absolument semblable au caoutchouc de Cayenne.

Pinkerton, tome VI. *page* 422 *et suiv., note de M. Walckenaer.*

Malte-Brun, Annales des Voyages, nᵒ. XXXI, pag. 13.

Commerson dit quelque part que les plantes de Madagascar sont particulières à cette île, et ne sont point les mêmes que celles qui se trouvent sur la côte opposée d'Afrique. Plusieurs quadrupèdes, qu'on n'a encore trouvés que dans cette contrée, donnent encore du poids à cette assertion : tel est ce singulier animal nommé l'aye-l'aye, *sciurus Madagascariensis* de Linné, qui diffère assez de tous les écureuils, pour former un genre à part, sous le nom de cheïromis. Tous les makis, le maki gris, le maki brun, l'indri, le mococo ; le maki à bourre, *lemur murinus, mongoz, indri, catta, laniger*; les *tendrac* et les *tanrecs* n'ont encore été trouvés que dans cette île. Ne pourrait-on pas inférer de cette singularité dans ses produits naturels, qu'elle n'a jamais pu faire partie du continent de l'Afrique, ou qu'elle n'a pu en être séparée qu'avant la création de ces animaux ? Le mangabey, *simia Æthiops,* singe de la famille des guenons, est, suivant Buffon, originaire de Madagascar; mais cela n'est pas encore bien certain, et la patrie de cet animal n'est pas bien connue : nous l'avons déjà mentionné, d'après Browne, au nombre des animaux du Darfour.

Les sangliers de Madagascar sont de l'espèce appelée *sus œthiopicus*, commune au Cap: tandis que le *sus Africanus*, ou sanglier du Cap-Verd, paraît particulier à l'ouest de l'Afrique, au nord du Sénégal ; et le *sus Guineensis*, dans la Sénégambie et contrées adjacentes. Les bœufs de Madagascar sont des zèbres, ils deviennent énormes, et Bucquoy nous dit qu'il y en a qui pèsent quelquefois jusqu'à sept ou huit cents livres. Cet auteur en a vu de trois espèces ou variétés, les uns avec des cornes, les autres sans cornes; et d'autres qui ont, à ce qu'il prétend, des cornes pendantes, et qui ne paraissent tenir qu'à la peau.

Commerson dit que les plantes de Madagascar sont particulières à cette île, et ne sont point les mêmes que celles qui se trouvent sur la côte opposée d'Afrique. Plusieurs quadrupèdes, qu'on n'a encore trouvés que dans cette contrée, donnent encore du poids à cette assertion ; tel est ce singulier animal nommé l'aye-l'aye, *sciurus Madagascariensis* de Linné, qui diffère assez de tous les écureuils pour former un genre à part sous le nom de *cheïromis.* Tous les makis, le maki gris, le maki brun, l'indri, le mococo, le maki à bourre, *lemur murinus, mongoz, indri, catta, laniger;* les *tendrac* et les *tanrecs* n'ont encore été trouvés que dans cette île. On pourrait inférer de cette singularité dans ses productions naturelles, qu'elle n'a jamais pu faire partie du continent de l'Afrique, ou qu'elle n'a pu en être séparée qu'avant la création de ces animaux. Le mangabey, *simia œthiops,* singe de la famille des guenons, est, suivant Buffon, originaire de Madagascar; mais cela n'est pas encore bien certain, et la patrie de cet animal n'est pas bien connue. Browne l'a mentionné au nombre des animaux du Darfour.

Les sangliers de Madagascar, de l'espèce appelée *sus œthiopicus*, commune au Cap; tandis que le *sus Africanus*, ou sanglier du Cap-Verd, paraît particulier à l'ouest de l'Afrique, au nord du Sénégal, et le *sus Guineensis*, dans la Sénégambie et contrées adjacentes. *Les bœufs de Madagascar sont des zèbres;* ils deviennent énormes, et *Bucquoy* nous dit qu'il y en a qui pèsent quelquefois jusqu'à sept ou huit cents livres. Cet auteur en a vu de trois espèces ou variétés, les uns avec des cornes, les autres sans cornes; et d'autres qui ont, à ce qu'il prétend, des cornes pendantes, et qui ne paraissent tenir qu'à la peau.

Je suis stupéfait! je l'avoue. Eh quoi! c'est en 1810, c'est l'année même où Pinkerton fut déclaré *de par* M. Malte-Brun, *charlatan littéraire, très-ignorant en géographie*, etc., etc., etc., que le doctissime danois en était encore réduit à le copier mot à mot! Pendant qu'il le foudroyait d'une main, il le volait de l'autre : *proh! pudor!*

Et M. Walckenaer! il est donc avéré que c'est à ses recherches que les abonnés des *Annales des voyages* sont redevables de la notice zoologique sur Madagascar, que le *rédacteur* leur a fait payer comme étant de son crû! Mais est-ce à M. Walckenaer aussi que les amateurs d'histoire naturelle doivent faire honneur de la découverte de ces *bœufs* de Madagascar qui sont des *zèbres?* Eh! non, vraiment; car l'*errata* de ce même tome VI de Pinkerton nous avertit qu'il faut lire *zébus* et non *zèbres.* Que les *bœufs-zèbres* soient donc restitués tout entiers à M. Malte-Brun! qu'un juste et touchant hommage soit rendu à la bonhomie véritablement exemplaire, avec laquelle ce grand naturaliste imprima, dans son numéro suivant, la lettre d'un de ses abonnés qui lui confesse que la nouvelle race de bœufs aurait pu *fournir aux malins ample sujet de critique!* Nous ne voulons pas être de ces *malins;* mais lorsqu'il prendra encore à M. Malte-Brun de ces envies irrésistibles de piller ses maîtres en géographie, nous l'engagerons à ne pas pousser le scrupule jusqu'à leur voler leurs fautes d'impression.

Ainsi donc, M. Malte-Brun, à moins que le cœur ne vous en dise, je m'en tiendrai à ce faible aperçu de la manière vraiment surprenante dont vous avez su mettre à contribution le géographe britannique. Jamais Croate, Valaque, Arabe, s'entendirent-ils aussi bien dans l'art de détrousser leur homme? Plus d'une fois dans cette guerre, docte et rusé Danois, les corsaires de votre pays se sont distingués par leur courage et leurs manœuvres contre nos ennemis communs : mais, depuis long-temps, il n'existerait plus de commerce anglais, si trois ou quatre de ces armateurs eussent été animés de cette soif de butin qui vous dévore. Pinkerton dépouillé jusqu'à la chemise est un assez beau monument de votre patriotisme; mais les plus nobles vertus, lorsque, comme vous, on s'y livre sans mesure, ne peuvent-elles pas porter à quelque excès? Dans la chaleur du combat, avez-vous toujours bien pris garde sur qui tombaient vos coups? Dans l'ivresse qui s'est emparée de vous à l'aspect d'une si riche proie, n'auriez-vous point confondu marchandise française et marchandise anglaise? L'une et l'autre sont étiquetées pourtant, et les trois majuscules **C. A. W.** placées au bas de toutes les notes auraient dû, ce me semble, vous conduire à faire quelque distinction entre Charles-Athanase Walckenaer, né à Paris, et Jean Pinkerton, né en Écosse.

Vous me rappelez involontairement, et toute comparaison à part, l'histoire d'un *quidam* venu au monde avec un attrait irrésistible pour le bien du prochain. Assis, un soir, au parterre de l'Opéra, je ne sais comment il se fit qu'au bout d'un quart-d'heure une très-belle montre passa de la poche de son voisin dans la sienne. Ce voisin était un horloger, et la montre celle d'une de ses pratiques, personne d'une grande distinction. Le propriétaire de l'objet volé court à la police; il arriva au moment où l'on venait d'arrêter le filou. « Comment, « coquin! lui cria-t-il, tu t'avises de me voler ma mon-« tre! — Ah! Monsieur, dit le drôle, foi d'homme « d'honneur, je ne l'eusse pas prise sur vous; mais « pourquoi diable se trouvait-elle dans le gousset d'un « homme que je *travaillais?* » Saisissez-vous de ce trait, M. Malte-Brun! voilà votre réponse à M. Walckenaer toute faite: « Eh! pourquoi diable vos notes se trou-« vent-elles dans le livre d'un géographe que je *travaille?* »

Elle est commode, en effet, cette manière de travailler: vous y avez pris goût, et, si je m'en rapporte à des gens que vous avez dû trouver trop clairvoyans, c'est en suivant cette douce méthode que vous êtes parvenu à enfanter ces deux gros volumes et ce petit atlas, dont le début a déjà coûté tant de dîners et de courbettes à votre digne éditeur. Auriez-vous oublié certaines lettres publiées dans certain journal (1) par

____

(1) Journal de Paris des 17 et 18 février 1810.

un certain M. *Misagyrtès* ? Quant à moi, je vous avoue que dès qu'elles parurent, me rappelant assez de grec pour savoir que *misagyrtès* signifiait *l'ennemi des charla-tans*, ou plutôt *du charlatan*, je me doutai qu'il pourrait bien y être question de vous. Mille pardons de la liberté grande, M. Malte-Brun ! mais depuis que vous avez traité Pinkerton de *charlatan littéraire* (1), j'ai réfléchi sur la valeur de ce mot ; et, m'étant bien convaincu qu'un *charlaton littéraire* est celui qui répète et s'appro-prie sans pudeur ce que de vrais savans ont découvert, pensé, ou écrit avant lui, j'ai pensé qu'entre Pinkerton pillé et M. Malte-Brun pillard, il n'y avait pas à balancer sur l'application du terme en question.

Revenons donc aux lettres de M. *Misagyrtès :* je les ai lues avec empressement, je les relis avec un plaisir tou-jours nouveau. Vous souhaiteriez de bien bon cœur que le vent en eût emporté jusqu'au moindre lambeau ; mais il m'importe à moi de les reproduire par-tout et sans cesse ; il importe à la tranquillité de ma conscience, à la clarté de ma cause, à la validité de mes moyens, que tous ceux qui vous ont lu et me liront voient et se per-suadent que je ne suis pas le seul qui vous ait pris *la main dans le sac.*

Vous l'avez donc encore mise dans le mien pour en-richir d'une *géographie primitive des Grecs* le petit atlas que vous dirigez ! Parbleu ! M. Malte-Brun, il faut que tout ce que je possède ait un merveilleux attrait pour vous ! si cela continue, vous finirez par arracher les ardoises de mon toit pour en couvrir le vôtre. Dans cette *géographie primitive des Grecs*, M. *Misagyrtès* a fait reconnaître à tout Paris le *Monde homérique* de Voss ; il en donne pour preuve la carte qui se trouve à la fin du tome VI de l'*Odyssée de Bitaubé*, édit. *in-8°* : or, cette édition m'appartient ; l'idée d'y avoir placé cette carte m'appartient aussi par conséquent. Que ne m'êtes-vous venu trouver, honnête géographe ? Votre détresse eût touché mon ame ; et, comme le bon *Courval* de l'*Ecole des Pères*, je vous aurais dit : *acceptez, ne dérobez pas* (2).

---

(1) *Voyez* page 2.
(2) J'ai promis, page 6, d'examiner jusqu'à quel point le docte M. Malte-

Grand géographe danois ! le même scrupule de conscience, ou plutôt le même embarras vous eût ensuite conduit chez le savant et modeste M. Gossellin : vous lui auriez exposé, la larme à l'œil, l'état perplexe où vous réduisait la nécessité de donner, dans votre petit atlas, un petit aperçu des *systèmes de Ptolémée, de Strabon et d'Eratosthène*. M. Gossellin est bon et charitable : et, pour vous épargner une transgression manifeste du septième commandement de Dieu, il vous eût autorisé à faire usage des belles cartes dont il est l'auteur (1).

Mais dans quel parti violent vous a jeté le désespoir ! Oubliant que le commandement dont je vous parlais tout-à-l'heure défend non seulement de prendre, mais même de convoiter la servante, le bœuf, l'âne, ni rien de ce qui appartient au prochain (*nec omnia quæ illius sunt*), vous vous êtes indévotement emparé des cartes de M. Gossellin, et vous avez cru, pécheur aussi aveugle que téméraire, déguiser votre larcin en réduisant ces cartes au format exigu de votre petit atlas ! Le premier péché commis, dit l'Ecriture, *l'impie avale l'iniquité comme l'eau*. Non content d'enlever d'un coup trois cartes à M. Gossellin, ce n'est encore qu'en le pillant outrageusement que vous parvenez à fabriquer tant bien que mal votre *Monde connu des Anciens*, et malheureusement pour vous, très-connu aussi des modernes.

Qui ne voit pas, monsieur le géographe danois, que c'est d'après notre savant compatriote que vous nous

---

Brun est versé, non dans la *littérature grecque*, mais dans *l'alphabet* de cette langue. M. Misagyrtès ou *l'ennemi du charlatan* va nous l'apprendre par l'observation suivante : (*Voyez le Journal de Paris du 18 février* 1810.)

« On trouve sur la première carte de M. Malte-Brun (*la géographie primitive* « *des Grecs*,) le προς ήως ήελιόν τε d'Homère (Iliade xii, 239. Odyss. ix, 26,) « défiguré ainsi en gros caractères : ΠΡΟΣ ΗΩΤ' HLIONTE ; c'est-à-dire que « dans le dernier mot il y a trois fautes : 1° une lettre retranchée (ε) ; 2° un L « romain au lieu d'un *lambda* grec (Λ); 3° la particule TE est réunie à ηελιον, « comme si ces deux mots n'en faisaient qu'un. »

Plus bas, je trouve en note que M. Fortia d'Urban, dans une lettre imprimée par le Journal de Paris, le 24 décembre précédent, avait déjà prouvé que la science hellénique de M. Malte-Brun allait jusqu'à confondre les articles masculins avec les articles féminins (τυ avec τής.) *Bone Deus!* et voilà de nos Grecs!

(1) *Voyez* les planches 2, 3 et 5 à la fin de la *Géographie des Grecs analysée*, in-4°, 1790.

avez donné les limites *occidentales et méridionales de l'A-
frique des anciens ?* Qui ne sait pas que les limites de
leurs connaissances dans les parties orientales et septentrionales de l'Asie et de l'Europe, *tracées,* osez-vous
dire, d'*après vous-même,* sont copiées d'un mémoire que
M. Gossellin a communiqué à l'Académie des Inscriptions
et Belles-Lettres, le 17 avril 1792 ? Ce mémoire, intitulé
Recherches sur la sérique des anciens, etc., a été imprimé
par extrait dans le *Journal des savans* de la même année ;
il l'a été en entier en 1805 à l'*Imprimerie impériale* : enfin
il est inséré dans les derniers Mémoires de l'Académie
qui ont paru cette année. Et ne nous soutenez pas,
M. Malte-Brun, que vous n'en avez pas eu connaissance,
puisque *vous le citez vous-même* dans votre nouveau chef-
d'œuvre, tome II, page 316, note 7.

Pourquoi, dit encore la feuille que j'ai sous les yeux,
pourquoi n'avez – vous pas fait honneur à ce même
M. Gossellin de tout ce que vous êtes venu nous débiter,
comme de source, sur *les côtes méridionales de l'Arabie ?*
« Mais, répondez-vous (page 216), je ne connaissais
« pas encore les recherches de cet académicien sur ces
« côtes ; elles ne se trouvent (note 3), que dans les
« Mémoires *inédits* de l'Académie des Inscriptions. »
Vaines défaites ! M. Malte-Brun ; il est patent que le
mémoire de M. Gossellin intitulé : *Recherches sur les
connaissances géographiques des Anciens le long des côtes
méridionales de l'Arabie,* a été lu le 10 mai 1790, publié
aussitôt par le Journal des Savans, et imprimé en entier
en 1805 à l'Imprimerie impériale. Mais où vais-je chercher des preuves de ce que j'avance ? Vous nous les
fournirez vous-même : par une de ces contradictions si
fréquentes chez vous, lorsque vous dites, page 216, que
le mémoire cité est encore *inédit,* vous oubliez qu'à la
page 178 vous nous aviez indiqué le volume XLIX où il
se trouve. Vous avez des distractions fatales, M. Malte-
Brun !

Mais nous ne sommes pas au bout de vos peccadilles,
phénix des géographes ; et l'impitoyable. *Misagyrtès,*
fidèle à son nom, va poursuivre le charlatan jusque
dans le plus petit coin de son petit atlas. Lorsque Can-

dide a passé son épée au travers du corps de l'israélite Issacar, et qu'il voit entrer tout-à-coup le grand inquisiteur, il se dit à lui-même : « Je suis en train de tuer ; « il n'y a pas à balancer, tuons encore cet homme ! » et il l'étend par terre. Pareillement, après avoir mis M. Gossellin à contribution, vous vous serez dit : « Je « suis en train de piller : il n'y a pas à balancer, pillons « encore cet auteur ! » et cet auteur, c'était celui du savant *Tableau des révolutions de l'Europe*. Ses planches 1 et 2 (*l'Europe avant l'invasion des barbares et vers la fin du* V[e] *siècle*), ont passé subtilement de son ouvrage dans votre compilation pour y former les cartes 4 et 5, c'est-à-dire *l'Europe avant et après l'invasion des Barbares.*

Vous étiez en trop beau chemin pour vous arrêter : vous avez réfléchi que vos lecteurs étaient gens à vous demander un tableau de la *géographie du moyen âge*, et c'est encore M. Koch qui, bon gré, mal gré, a dû subvenir à vos besoins : sa carte de *l'Empire de Charlemagne* n'a fait que changer de nom, et vous en voilà l'auteur. Si j'osais hasarder une similitude, je vous dirais, sauf respect, M. Malte-Brun, que votre conduite, en cette affaire, est absolument celle de ces honnêtes gens qui veulent que le chien qu'ils ont volé leur appartienne, parce qu'ils ont pris la peine de lui mettre un autre collier. Au reste, vous connaissez le proverbe : *chacun reprend son bien où il le trouve;* et, d'après cette maxime incontestable, MM. Gossellin et Koch peuvent faire main-basse, quand bon leur semblera, sur la partie la plus précieuse de votre petit atlas.

Voilà comme, en revendiquant l'idée de la carte *homérique* de mon édition de Bitaubé, j'ai été conduit à dévoiler quelques autres larcins de M. Malte-Brun en ce genre. Qu'il n'allègue point ici que ce soin ne me regardait pas ; je prends pour exemple, en cette affaire, la marche même de la justice. Lorsqu'un homme prévenu d'un délit quelconque est traduit devant elle, n'ordonne-t-elle pas une enquête sur la vie, les mœurs et habitudes de l'accusé ? Il m'importe donc, pour éclairer mes juges, le parquet et l'auditoire, de mettre au grand jour les *us et coutumes* du plagiaire que je pour-

suis. Irai - je, d'ailleurs, m'exposer à entendre dire
qu'animé seulement par un intérêt mercantile et sor-
dide, je ne sais dépenser mon temps, mon papier et
mon encre qu'à la défense de mon bien, et que la
cause des lettres et des sciences me touche peu ? Non,
sans doute. Je veux donner meilleure opinion de moi à
mes lecteurs; je veux prouver que je suis trop jaloux
de la gloire de mon pays, pour ne pas être sensible à
l'honneur de venger les savans qui l'illustrent, des attaques et des déprédations continuelles d'un étranger
téméraire. J'adresse donc encore l'interpellation suivante au compilateur danois :

Est-il bien certain, laborieuse abeille du nord, que
ce soit seulement sur les cartes de M. Gossellin que
vous vous soyez permis de butiner ? J'entends crier
partout autour de moi, que vous avez fait des excur-
sions non moins hardies et non moins productives dans
toutes les propriétés de notre savant compatriote. Il
s'est, apparemment, trouvé assez riche pour ne pas
réclamer contre vos larcins : mais je réclamerai, moi,
contre son silence, parce que l'intérêt de la société
veut qu'elle connaisse ceux de ses membres qui pré-
tendent vivre aux dépens de leurs voisins. Je prends,
en conséquence, le premier volume de votre *Précis de
la Géographie universelle*, et, à l'ouverture du livre,
je découvre ce que je vais exposer à mes lecteurs,
dussé-je encore les scandaliser : j'imagine pourtant qu'ils
doivent désormais s'attendre à tout, quand je vous confronte avec un vrai savant.

Vous nous dites donc (page 71), à propos de la
fameuse navigation des Carthaginois le long des côtes
occidentales de l'Afrique, qu'il nous reste une relation
authentique de cette entreprise connue sous le nom de
Périple d'Hannon, relation que *vous allez traduire littéralement*. Je n'ai pas lu six lignes de votre *traduction
littérale*, que je m'extasie sur ce nouveau procédé de
traduire un auteur sans connaître seulement l'original.
Reprenons notre méthode aussi claire que loyale des
deux colonnes :

Gossellin , Recherches sur la Géographie systématique et positive des anciens , tome I , page 70 et suiv.

Les Carthaginois ordonnèrent à Hannon de naviguer au-delà des Colonnes d'Hercule , et d'y fonder des villes Liby-phéniciennes. Hannon s'embarqua à la tête d'une flotte de soixante navires à cinquante rames chacun, chargés de trente mille personnes tant hommes que femmes , de vivres et d'autres provisions nécessaires.

Après être partis et avoir navigué pendant deux jours au-delà des Colonnes, nous avons fondé la ville de *Thymiaterion*, qui domine sur une vaste plaine.

De Thymiaterion, continuant de naviguer à l'ouest, nous sommes arrivés à un promontoir de Libye , nommé *Soloé*. Il est couvert d'un bois épais. Nous y avons élevé un autel à Neptune.

Du cap Soloé , après avoir navigué un demi-jour en tirant vers l'est, nous sommes arrivés à un étang voisin de la mer. Il était plein de grands roseaux, et nous vîmes une multitude d'éléphans et d'autres bêtes sauvages qui paissaient sur ses bords.

Après une journée de navigation au-delà de cet étang, nous avons fondé successivement les villes suivantes , sur le bord de la mer : *Caricus murus*, *Gytte* , *Acra* , *Melitta* et *Arambys*; et continuant notre route , nous sommes arrivés au grand fleuve *Lixus*, qui descend de la Libye.

Des Lixides nomades faisaient paître leurs troupeaux sur les bords de ce fleuve. Nous avons séjourné quelque temps parmi eux , et nous nous sommes liés d'amitié. Au-dessus de ces peuples, dans l'intérieur des terres, habitent des Éthiopiens sauvages , dont le pays est plein de bêtes féroces , et de montagnes élevées où le *Lixus* prend ses sources, à ce qu'ils disaient. Ils ajoutaient que ces montagnes étaient habitées par des Troglodytes, espèce d'hommes extraordinaires , si agiles à la course , qu'ils surpassaient la vitesse des chevaux.

Après avoir pris des interprètes chez les Lixites , nous avons longé , pendant deux jours , une côte déserte qui s'étendait au midi. Ensuite, tournant vers l'est pendant un jour de navigation , nous avons trouvé dans une espèce de golfe une petite île de cinq stades de tour , que nous avons nommée Cerné , et dans laquelle nous avons établi une colonie.

Malte-Brun , Précis de la Géographie universelle , t. 1 , p. 71 et suiv.

Les Carthaginois ordonnèrent à Hannon de naviguer au-delà des colonnes d'Hercule , et d'y fonder des villes Libyphéniciennes. Hannon mit à la voile avec une flotte de soixante navires à cinquante rames chacun, chargés de trente mille personnes , tant hommes que femmes , de vivres et d'autres provisions nécessaires.

Après être partis et avoir navigué pendant deux jours au-delà des colonnes, nous fondâmes la ville de *Thymiaterion* qui domine sur une vaste plaine.

De Thymiaterion, continuant de naviguer à l'ouest, nous arrivâmes à un promontoire de Libye, nommé *Soloé*. Il est couvert de bois épais ; nous y élevâmes un autel à Neptune.

Du cap Soloé , après avoir navigué un demi-jour en tirant vers l'est, nous arrivâmes à un étang voisin de la mer. Il était plein de grands roseaux ; nous vîmes une multitude d'éléphans et d'autres bêtes sauvages qui paissaient sur ses bords.

Après une journée de navigation au-delà de cet étang , nous fondâmes successivement les villes suivantes , sur le bord de la mer : *Caricum - Teichos*, *Gytte* , *Acra* , *Melitta* et *Arambe*; et continuant notre route, nous arrivâmes au grand fleuve *Lixus* qui descend de la Libye.

Des Lixites nomades faisaient paître leurs troupeaux sur les bords de ce fleuve. Nous y séjournâmes quelque tems, et nous conclûmes avec eux un pacte d'amitié. Au-dessus de ces peuples habitent des Éthiopiens sauvages , dans un pays plein de bêtes féroces et de montagnes élevées où le Lixus prend ses sources , à ce qu'ils disaient. Ils ajoutaient que ces montagnes étaient habitées par des Troglodytes, espèce d'hommes extraordinaires , et qui , à la course , surpassaient la vitesse des chevaux.

Après avoir pris des interprètes chez les Lixites , nous longeâmes , pendant deux jours , une côte déserte qui s'étendait au midi. Ensuite tournant vers l'est pendant un jour de navigation , nous trouvâmes, au fond d'un golfe , une petite île de cinq stades de tour , que nous nommâmes *Cerné* , et dans laquelle nous établîmes une colonie.

Gossellin.	*Malte-Brun.*

Gossellin.

A Cerné, nous avons comparé la route que nous avions faite depuis notre départ ; et en l'évaluant en ligne droite, nous avons cru reconnaître que cette île était à l'opposite de Carthage, par rapport aux Colonnes : car notre navigation depuis Carthage jusqu'aux Colonnes, et depuis les Colonnes jusqu'à Cerné, était égale.

De Cerné, après avoir traversé l'embouchure d'un grand fleuve nommé *Chretes*, nous sommes arrivés à un étang dans lequel se trouvaient trois îles, plus grandes que celles de Cerné. Nous n'avons pu atteindre le fond de cet étang qu'après un jour de navigation. Ici, il était dominé par de hautes montagnes, habitées par des hommes sauvages, vêtus de peaux de bêtes féroces. Ils nous attaquèrent à coups de pierres et nous forcèrent de nous retirer.

Nous sommes entrés ensuite dans un autre fleuve, grand, large, plein de crocodiles et d'hippopotames.

De là, nous sommes retournés à Cerné : et de Cerné, continuant notre route au midi, nous.....

De Cerné, continuant notre route au midi, nous avons vogué douze jours le long d'une côte habitée par des Ethiopiens. Ils paraissaient effrayés de nous voir, et fuyaient à notre approche.

La langue de ces peuples n'était plus entendue par nos interprètes lixites.

Le douzième jour, nous sommes arrivés à de grandes montagnes couvertes d'arbres odoriférans et de diverses couleurs. Nous avons employé deux jours à doubler le cap qu'elles forment, et nous nous sommes trouvés dans un golfe immense, au fond duquel était une plaine.

Pendant la nuit, on voyait briller de tous côtés une grande quantité de feux, les uns plus grands, les autres plus petits.

Après avoir renouvelé notre eau en cet endroit, nous avons suivi cinq jours les côtes de ce golfe.

Continuant notre route, nous sommes arrivés à un autre grand golfe : le cap qui est à son entrée, était nommé par nos interprètes *la Corne du Couchant*. Ce golfe renfermait une grande île, et cette île un lac d'eau salée, dans lequel se trouvait une autre île.

Nous y descendîmes. Dans le jour nous n'aperçûmes que des forêts ; mais pendant la nuit, nous vîmes briller un grand nombre de feux, et nous enten-

Malte-Brun.

A Cerné, nous comparâmes la route que nous avions faite depuis notre départ ; et en l'évaluant en ligne droite, nous crûmes reconnaître que cette île était à l'opposite de Carthage, par rapport aux colonnes ; car notre navigation depuis Carthage jusqu'aux colonnes, et depuis les colonnes jusqu'à Cerné, était égale.

De-Cerné, après avoir traversé l'embouchure d'un grand fleuve nommé *Chretes*, nous arrivâmes à un étang dans lequel se trouvaient trois îles, plus grandes que celle de Cerné. Nous ne pûmes atteindre le fond de cet étang qu'après un jour de navigation. Ici, il était dominé par de hautes montagnes, habitées par des hommes sauvages, vêtus de peaux de bêtes féroces. Ils nous attaquèrent à coups de pierres, et nous forcèrent de nous retirer.

Nous entrâmes ensuite dans un autre fleuve, grand, large, plein de crocodiles et d'hippopotames.

De-là, nous revînmes à Cerné.

Et de Cerné, recommençant notre route au midi, nous voguâmes douze jours le long d'une côte habitée par des Ethiopiens. Ils paraissaient nous éviter, ils fuyaient à notre approche.

La langue de ces peuples n'était plus entendue par nos interprètes, les Lixites.

Le douzième jour, nous arrivâmes à de grandes montagnes couvertes d'arbres odoriférans et de diverses couleurs. Après avoir navigué deux jours plus loin, nous nous sommes trouvés dans un golfe immense, bordé d'une plaine.

Pendant la nuit, on voyait briller de tous côtés une grande quantité de feux, les uns plus grands, les autres plus petits.

Nous renouvelâmes notre eau en cet endroit, et nous suivîmes cinq jours les côtes de ce golfe.

Continuant notre route, nous arrivâmes à une autre grande baie nommée par nos interprètes, la *Corne du Couchant*. Ce golfe renfermait une grande île, et cette île un lac d'eau salée, dans lequel se trouvait une autre île.

Nous y descendîmes. Dans le jour nous n'aperçûmes que des forêts ; mais pendant la nuit, nous vîmes briller un grand nombre de feux, et nous enten-

dîmes le son des flûtes, le bruit des cymbales et des tambours, mêlé aux cris effroyables des habitans. Ce vacarme nous ayant épouvantés, nos devins nous ordonnèrent de sortir promptement de cette île. Nous voguâmes le long d'une côte odoriférante et embrasée, d'où sortaient des torrens de feu qui se précipitaient dans la mer. Le sol de cette terre était si brûlant, que les pieds ne pouvaient en supporter la chaleur.	dîmes le son des flûtes, le bruit des cymbales et des tambours, mêlé à des cris effroyables. Nous en fûmes épouvantés; nos devins nous ordonnèrent de sortir promptement de cette île. Nous voguâmes le long d'une côte embrasée et odoriférante: partout des torrens de feu se précipitaient dans la mer. Le sol de cette terre était si brûlant, que les pieds ne pouvaient en supporter la chaleur.
Nous nous retirâmes donc au plus vite de ces lieux; et durant quatre jours de navigation, la terre nous parut couverte de flammes toutes les nuits. Au milieu de ces feux, il s'en élevait un beaucoup plus grand que les autres; il semblait atteindre jusqu'aux astres: mais de jour, on ne distinguait qu'une haute montagne appelée *Théon Ochema*, le char des dieux.	Nous nous retirâmes donc au plus vite de ces lieux; et durant quatre jours que nous tînmes la mer, la terre nous parut couverte de flammes toutes les nuits. Au milieu de ces feux, il s'en élevait un beaucoup plus grand que les autres: il semblait atteindre jusqu'aux astres; mais de jour on ne distinguait qu'une haute montagne appelée *Théon Ochema*, le char des Dieux.
Après avoir passé ces torrens de feu, nous naviguâmes trois jours, et nous arrivâmes à un cap formant l'entrée d'un golfe: ce cap est nommé *la Corne du Midi*.	Après avoir passé ces torrens de feu, par une navigation de trois jours, nous arrivâmes à une baie nommée la *Corne du Midi*.
Dans le fond de ce golfe, existait une île semblable à la précédente. Elle avait aussi un lac, dans lequel se trouvait une autre île habitée par des sauvages. Les femmes y étaient plus nombreuses que les hommes; elles avaient le corps velu, et nos interprètes les nommaient *Gorilles*.	Dans le fond de ce golfe, existait une île semblable à la précédente; elle avait aussi un lac, dans lequel se trouvait une autre île habitée par des sauvages. Les femmes y étaient plus nombreuses que les hommes; elles avaient le corps velu, et nos interprètes les nommaient *Gorilles*.
Nous ne pûmes prendre aucun homme; ils fuyaient à travers les précipices, et se défendaient à coups de pierres. Nous prîmes cependant trois femmes; mais comme elles rompaient leurs liens, qu'elles nous mordaient et nous déchiraient avec fureur, nous les avons tuées, et les ayant écorchées nous avons rapporté leurs peaux à Carthage.	Nous ne pûmes prendre aucun homme; ils fuyaient à travers les précipices, et se défendaient à coups de pierres. Nous prîmes cependant trois femmes; mais comme elles rompaient leurs liens, qu'elles nous mordaient et nous déchiraient avec fureur, nous les tuâmes, et les ayant écorchées nous rapportâmes leurs peaux à Carthage.
Le défaut de vivres nous empêcha de naviguer plus loin.	Le défaut de vivres nous empêcha de naviguer plus loin.

Il faut convenir, M. Malte-Brun, que si tous les traducteurs des ouvrages anciens *s'accordaient* aussi bien que vous et M. Gosselin, les lecteurs ne se trouveraient jamais dans cette pénible incertitude où les met trop souvent la diversité des interprétations du même passage. Mais ici quel rapport, quelle harmonie entre les deux versions! Il n'y a pas jusqu'aux virgules qui ne se correspondent parfaitement. La seule petite différence qu'un chicaneur pourrait observer, c'est que l'ouvrage de M. Gossellin a été publié en l'an VI (1798), et que votre *traduction littérale* n'a paru que *douze ans après* (en 1810).

Voyons si vous vous serez aussi merveilleusement rencontré avec l'académicien français, pour votre division de l'Asie :

Gossellin, *Géographie des Grecs analysée, page 101.*	*Malte-Brun*, t. 1, p. 118 *et suiv.*
La chaîne du *Taurus*, en partageant l'Asie, donnait la facilité de la diviser en deux grandes parties. Tout ce qui était au nord de ces montagnes s'appelait Asie *en deçà du Taurus*, par rapport à l'Asie Mineure qu'occupaient les Grecs. Ce qui était au midi se nommait Asie *au-delà du Taurus*.	La chaîne du Taurus, en partageant l'Asie, donnait la facilité de la division en deux grandes parties : tout ce qui était au nord de ces montagnes s'appelait *Asie en-deçà du Taurus*, par rapport à l'Asie-Mineure qu'occupaient les Grecs; ce qui était au midi se nommait *Asie au-delà du Taurus*.
Ces parties se subdivisaient. On distinguait dans celle *en deçà du Taurus* quatre principales contrées.	Ces parties se subdivisaient : on distinguait dans celle en-deçà du Taurus quatre principales contrées.
La première était bornée à l'occident par le Tanaïs, les Palus-Mœotides jusqu'au Bosphore, et le Pont-Euxin jusqu'à la Colchide, au nord par l'océan Septentrional et la partie de cet océan qui s'avance jusqu'à l'embouchure de la mer Caspienne ; à l'orient par la mer Caspienne jusqu'à la séparation de l'Albanie et de l'Arménie, à l'endroit où le *Cyrus* et l'Araxe terminent leurs cours ; au midi, enfin, par l'isthme qui sépare le Pont-Euxin de la mer Caspienne, suivant une ligne qui traverserait l'Albanie et l'Ibérie, depuis l'embouchure du *Cyrus* jusqu'à la Colchide. On estimait cet intervalle à 3,000 stades.	La *première* était bornée à l'occident par le Tanaïs, les Palus-Méotides jusqu'au Bosphore, et le Pont-Euxin jusqu'à la Colchide ; au nord, par l'Océan septentrional et la partie de cet Océan qui s'avance jusqu'à l'embouchure de la mer Caspienne ; à l'orient, par la mer Caspienne jusqu'à la séparation de l'Albanie et de l'Arménie, à l'endroit où le Cyrus et l'Araxe terminent leurs cours ; au midi enfin, par l'isthme qui sépare le Pont-Euxin de la mer Caspienne, suivant une ligne qui traversait l'Albanie et l'Ibérie depuis l'embouchure du Cyrus jusqu'à la Colchide ; on estimait cet intervalle à 3,000 stades.
Ces pays étaient occupés au nord par des Scythes nomades, qui n'avaient d'autres habitations que leurs chariots. En deçà on trouvait les Sarmates ou Sauromates, qui n'étaient que des Scythes ; les Aorses et les Siraces, qui s'étendaient vers le midi jusqu'au mont Caucase. Parmi ces derniers, il y avait des tribus nomades, d'autres qui vivaient sous des tentes et qui cultivaient des terres.	Ces pays étaient occupés au nord par des *Scythes nomades* qui n'avaient d'autres habitations que leurs chariots ; en deçà on trouvait les *Sarmates* ou *Sauromates*, qui n'étaient, selon Hérodote, qu'une branche des Scythes, et les *Siraces* qui s'étendaient vers le midi jusqu'au mont Caucase. Parmi ces derniers il y avait des tribus nomades, d'autres qui vivaient sous des tentes et qui cultivaient des terres.

Dans le passage ci-dessus, M. Malte-Brun ne paraît pas comme ayant *traduit*, mais comme ayant *copié littéralement*. S'il fait ensuite quelques pas sans M. Gossellin, il reprend bien vite la trace de ce géographe dans les pages suivantes, où de légers détails adroitement intercalés lui donnent l'air d'avoir fait, pour son compte, de profondes recherches. Nous poursuivrons les nôtres :

Gosselin, Géographie des Grecs analysée, page 102.

En commençant par l'orient, on trouvait d'abord les Indiens, qui passaient pour la nation la plus puissante et la plus nombreuse de l'Asie. Leur pays avait pour confins, suivant Eratosthènes et Strabon, l'océan Oriental et la partie méridionale de l'océan Atlantique. A l'occident de l'Inde, on trouvait une vaste région mal peuplée, à cause de la stérilité de son sol; elle était occupée par différentes nations tout à fait barbares. Celle des Ariens s'étendait depuis les montagnes jusqu'à la Gédrosie et la Carmanie. Venaient ensuite les Perses, les Susiens, les Babyloniens, quelques autres petits peuples, la Mésopotamie, la Syrie, les Arabes et les Egyptiens jusqu'au Nil.

Gosselin, Géographie des Grecs analysée, page 36.

Eratosthènes plaçait la Taprobane au midi de l'Inde, à sept journées de navigation du Continent et du cap où habitaient les Coliaques, mais d'une navigation infiniment lente. Il lui donnait 5,000 stades de largeur sur 7,000 de longueur, et même 8,000 suivant Strabon. Cette île se projetait d'orient en occident vers l'Ethiopie, parallèlement à la côte de l'Inde.

Gosselin, Géographie des Grecs analysée, page 106 et suiv.

Gallus, parti de Cléopatride avec une flotte considérable, débarqua à *Leuce*, principal port des Nabathéens. Obodas, roi de cette nation, joignit ses forces à celles de Gallus déjà très-épuisées, et fit commander ses troupes par Sylleus. Ce lieutenant conduisit les Romains, par des déserts arides, dans le pays où régnait Arétas; il leur fit ensuite traverser l'Ararene, et ils n'arrivèrent qu'après cinquante jours d'une marche forcée et excessivement difficile à *Anagrana* qu'ils saccagèrent: les villes d'*Asca* et d'*Athrulla* eurent le même sort; mais les Ramanites résistèrent, et *Marsyabas* ne fut point prise. Gallus revint sur ses pas, après avoir vu périr la plus grande partie de

Malte-Brun, t. 1, p. 135.

En commençant par l'orient, il trouvait d'abord les *Indiens* qui passaient pour la nation la plus puissante et la plus nombreuse de l'Asie : leur pays avait pour confins, suivant Eratosthènes et Strabon, l'Océan oriental et la partie méridionale de l'Océan atlantique. A l'occident de l'Inde, on trouvait une vaste région mal peuplée à cause de la stérilité de son sol : elle était occupée par différentes nations tout à fait barbares; c'était l'*Ariane*, dont l'*Aria* n'est qu'une partie, et qui s'étendait de *Paropamisus* jusqu'à la *Gédrosie* et la *Carmanie;* venaient ensuite les *Perses*, les *Susiens*, les *Babyloniens;* quelques autres petits peuples, la *Mésopotamie*, la *Syrie*, les *Arabes* et les *Egyptiens* jusqu'au Nil.

Malte-Brun, t. 1, p. 140.

Eratosthènes plaçait la *Taprobane* au midi de l'Inde, à vingt journées de navigation du *cap des Coliaques*, mais d'une navigation infiniment lente; il lui donnait 5,000 stades de long sur 7,000 de large, ou même 8,000 selon Strabon! l'île se projetait d'orient en occident vers l'Ethiopie, et parallèlement à la côte de l'Inde.

Malte-Brun, t. 1, p. 154.

Gallus, parti de Cléopatride en Egypte avec 10,000 hommes et une flotte considérable, débarqua à *Leuce*, principal port des Nabathéens. Obodas, roi de cette nation, joignit ses forces à celles de Gallus déjà très-épuisées, et fit commander ses troupes par Sylleus. Ce traître conduisit les Romains par des déserts arides, dans les pays où régnait Arétas; il leur fit ensuite traverser l'*Ararène*, et ils n'arrivèrent qu'après une marche forcée et excessivement difficile à *Anagrana* qu'ils saccagèrent : les villes d'*Asca* et d'*Athrulla* eurent le même sort; mais les *Rhamanites* résistèrent, et *Marsyabas* ne fut point prise. Gallus revint sur ses pas après avoir vu périr la plus grande

Gossellin.   *Malte-Brun.*

son armée par les maladies, la fatigue, la soif et la faim ; il n'avait perdu que sept hommes dans les différens combats qu'il avait livrés.

partie de son armée par les maladies, la fatigue, la soif et la faim ; il n'avait perdu que sept hommes dans les différens combats qu'il avait livrés.

Gossellin, Géographie des Grecs, analysée, page 107 et suiv.

Malte-Brun, t. 1, p. 157.

L'intérieur de l'Afrique était presque entièrement inconnu au temps de Strabon ; la côte de la Méditerranée seule et les environs du Nil étaient fréquentés par les Grecs. Leur opinion sur l'ensemble de cette partie du monde était, que sa forme ressemblait à celle d'un trapèze ; ou même que la côte, depuis le détroit des Colonnes jusqu'à Péluse, pouvait être considérée comme la base d'un triangle rectangle, dont le Nil formait le côté perpendiculaire qui se prolongeait jusqu'à l'Éthiopie et à l'Océan, et dont l'hypothénuse était la côte comprise depuis l'Éthiopie jusqu'au Détroit. Le sommet de ce triangle s'étendait au-delà des limites de la terre habitable, et était par conséquent regardé comme inaccessible ; aussi Strabon avoue-t-il qu'il ne peut assigner la largeur précise de cette portion de l'Afrique.

Il ne connaissait guère plus la côte occidentale, puisqu'il dit qu'en passant le Détroit, on trouve une montagne que les Grecs nomment *Atlas* et les Barbares *Dyris* ; que de là, s'avançant à l'ouest, on voit le cap *Cotes*, et ensuite la ville de *Tinga* située vis-à-vis *Gades*, à 800 stades de distance ; que de ces deux villes aux colonnes d'Hercule il y a aussi 800 stades ; qu'au sud du *Tinga* on rencontre le golfe *Emporicus*, où les Phéniciens ont un établissement ; que toute la côte après ce golfe est creuse ; et que si on en excepte les sinuosités, il faut imaginer qu'elle va droit, entre le midi et l'est, rejoindre le sommet du triangle dont il a parlé.

L'intérieur de l'Afrique était presque entièrement inconnu au tems de Strabon ; la côte de la Méditerranée seule et les environs du Nil étaient fréquentés par les Grecs. Leur opinion sur l'ensemble de cette partie du monde était que sa forme ressemblait à celle d'un trapèze, ou même que la côte, depuis le détroit des Colonnes jusqu'à Péluse, pouvait être considérée comme la base d'un triangle-rectangle, dont le Nil formait le côté perpendiculaire qui se prolongeait jusqu'à l'Éthiopie et à l'Océan, et dont l'hypoténuse était la côte comprise depuis l'Éthiopie jusqu'au détroit. Le sommet de ce triangle s'étendait au-delà des limites de la terre habitable, et était par conséquent regardé comme inaccessible ; aussi Strabon avoue-t-il qu'il ne peut assigner la largeur précise de cette portion de l'Afrique.

Il ne connaissait guère plus la côte occidentale, puisqu'il dit qu'en passant le détroit, on trouve une montagne que les Grecs nomment *Atlas*, et les Barbares *Dyris* ; que de là, s'avançant à l'ouest, on voit le cap *Cotes*, et ensuite la ville de *Tinga*, située vis-à-vis Gades, à 800 stades de distance ; que de ces deux villes aux Colonnes d'Hercule il y a encore 800 stades ; qu'au sud de Tinga on rencontre le golfe *Emporicus* où les Phéniciens avaient eu des établissemens ; que toute la côte après ce golfe est creuse ; et que si on en excepte les sinuosités, il faut imaginer qu'elle va directement entre le midi et l'est, rejoindre le sommet du triangle dont il a parlé.

Gossellin, Géographie des Grecs analysée, page 109.

Malte-Brun, t. 1, p. 157 et suiv.

Une erreur qu'on ne peut s'empêcher de relever, parce qu'elle appartient tout entière à Strabon, est d'avoir placé le mont Atlas sur le détroit des Colonnes, à l'orient du cap *Cotes*; tandis qu'il ne lui était pas permis d'ignorer que cette montagne devait être beaucoup au-delà, sur la côte occidentale de l'Afrique, baignée par l'océan Atlantique, auquel elle a donné son nom.

Une erreur qu'on ne peut s'empêcher de relever parce qu'elle lui appartient tout entière, c'est d'avoir placé le mont Atlas sur le détroit des Colonnes, à l'orient du cap Cotes, tandis qu'il aurait pu apprendre de Polybe que cette montagne devait être beaucoup au-delà sur la côte occidentale de l'Afrique baignée par l'Océan atlantique, auquel elle a donné son nom.

Gossellin , Recherches sur la Géographie systématique et positive des Anciens , tome 1 , page 233 et suiv.

Possidonius, parlant de ceux qu'on dit avoir navigué autour de l'Afrique, raconte qu'un certain Eudoxe de Cyzique, député et chargé de faire des libations aux jeux corynthiens, vint en Egypte, sous le règne d'Evergètes second; qu'il eut des conférences avec ce prince et ses ministres, et particulièrement sur la navigation du Nil dans sa partie supérieure. Cet homme observait avec attention les particularités des lieux, et il était d'ailleurs assez instruit.

Dans le même temps, le hasard fit qu'un Indien fut amené au roi, par ceux qui gardaient le fond du golfe Arabique. Ils disaient l'avoir trouvé seul et à demi mort, dans un navire. Ils ne pouvaient savoir ni qui il était, ni d'où il venait, parce qu'ils n'entendaient point son langage. On le mit entre les mains de gens qui lui apprirent le grec : quand il le sut, il conta comment, après s'être embarqué sur les côtes de l'Inde, il s'était égaré, et avoit abordé dans le lieu où il fut trouvé, après avoir vu mourir tous ses camarades. Il promit que si on voulait le renvoyer, il montrerait le chemin des Indes aux pilotes que le roi choisirait pour s'embarquer avec lui.

Eudoxe fut du nombre de ceux que le roi nomma. Il partit avec différens objets destinés à faire des présens, et rapporta en échange des aromates et des pierres précieuses, les unes roulées par les fleuves comme les cailloux, les autres tirées du sein de la terre, et formées par la concrétion de l'eau, comme les cristaux le sont chez nous. Mais il fut privé des profits qu'il avait espéré faire, parce que le roi s'appropria tout ce qu'il rapportait.

Après la mort de ce prince, Cléopâtre sa veuve, prit les rênes du gouvernement, et fit repartir Eudoxe avec plus de marchandises que la première fois. Dans son retour, les vents le portèrent sur la côte de l'Ethiopie : il aborda en quelques lieux, fit amitié avec les habitans, leur donna des vivres, ainsi que du vin et des figues séchées qu'ils ne connaissaient point. Il reçut en échange des secours et des guides, mit par écrit quelques mots de leur langue, et trouva un morceau de bois qui avait formé la partie antérieure d'un navire, sur lequel était sculptée la figure d'un cheval. Comme il apprit que ce fragment avait

Malte-Brun , t. 1 , p. 159 et suiv.

Posidonius, en parlant de ceux qu'on prétend avoir navigué autour de l'Afrique, raconte qu'un certain *Eudoxus*, député de la ville de Cyzique, et chargé de faire des libations aux jeux corinthiens, vint en Egypte, sous le règne d'Evergètes second, et qu'il eut des conférences avec ce prince et ses ministres, et particulièrement sur la navigation du Nil dans sa partie supérieure. Cet homme était curieux de connaître les particularités des lieux, et il ne manquait point d'instruction.

Dans le même tems le hasard voulut qu'un Indien fût amené au roi par les gardes - côtes du golfe Arabique : ils disaient l'avoir trouvé seul et à demi-mort dans un navire; ils ne pouvaient savoir ni qui il était, ni d'où il venait, parce qu'ils n'entendaient point son langage. On le mit entre les mains de gens qui lui apprirent le grec : quand il le sut, il conta comment, après s'être embarqué sur les côtes de l'Inde, il s'était égaré, et avait abordé dans le lieu où il fut trouvé, après avoir vu mourir de faim tous ses camarades. Il promit que, si on voulait le renvoyer, il montrerait le chemin des Indes aux pilotes que le roi choisirait pour s'embarquer avec lui.

Eudoxus fut du nombre de ceux que le roi nomma. Il partit avec différens objets destinés à faire des présens, et rapporta en échange des aromates et des pierres précieuses, les unes roulées par les fleuves parmi les cailloux, les autres tirées du sein de la terre, et formées par la concrétion de l'eau, comme les cristaux se font chez nous; mais il fut privé des profits qu'il avait espéré faire, parce que le roi s'appropria tout ce qu'il avait apporté.

Après la mort de ce prince, Cléopâtre, sa veuve, prit les rênes du gouvernement, et fit repartir Eudoxus avec plus de marchandises que la première fois. Dans son retour les vents le portèrent sur la côte de l'Ethiopie ; il aborda en quelques endroits, se lia avec les habitans, leur donna des vivres ainsi que du vin et des figues sèches, denrées qu'ils ne connaissaient point ; il reçut en échange des secours et des guides, mit par écrit quelques mots de leur langue, et trouva un morceau de bois qui avait le bec de proue d'un navire, sur lequel était sculptée la figure d'un cheval. Comme il apprit que ce

Gossellin.

fait partie d'un navire venu des plages occidentales, il l'emporta et reprit sa route.

Arrivé en Egypte, il ne trouva plus Cléopâtre sur le trône. Le fils de cette reine y était monté; et Eudoxe fut dépouillé une seconde fois de tout ce qu'il rapportait, parce qu'on découvrit qu'il avait détourné plusieurs objets à son profit. Quant aux débris de navire qu'il avait embarqués, il les exposa dans le marché à l'examen des pilotes, et ils furent reconnus pour avoir fait partie d'un vaisseau de Cadix. Les commerçans de cette ville arment de gros bâtimens; mais les moins riches en ont de petits qu'ils appellent *chevaux*, parce que la figure d'un cheval est représentée sur leur proue. Ils s'en servent pour aller pêcher sur les côtes de la Mauritanie jusqu'au fleuve *Lixus*. Des pilotes reconnurent même ces débris pour avoir appartenu à un navire qui, avec quelques autres, avait tenté de s'avancer plus loin que le *Lixus*, sans qu'aucun d'eux eût jamais reparu.

D'après ces renseignemens, Eudoxe ayant conclu qu'il était possible de faire par mer le tour de l'Afrique, retourna chez lui, et se remit en mer avec tout ce qu'il possédait. Il relâcha d'abord à Dicæarque, ensuite à Marseille, et parcourut ainsi la côte jusque à Cadix, annonçant partout son projet. Ayant rassemblé des fonds, il arma dans cette ville un grand navire et deux barques semblables aux bâtimens légers des pirates. Ensuite il embarqua des esclaves musiciens, des médecins, des artisans, et fit voile pour l'Inde, poussé par des vents qui soufflaient de l'ouest sans interruption. Son équipage fatigué le força d'aborder où le vent le portait. Il craignait l'effet du flux et du reflux: ce qu'il craignait arriva; le navire toucha, mais doucement, de sorte qu'il ne fut pas subitement brisé. On eut le temps de sauver les marchandises, et même la plus grande partie des bois du vaisseau, qui servirent à construire une troisième barque aussi grande qu'un bâtiment à cinquante rames. Eudoxe reprit sa route, jusqu'à ce qu'enfin il rencontra des peuples qui parlaient la même langue que celle dont il avait mis quelques mots par écrit; et il en inféra que ces peuples étaient de la même nation que les Ethiopiens chez lesquels il avait abordé autrefois, et semblables à ceux qu'il avait vus dans le palais de Bogus.

Malte-Brun.

fragment avait fait partie d'un navire venu des plages occidentales, il l'emporta et reprit sa route.

Arrivé en Egypte, il ne trouva plus Cléopâtre sur le trône, le fils de cette reine y était monté; et Eudoxus fut dépouillé une seconde fois de tout ce qu'il rapportait, parce qu'on découvrit qu'il avait détourné plusieurs objets à son profit. Quant aux débris de navire qu'il avait embarqués, il les exposa dans le marché à l'examen des pilotes, et ils furent reconnus pour avoir fait partie d'un vaisseau de *Gades*. Les commerçans de cette ville avaient de gros bâtimens; mais les moins riches en ont de petits qu'ils appellent *chevaux*, parce que la figure d'un cheval est représentée sur leur proue; ils s'en servent pour aller pêcher sur les côtes de la Mauritanie jusqu'au fleuve Lixus. Quelques pilotes reconnurent même ces débris pour avoir appartenu à un navire qui, avec plusieurs autres, avait tenté de s'avancer plus loin que le Lixus, sans qu'aucun d'eux eût jamais reparu.

D'après ces renseignemens, Eudoxus ayant conclu qu'il était possible de faire par mer le tour de l'Afrique, retourna chez lui, et se remit en mer avec tout ce qu'il possédait. Il relâcha d'abord à Dicéarchia (près Naples), ensuite à Marseille; et parcourant ainsi toute la côte jusqu'à Gades, partout il annonçait hautement son projet. Ayant rassemblé des fonds, il arma dans cette ville un grand navire et deux barques semblables aux bâtimens légers des pirates; ensuite il embarqua de jeunes esclaves musiciennes, des médecins, des artisans, et fit voile pour l'Inde, poussé par des zéphyrs qui soufflaient sans interruption: son équipage fatigué le força d'aborder où le vent le portait. Quoiqu'il craignît l'effet du flux et du reflux, le désastre qu'il avait prévu arriva; le grand navire toucha, mais doucement, de sorte qu'il ne fut pas subitement brisé; on eut le tems de sauver les marchandises et même la plus grande partie des bois du vaisseau, qui servirent à construire une troisième barque grande comme un bâtiment à cinquante rames. Eudoxus reprit sa route, jusqu'à ce qu'enfin il rencontra des peuples qui parlaient la même langue que celle dont il avait mis quelques mots par écrit; et il en inféra que ces peuples étaient de la même nation que les Ethiopiens, chez lesquels il avait abordé autrefois, et semblables à ceux

Gossellin.

Malte-Brun.

Alors, il abandonna son voyage aux Indes, et commença son retour. Chemin faisant, il aperçut une île déserte, abondante en eau et en bois : il en marqua la position. Arrivé heureusement en Mauritanie, il vendit son navire, et se rendit par terre, auprès de Bogus, à qui il conseilla d'envoyer une flotte vers les lieux d'où il venait. Mais le conseil de ce prince s'y opposa, dans la crainte que, montrant ainsi le chemin aux étrangers, on ne fût exposé à leurs incursions. Eudoxe, apprenant ensuite que sous prétexte de le charger de l'exécution de son projet, on devait l'abandonner dans quelque île déserte, se sauva sur les terres de la domination romaine, et de là passa en Ibérie.

Il arma de nouveau un bâtiment rond, et un autre long, à cinquante rames ; l'un propre à tenir le large, l'autre à reconnaître les côtes. Il embarqua des outils de labourage, des graines, des ouvriers pour bâtir des maisons, et recommença son voyage ; résolu, si sa navigation se prolongeait jusqu'à une saison trop avancée, d'hiverner dans l'île qu'il avait remarquée précédemment, d'y semer, d'y faire la moisson, et d'achever ensuite la navigation qu'il avait entreprise. Voilà, dit Possidonius, ce que j'ai appris des aventures d'Eudoxe : sans doute que les habitans de Cadix et de l'Ibérie connaissent les particularités de ce dernier voyage.

qu'il avait vus dans le palais de Bogus.

Alors il renonça pour cette fois à son voyage aux Indes. En revenant sur ses pas, il aperçut une île déserte, abondante en eau et en bois ; il en marqua la position. Arrivé heureusement en Mauritanie, il vendit son navire, et se rendit par terre auprès de Bogus, à qui il conseilla d'envoyer une flotte vers les lieux d'où il venait. Mais le conseil de ce prince s'y opposa, dans la crainte que, montrant ainsi le chemin aux étrangers, on ne fût exposé à leurs incursions. Eudoxus apprenant ensuite que, sous prétexte de le charger de l'exécution de son projet, on devait l'abandonner dans quelqu'île déserte, se sauva sur les terres de la domination romaine, et de-là passa en Ibérie.

Il arma de nouveau un bâtiment rond et un autre long à cinquante rames, l'un propre à tenir le large, l'autre à reconnaître les côtes ; il embarqua des outils de labourage, des graines, des ouvriers pour bâtir des maisons, et recommença son voyage, résolu, si la navigation se prolongeait jusqu'à une saison trop avancée, d'hiverner dans l'île qu'il avait remarquée précédemment, d'y semer, d'y faire la moisson, et d'achever ensuite la navigation qu'il avait entreprise. Voilà, dit Possidonius, ce que j'ai appris des aventures d'Eudoxus : sans doute que les habitans de Gades et de l'Ibérie connaissent les particularités de ce dernier voyage.

Nous remarquerons que tout le récit qu'on vient de lire est *traduit* de Strabon ; et nous nous extasierons encore sur le *hasard* qui fait que M. Malte-Brun traduisant, au bout de douze ans, le passage déjà traduit par M. Gossellin, ne se trouve différer de lui que de huit à dix mots sur quatre grandes pages ! Qu'imagine ensuite le compilateur danois pour éviter toute apparence d'avoir copié le savant français ? il griffonne un petit paragraphe qu'il intitule pompeusement : *Défense d'Eudoxus contre M. Gossellin.* Le moyen de se persuader que l'on pille l'auteur que l'on combat ! Mais poursuivons, et nous apprendrons à connaître la tactique de ce forban littéraire :

Gossellin, Géographie des Grecs analysée, page 105.

Après avoir vu le *Delta* et visité le Nome *Arsinoïtes* jusqu'au lac *Mœris*, Strabon s'embarque sur un canal parallèle au *Nil*, qu'il prend pour le Nil même, et qui le conduit par *Oxyrinchus* à *Phylace Thebaica*. Là il croit rencontrer un canal qui menait à *Tanis* (1). C'était cependant le véritable lit du Nil qu'il avait cessé de voir depuis *Memphis*. Il est probable que la rapidité du fleuve ne permettait pas de le remonter facilement, et que l'on se servait des canaux pour parvenir dans la haute Egypte. Mais un Géographe pouvait-il se méprendre sur la route qu'il suivait, et ignorer le grand nombre de villes qu'il aurait dû rencontrer, s'il avait réellement navigué sur le Nil ?

Strabon ne rentra dans le véritable lit de ce fleuve qu'à *Panopolis* ou *Chemmis*. Il parle des villes qu'il avait rencontrées comme si elles avaient été situées sur le Nil même ; quoiqu'elles en fussent toutes éloignées, et baignées par les eaux d'un canal qu'on ne doit pas confondre avec le Nil dont il suivait le cours.

Gossellin, Recherches sur la Géographie systématique et positive des Anciens, tome 1, page 151.

« La première des îles Fortunées s'appelle *Ombrios*. On n'y voit aucun vestige d'édifices. Dans ses montagnes il existe un étang et des arbres semblables à la férule : les uns sont noirs, ou en exprime une eau amère ; les autres sont blancs, on en tire une eau agréable à boire.

» La seconde se nomme *Junonia* ; elle ne renferme qu'un petit temple bâti en pierres.

» Près de *Junonia* est une autre île du même nom, mais plus petite.

» Ensuite, vient *Capraria*, remplie de grands lézards.

» Vis-à-vis de ces îles, est *Nivaria*, ainsi nommée des brouillards et des neiges qui la couvrent en tout temps.

» Près de *Nivaria* est *Canaria* ; elle doit son nom à la multitude de chiens d'une grandeur énorme qu'elle nourrit.... »

(1) Strabon, XVII.

Malte-Brun, t. 1, p. 163.

Après avoir vu le *Delta* et visité le Nome *Arsinoïtes* jusqu'au lac *Mœris*, Strabon s'embarque sur un canal parallèle au Nil, qu'il prend pour le Nil même, et qui le conduit par *Oxyrinchus* à *Pylace Thebaica*. Là il croit rencontrer un canal qui menait à *Tanis* (1) ; c'était cependant le véritable lit du Nil qu'il avait cessé de voir depuis Memphis. Il est probable que la rapidité du fleuve ne permettait pas de le remonter facilement, et que l'on se servait des canaux pour parvenir dans la Haute-Egypte ; mais un géographe devait-il se méprendre sur la route qu'il suivait, et ignorer le grand nombre de villes qu'il aurait dû rencontrer s'il avait réellement navigué sur le Nil ?

Strabon ne rentra dans le véritable lit de ce fleuve qu'à *Panopolis* ou Chemmis. Il parle des villes qu'il avait rencontrées comme si elles avaient été situées sur le Nil même, quoiqu'elles en fussent toutes éloignées et baignées par les eaux d'un canal qu'on ne doit pas confondre avec le Nil dont il suivait le cours.

Malte-Brun, t. 1, p. 192.

« La première des îles Fortunées s'appelle *Ombrios* : on n'y voit aucun vestige d'édifices ; dans ses montagnes il existe un étang, et des arbres semblables à la férule : les uns sont noirs, on en exprime une eau amère ; les autres sont blancs, on en tire une eau agréable à boire. La seconde se nomme *Junonia* ; elle ne renferme qu'un petit temple bâti en pierres. Près de *Junonia* est une autre île du même nom, mais plus petite. Ensuite vient *Capraria*, remplie de grands lézards. On voit de ces îles *Nivaria*, ainsi nommée des brouillards et des neiges qui la couvrent en tout tems. Près de Nivaria est *Canaria* ; elle doit son nom à la multitude de chiens d'une grandeur énorme qu'elle nourrit. »

(1) Strabon, XVII.

 Ce passage est tiré de Pline : admirons encore l'étonnante conformité qui existe entre M. Malte-Brun *tra-*

duisant, en 1810 , et M. Gossellin *qui avait traduit* en 1790! Nous allons voir une conformité plus surprenante encore :

Gossellin , Géographie des Grecs analysée, page 126.	*Malte-Brun , t. 1 , p. 295.*
Au temps de Ptolémée on avait passé le Sund , et l'on était parvenu jusqu'au fleuve *Chesinus*, que M. d'Anville dit être la rivière de Perna (1). Nous pensons qu'il se trompe, et que le *Chesinus* doit répondre à la Duna , puisque Ptolémée ne compte que trois fleuves principaux entre celui-ci et la Vistule , et qu'on les retrouve aujourd'hui ; savoir,	La côte connue de ce géographe s'étend jusqu'au fleuve *Chesinus*, que d'Anville croit être la rivière de Perna (1). Nous pensons qu'il se trompe, et que le Chesinus doit répondre à la Duna , puisque Ptolémée ne compte que trois fleuves principaux entre celui-ci et la Vistule , et qu'on les retrouve tous, savoir : le *Chronus*, répondant au Prégel qui passe à Kœnigsberg ; le *Rhubon* , qui répond au Niémen , et dont le nom marquait probablement qu'il formait la limite entre les Wendes et les Sarmates ; enfin le *Turuntus*, qui ne peut être que la rivière Windaw.
Le *Chronus*, répondant au Prégel ; qui passe à Kœnigsberg ;	
Le *Rhubon*, qui répond au Niémen ;	
Et le *Turuntus*, qui ne peut être que la rivière de indaw.	
Nous observons que Ptolémée donnant 58° 3o' de longitude à l'embouchure du *Chesinus*, si on réduit ces degrés suivant la méthode que nous avons indiquée, on reconnaîtra que la carte que Ptolémée copiait , ne donnait à l'embouchure du *Chesinus* que 41° 47' de longitude , et que c'est à 15 minutes près celle de la Duna prise au-dessous de Riga , à l'endroit même où elle se jette dans la mer.	Nous observons que Ptolémée donnant 58 deg. 3o m. de longitude à l'embouchure du Chesinus, si on réduit ces degrés , suivant la méthode indiquée par M. Gossellin , on reconnaîtra que la carte hydrographique que Ptolémée copiait , ne donnait à l'embouchure du Chesinus que 41 degrés 47 minutes de longitude , et que c'est à 15 minutes près celle de la Duna prise au-dessous de Riga , à l'endroit même où elle se jette dans la mer.
(1) D'Anville , 1 , 323.	(1) D'Anville , 1 , 3a3.

Nous pensons, nous observons! Et qui donc ici a *pensé,* a *observé?* est-ce l'auteur original, ou celui qui le copie? *Nous*, dans la bouche de M. Malte - Brun , veut dire : M. *Gossellin*. Mais le lecteur veut-il bien remarquer comme le compilateur a intercalé le nom du savant, pour faire croire qu'il a fait usage de la méthode donnée par celui-ci , et que la découverte de l'identité du *Chesinus* et de *la Duna* lui appartient en propre.

L'ouvrage de M. Malte-Brun est plein de ces petits subterfuges , au moyen desquels il s'approprie sans difficulté, et sans qu'on puisse trop le lui prouver matériellement, le résultat d'un grand nombre de recherches et de travaux extrêmement pénibles.

L'adresse du compilateur est de s'emparer des idées des autres , de changer souvent le style des phrases qu'il copie, de citer, comme étant le fruit de ses élu-cubrations, les autorités sur lesquelles l'auteur qu'il pille a fondé son sentiment. C'est ainsi que ses pages se trouvent hérissées de citations de livres qu'il n'a point lus. Son érudition est une érudition d'emprunt : l'observateur le moins exercé s'en aperçoit fréquemment, parce que ces citations, dont le compilateur fait étalage, sont souvent mal placées, et ne se rapportent pas toujours à ce qu'il dit. Je n'en citerai qu'un seul exemple ; mais il peut s'appliquer à mille autres :

M. Malte-Brun nous dit (Précis de la Géographie universelle, tom. 1er, pag. 104) : *C'est ainsi qu'Eratosthènes, en évaluant les stades à 700 par degré, plaça Thule à 66 degrés, ou sous le cercle polaire.* Et il cite Strabon, lib. II, page 163.

D'abord, il fallait citer lib. I, p. 63 ; mais Strabon ne dit pas qu'Eratosthènes plaçait *Thule* sous le cercle polaire. Il dit seulement qu'*Eratosthènes comptait 11,500 stades depuis le parallèle du Boristhènes jusqu'à celui de Thule.* C'est M. Gossellin qui, dans sa *Géographie des Grecs analysée* (page 12), et dans le tableau n° 1, ainsi que dans ses notes sur le Strabon français (p. 155), a fait voir que la mesure précédente, jointe à d'autres mesures que Strabon ne rapporte pas dans l'endroit cité, plaçait Thule (dans l'opinion d'Eratosthènes) sous le 66e deg. 8 min. 34 secondes de latitude.

C'est encore M. Gossellin qui va faire les frais de toute l'érudition contenue dans les articles suivans :

Gossellin, Géographie des Grecs analysée, page 127.	*Malte-Brun, t. 1, p. 296.*
A l'orient de la Chersonèse Cimbrique ou du Jutland, Ptolémée place quatre îles sous le nom de *Scandiæ insulæ*.	A l'orient de la Chersonèse cimbrique ou du Jutland, Ptolémée place quatre îles sous le nom de *Scandiæ insulæ*.
Les trois plus petites répondent à celles de Laland, de Funen et de Seland, qui font partie du Danemarck.	Les trois plus petites répondent à celles de Laland, de Fionie et de Seeland, qui font partie du Danemarck.
La quatrième représentait la Scanie. La grande étendue de la mer Baltique n'avait pas encore permis aux Romains de la parcourir tout entière. Entraîné d'ailleurs par les écrits de Pythéas, on croyait encore que la Scandinavie ne tenait pas à la terre ferme. Cette quatrième île représente donc celle qui est nommée *Basilia* ou *Baltia* par Pythéas.	La quatrième, à laquelle il donne en particulier le nom de *Scandia*, représentait la Scanie. La grande étendue de la mer Baltique n'avait pas encore permis aux Romains de la parcourir toute entière. Entraîné, d'ailleurs, par les écrits de Pythéas, on croyait encore que la Scandinavie ne tenait pas à la terre ferme. Cette quatrième île paraît représenter celle qui avait été nommée *Basilia* ou *Baltia* par Pythéas.

<table>
<tr><td>

Gossellin, *Géographie des Grecs analysée*, *page* 128.

L'Angleterre, les côtes occidentales de la Gaule, et le nord de l'Espagne, présentent un accroissement de connaissances de détail étonnant pour le temps écoulé depuis Strabon, qui avait à peine des notions sur l'existence de ces contrées. La Géographie des Grecs semblerait avoir beaucoup plus gagné dans ces pays lointains que dans la Méditerranée. La forme tout à fait barbare que Ptolémée donne encore à l'Italie, est un exemple de ces circonstances qui, laissant les sciences stationnaires dans certaines parties, hâtent leurs progrès dans d'autres.

Cependant la Méditerranée n'offre plus un asservissement rigoureux aux bases qu'Eratosthènes et Strabon avaient suivies ; on remarque dans les longitudes et dans les latitudes un tâtonnement qui annonce des combinaisons nouvelles, et des efforts pour arriver à une plus grande perfection. Il est vrai que ces efforts ne sont pas tous également heureux : mais le détroit de Sicile n'est plus, dans Ptolémée, sous le parallèle du détroit des Colonnes ; il y prend, à huit minutes près, la hauteur qu'il doit occuper.

La Sicile est déjà mieux orientée ; et quoique l'on y remarque encore de grands défauts, l'intervalle compris entre le cap Pélore et le *Pachynum* n'y est plus compté dans le sens direct de la longitude comme on l'avait fait jusqu'alors

La position de Carthage y est encore soumise à la latitude beaucoup trop méridionale du promontoire Lilybée, ce qui fait fuir la côte septentrionale de l'Afrique vers le sud, et en altère les contours dans toute son étendue jusqu'au détroit de *Gades*. Cette fausse latitude contribue d'abord à faire disparaître le grand enfoncement des Syrtes dans la carte de Ptolémée ; et le Péloponèse, y étant placé à 2° 16' trop au midi, comprime d'un autre côté le cap *Phycus*, le rend très-peu sensible, et donne à la côte une direction presque parallèle à l'équateur jusqu'à Alexandrie.

Cette ville est située dans Ptolémée plus à l'orient que Rhodes, et presque sous le méridien du cap *Sacré* de Lycie, comme la nature l'exige. *Il nous a paru qu'Artémidore avait proposé cette correction dans les cartes d'Eratosthènes, et que Strabon l'avait mal comprise.*

</td><td>

Malte-Brun, *t.* 1 , *p.* 297.

L'Angleterre, les côtes occidentales de la Gaule et le nord de l'Espagne, présentent un accroissement de connaissances de détail étonnant pour le tems écoulé depuis Strabon, qui avait à peine des notions sur la configuration de ces contrées. La géographie semblerait avoir beaucoup plus gagné dans ces pays lointains que dans la Méditerrance. La forme barbare que Ptolémée assigne encore à l'Italie, est un exemple frappant de ces circonstances qui, hâtant les progrès des sciences dans certaines parties, les laissent stationaires dans d'autres.

Cependant la Méditerrance n'offre plus un asservissement rigoureux aux bases qu'Eratosthènes et Strabon avaient suivies ; on remarque dans les longitudes et dans les latitudes un tàtonnement qui annonce des combinaisons nouvelles, et des efforts pour arriver à une plus grande perfection. Le détroit de Sicile n'est plus dans Ptolémée sous le parallèle du détroit des Colonnes : il y prend, à 8 minutes près, la hauteur qu'il doit occuper.

La Sicile même est déjà mieux orientée ; et quoique l'on y remarque encore de grands défauts, l'intervalle compris entre le cap Pélore et celui de Pachynus n'y est plus tracé directement de l'est à l'ouest, comme on l'avait fait jusqu'alors.

La position de Carthage y est encore assujétie à la latitude beaucoup trop méridionale du promontoire Lilybée, ce qui force Ptolémée à refouler la côte septentrionale de l'Afrique vers le sud, et à en altérer les contours dans toute son étendue jusqu'au détroit de Gades. Le grand enfoncement des Syrtes disparait, et le Péloponnèse, étant placé trop au midi, comprime d'un autre côté la Cyrénaïque, et donne à la côte une direction presque est et ouest jusqu'à Alexandrie.

Cette ville est située, dans Ptolémée, plus à l'orient que Rhodes, et presque sous le méridien du cap sacré de Lycie, comme la nature l'exige. *Il a paru à M. Gossellin* qu'Artémidore avait déjà proposé cette correction dans les cartes d'Eratosthènes, et que Strabon l'avait mal comprise.

</td></tr>
</table>

Gossellin.	Malte-Brun.
La différence entre le méridien de Rhodes et celui de l'Hellespont se fait sentir dans les tables de Ptolémée. On y voit un commencement d'inclinaison dans la Propontide ; mais on ne la jugeait pas encore assez forte, pour que l'on pensât à corriger la latitude de Byzance donnée par Pythéas.	La différence entre le méridien de Rhodes et celui d'Hellespont se fait sentir dans les tables de Ptolémée. On y voit un commencement d'inclinaison dans la Propontide ; mais on ne la jugeait pas encore assez forte pour que l'on pensât à corriger la latitude de Byzance, donnée par Pythéas.

Le paragraphe que l'on vient de lire se distingue par un trait de bonne-foi trop rare chez le copiste de M. Gossellin, pour ne pas lui en faire honneur. Nous avons vu plus haut que lorsque ce savant *pensait et observait*, M. Malte-Brun disait sans façon : *Nous pensons, nous observons ;* mais ici le texte français portant : *Il nous a paru*, le Danois a répété avec candeur : *Il a paru à M. Gossellin.* La voix de la justice peut donc encore se faire entendre par moment dans l'ame d'un plagiaire ! mais vous allez le voir retomber dans ses pirateries :

Gossellin, *Géographie des Grecs analysée*, page 131.	*Malte-Brun*, t. 1, p. 299.
Ptolémée, qui n'admettait point la communication de l'océan Atlantique avec la mer Erythrée, pensait au contraire que la côte occidentale de l'Afrique, après avoir formé un golfe médiocrement enfoncé, et qu'il nomme *Hespericus*, s'étendait indéfiniment entre le sud et l'ouest : de même qu'il croyait que celle de l'Afrique orientale, après le cap *Prasum*, allait rejoindre la côte de l'Asie au midi de *Catigara*. On a vu que l'opinion qui divisait les mers en de grands bassins isolés les uns des autres, avoit été soutenue par Hipparque : il doit paraître étonnant que l'école d'Alexandrie fût encore dans cette erreur au siècle de Ptolémée.	Ptolémée, qui n'admettait point la communication de l'Océan atlantique avec la mer Erythrée, pensait, au contraire, que la côte occidentale de l'Afrique, après avoir formé un golfe médiocrement enfoncé, et qu'il nomme *Hespericus*, s'étendait infiniment entre le sud et l'ouest ; de même qu'il croyait que celle de l'Afrique orientale, après le cap *Prasum*, allait rejoindre la côte de l'Asie au midi de Catigara. Cette opinion qui divisait les mers en de grands bassins isolés les uns des autres, avait été soutenue par Hipparque : il ne doit pas paraître étonnant que l'École d'Alexandrie revînt à cette erreur au siècle de Ptolémée.

J'espère que le lecteur n'aura pas négligé de remarquer dans ces dernières lignes la noble fierté de notre Danois : *Il doit paraître étonnant*, dit M. Gossellin ; *il ne doit pas paraître étonnant*, dit au contraire M. Malte-Brun. Que l'on ose prétendre encore qu'il copie servilement ! Nous allons le voir, il est vrai, enlever d'un coup six grandes pages à M. Gossellin : mais nous prions d'observer qu'en revanche il cite deux fois cet académicien :

Gossellin, Géog. des Grecs anal., p. 138 et suiv.

Après l'embouchure orientale du Gange, confondue avec celle de la rivière de Megna, Ptolémée place le fleuve *Lataméda*, qui répond à la rivière de Morée. *Baracura Emporium* n'est point Shatigan ou Islamabad, comme on l'a cru. Cette position se retrouve dans un lieu nommé Barracoon, situé entre la rivière de Morée et celle de Curmfullée, qui est le *Tocosanna* de Ptolémée. La ville de *Sambra* peut répondre à Santatoli; et les rivières de Rajoo et de Dombac représentent les fleuves *Sadus* et *Temala*.

Le promontoire *Temala*, qui répond au cap Botermango d'aujourd'hui, est, dans Ptolémée, le commencement du *Sabaracus Sinus*. A la hauteur de Botermango, la mer forme un golfe qui reçoit la rivière d'Aracan comme le *Sabaracus* reçoit le *Besynga*. La rivière d'Aracan se reconnaît encore pour être le *Besynga*, par le nom de Beting que porte une petite isle située à son embouchure.

Au sud de ce golfe, une ville, que l'on rencontre sous le nom de Barabon, répond à *Berabæ* : le petit cap qui vient après, et l'enfoncement de la côte où était située Tacola, se retrouvent dans la pointe de Négraïs appelée aussi Négrailles par les marins.

Ce qui caractérise le plus la Chersonese d'Or dans Ptolémée, est l'embouchure d'un grand fleuve qui vient s'y diviser en trois branches avant de se jeter dans la mer. Ces canaux ont paru si considérables, que chacun d'eux portait le nom de fleuve; on les appelait *Chrysoana*, *Palandas* et *Attabas*. Il faut remarquer que Ptolémée ne donne aucun nom à ce fleuve au-dessus de sa division, et qu'il n'indique point le lieu de ses sources comme il le fait pour tous les autres; d'où l'on peut conclure qu'il ignorait toute la partie de son cours qui traversait le *Lestorum Regio*.

On voit en effet que Ptolémée n'avait aucune connaissance de l'intérieur de cette contrée, puisqu'il n'y détermine la position d'aucun lieu. Elle était habitée par un peuple de brigands chez lequel on évitait de passer; et les Indiens que le commerce attirait chez les Sines, suivaient une route tracée au nord de ce pays.

Cette route rencontrait un fleuve considérable nommé *Daona*, que Ptolémée conduit jusqu'à la ville du même nom

Malte-Brun, t. 1, p. 304 et suiv.

Après l'embouchure orientale du Gange, confondue avec celle de la rivière de Mégna, Ptolémée place le fleuve *Lataméda* qui répond à la rivière de Morée. *Baracura - Emporium* se trouve dans un lieu nommé Barracoon, situé entre la rivière de Morée et celle de Curmfullée, qui est le *Tocosanna* de Ptolémée. La ville de *Lambra* peut répondre à Santatoli; et les rivières de Zajoo et de Dombac représentent les fleuves *Sadus* et *Temala*.

Le promontoire *Temala*, qui répond au cap Botermango d'aujourd'hui, est, dans Ptolémée, le commencement du golfe *Sabaracus*. A la hauteur de Botermango, la mer forme un golfe qui reçoit la rivière d'Aracan, comme le *Sabaracus* reçoit le *Besynga*. La rivière d'Aracan se reconnaît encore pour être le *Besynga*, par le nom de Béting que porte une petite île située à son embouchure.

Au sud de ce golfe, la ville de Baraton répond à *Berabæ* : le petit cap qui vient après, et l'enfoncement de la côte où était située *Tacola*, se retrouvent dans la pointe de Négraïs.

Ce qui caractérise le plus la *Chersonèse d'Or* dans Ptolémée, est l'embouchure d'un grand fleuve qui vient s'y diviser en trois branches avant de se jeter dans la mer. Ces canaux ont paru si considérables que chacun d'eux portait le nom de fleuve; on les appelait *Chrysoana*, *Palandas* et *Attabas*. Ptolémée ne donne aucun nom à ce fleuve au-dessus de sa division, et il n'indique point le lieu de ses sources.

Ce géographe n'avait aucune connaissance de l'intérieur de la contrée nommée *Lestorum regio*, puisqu'il n'y détermine la position d'aucun lieu. Elle était habitée par un peuple de brigands chez lequel on évitait de passer; les Indiens que le commerce attirait chez les Sines, suivaient une route tracée au nord de ce pays.

Cette route rencontrait un fleuve considérable nommé *Daona* ou *Doanas*, que Ptolémée conduit jusqu'à la

Gossellin.

qu'habitaient les *Daonæ*. De là jusqu'à son embouchure, le cours de ce fleuve, n'étant appuyé d'aucune position intermédiaire, fait assez voir qu'il est tracé au hasard. Nous pensons qu'il doit être le même que celui qui vient se rendre dans la Chersonese d'Or, et que c'est faute de l'avoir bien connu que Ptolémée en a interrompu le cours.

Nous pensons de plus que ce fleuve *Daona* et celui de la Chersonese d'Or, joints ensemble, représentaient la rivière d'Ava, qui, en descendant du nord, vient former une grande presqu'isle, dans laquelle elle se divise en trois bras principaux, orientés précisément comme les fleuves *Chrysoana*, *Palandas* et *Attabas*. La preuve que les deux fleuves de Ptolémée ne doivent en former qu'un seul, et ne peuvent se rapporter qu'à la rivière d'Ava, est la position de la ville de *Daona* sur le même nom, puisque cette ville existe encore sur la rivière d'Ava, et se nomme actuellement Dana-plû.

Plaçons-nous maintenant à la pointe de Bragu, où était autrefois *Zabœ*, et consultons la route que tenaient les navigateurs pour se rendre de cette échelle à *Catigara*, principal entrepôt du commerce des Sines.

Marin de Tyr, qui avait rapporté les itinéraires dont Ptolémée a fait usage, disait que *les navigateurs qui partaient de Zabœ pour Catigara, dirigeaient leur route vers le midi, et encore plus vers leur gauche :* c'est-à-dire qu'ils couraient dans une direction sud-est.

Or, en partant de la pointe de Bragu, cette route mène directement à la côte occidentale du royaume de Sian, qui doit par conséquent représenter le pays des Sines.

Ce pays, suivant Marin, Ptolémée, et Marcien d'Héraclée, devait être terminé *au nord par les Seres, au levant et au midi par des terres inconnues, et au couchant par la mer.*

On peut voir que, dans tous les parages de l'Inde, il n'y a que la seule côte occidentale du royaume de Sian qui soit précisément orientée comme ce passage l'exige.

Il est étonnant qu'on ne se soit pas aperçu qu'en plaçant les Sines au-delà des détroits de Malaca et de Sincapura, comme on l'a fait jusqu'aujourd'hui, c'était intervertir absolument le sens de ces passages ; que c'était vouloir persuader que les anciens se trompaient sur la direction de leur route, jusqu'au

Malte-Brun.

ville du même nom qu'habitaient les *Daonæ*. De là jusqu'à son embouchure, le cours de ce fleuve n'étant appuyé d'aucune position intermédiaire, fait assez voir qu'il est tracé au hasard. Il paraît être le même que celui qui vient se rendre dans la Chersonèse d'Or ; et tous ces bras de fleuve, joints ensemble, peuvent représenter le Delta formé par la rivière d'Ava, partagée en trois bras principaux, orientés précisément comme les fleuves Chrysoana, Palandas et Attabas. La preuve que les deux fleuves de Ptolémée ne peuvent se rapporter qu'à la rivière d'Ava, c'est la position de la ville *Daona* sur le fleuve du même nom, puisque cette ville existe encore sur la rivière d'Ava, et se nomme actuellement *Dana-Plou*. Le fleuve même se nomme *Kien-Duen* ou rivière Duen, nom peu éloigné de Doanas.

Plaçons-nous maintenant à la pointe de Bragu où était autrefois Zabœ, et consultons la route que tenaient les navigateurs pour se rendre de cette échelle à *Catigara*, principal entrepôt du commerce des *Sines*.

Marin de Tyr, qui avait rapporté les itinéraires dont Ptolémée a fait usage, disait que les navigateurs, en partant de Zabœ pour Catigara, dirigeaient leur route vers le midi, et encore plus vers leur gauche : c'est-à-dire, qu'ils couraient dans une direction sud est.

Or, en partant de la pointe de Bragu, cette route mène directement à la côte occidentale du royaume de Sian ou Siam, qui doit par conséquent représenter le pays des Sines.

Ce pays, suivant Marin, Ptolémée et Marcien d'Héraclée, devait être terminé au nord par les Seres, au levant et au midi par des terres inconnues, et au couchant par la mer.

Il est facile de voir que, dans tous les parages de l'Inde, la côte occidentale du royaume de Sian est la seule qui soit précisément orientée comme ce passage l'exige.

Il est étonnant qu'avant M. Gossellin on ne se soit pas aperçu qu'en plaçant les Sines au-delà des détroits de Malaca et de Sincapura, comme on l'a fait jusqu'aujourd'hui, c'était intervertir absolument le sens de ces passages ; que c'était vouloir persuader que les anciens se trompaient sur la direction de point de croire qu'ils naviguaient au sud-est en allant de *Zabæ* à *Catigara*, tandis qu'ils auraient couru réellement au nord ; et que, dans leur manière d'orienter les pays, ils se trompaient encore jusqu'à prendre le couchant pour le levant, et le midi pour le septentrion : puisque, dans les systèmes que nous combattons, le pays des Sines se trouverait terminé au levant par la mer, au lieu de l'être par des terres, au couchant par des terres au lieu de l'être par la mer ; et que les terres inconnues qui doivent se trouver au midi seraient transportées dans le nord, et remplacées par le golfe de Sian et les mers de la Chine.

Ptolémée place dans le pays des Sines un grand fleuve sous le nom de *Senus*, dont il n'a point connu la source, mais qu'il savait descendre du nord pour former un coude vers le sud, et remonter ensuite pour se jeter dans la mer. Le cours de ce fleuve est parfaitement représenté par celui de la rivière de Tana-sérim. Ce qui ajoute beaucoup à cette ressemblance, c'est que le *Senus* reçoit, dans la partie méridionale de son cours, le petit fleuve *Cotiaris*, qui est représenté encore par une petite rivière que le Tana-sérim reçoit en position correspondante. Peu après le confluent, le fleuve se divise pour former deux embouchures que Ptolémée a excessivement écartées, mais qui n'en sont pas moins très-faciles à reconnaître.

C'est sur le *Cotiaris* que Ptolémée place l'ancienne ville de *Thinæ*, métropole de tout le pays des Sines. Nous pensons que cette ville est la même que Tana-sérim, dont le nom est composé de deux mots qui, traduits littéralement, signifient *peuplade de Tana*. Nous observerons même qu'Ulug-Beig et Nassir-Eddin ont écrit *Tanah*, avec la marque de l'aspiration ; ce qui donne à ce nom moderne une affinité plus frappante encore avec celui de *Thinæ*. Si *Tanah* est indiquée comme étant située sur le bord de la mer des Indes, c'est que les géographes orientaux confondaient cette ville avec celle de Merghi, qui en est éloignée de quelques lieues, et qui est proprement le port de Tana-sérim, comme *Catigara* était autrefois celui de *Thinæ*. Merghi conserve encore sa célébrité : l'avantage de sa situation, et son port, qui passe pour un des plus beaux de l'Asie,

leur route, jusqu'au point de croire qu'ils naviguaient au sud-est en allant de Zabæ à Catigara, tandis qu'ils auraient couru réellement au nord ; et que, dans leur manière d'orienter les pays, ils se trompaient encore jusqu'à prendre le couchant pour le levant, et le midi pour le septentrion : puisque, dans les systèmes antérieurs à celui de M. Gossellin, le pays des Sines se trouverait terminé au levant par la mer, au lieu de l'être par des terres, au couchant par des terres au lieu de l'être par la mer ; et que les terres inconnues qui doivent se trouver au midi, seraient transportées dans le nord et remplacées par le golfe de Sian et les mers de la Chine.

Ptolémée place dans le pays des Sines un grand fleuve sous le nom de *Senus*, dont il n'a point connu la source, mais qu'il savait descendre du nord pour former un coude vers le sud, et remonter ensuite pour se jeter dans la mer. Le cours de ce fleuve est parfaitement représenté par celui de la rivière *Tena-Serim*. Ce qui ajoute beaucoup à cette ressemblance, c'est que le *Senus* reçoit, dans la partie méridionale de son cours, le petit fleuve *Cotiaris*, qui est représenté encore par une petite rivière que le Tena-Serim reçoit dans une position correspondante. Peu après le confluent, le fleuve se divise pour former deux embouchures que Ptolémée a excessivement écartées, mais qui n'en seront pas moins très-faciles à reconnaître.

C'est sur le Cotiaris que Ptolémée place l'ancienne ville de *Thinæ*, métropole de tout le pays des Sines. Nous pensons que cette ville est la même que *Tena-Serim*, dont le nom est composé de deux mots qui, traduits littéralement, signifient : peuplade de Tena.

. . . .
. . . .
. . . .
. . . .
. . . .
. . . .
. . . .

Merghi, le port de Tena-Serim, représente *Catigara*, le port de Thinæ. Cette place conserve encore sa célébrité ; l'avantage de sa situation, et son port qui passe pour un des plus beaux de l'Asie, avaient engagé l'an-

Gossellin.

avaient engagé l'ancienne Compagnie française des Indes orientales à y établir un comptoir, qu'une révolution lui enleva peu de tems après.

L'analogie qu'on vient de remarquer entre deux villes également intéressantes à reconnaître, est encore confirmée par le nom du pays même où elles sont situées; car ce qu'on appelle royaume de Sian, ou T'sian comme disent les Malais, et qu'une prononciation vicieuse nous fait écrire Siam, présente la même conformité avec le nom de Sines ou *Sinæ* que ces peuples portaient autrefois.

La dernière de ces observations n'avait point échappé à Isaac Vossius; mais il a eu tort d'en conclure que la ville de Sian devait représenter la capitale des Sines de Ptolémée, qu'il nomme indifféremment *Sinæ* ou *Thinæ*. Vossius n'a point fait attention que *Thinæ* était l'ancienne capitale de ces peuples; que le nom de *Sinæ metropolis* est moderne par rapport à Ptolémée, et qu'il n'a été employé que long-tems après lui, lorsque des navigateurs ont apporté en Europe des notions confuses sur l'existence de Sian, devenue plus florissante que Tana-sérim. Nous ne trouvons pas en effet que le nom de *Sinæ metropolis* ait été en usage avant le commencement du sixième siècle. Le premier auteur qui en parle nous paraît être Étienne de Byzance qui écrivait sous Anastase.

C'est aussi de Sian que parle l'Edrissi, sous le nom de *Sinia Sinarum*, en la plaçant dans la partie orientale du pays des Sines; tandis que, d'un autre côté, il indique la situation de *Caitaghora* ou *Catigara*, ville d'un grand commerce, à l'embouchure d'un fleuve, sur la côte occidentale des Sines, baignée par la mer des Indes; ce qui s'accorde parfaitement avec la position de Merghi.

Ajoutons que *Thinæ* ou *Sinæ* est toujours donnée, dans le texte grec, pour être à plusieurs degrés au nord de l'équateur; au lieu que, dans le texte latin, elle est toujours placée à trois degrés au midi de ce cercle. Il faut donc croire qu'on a constamment cherché à indiquer la position de deux villes différentes, et qu'elles ne doivent pas être confondues ensemble, comme l'a fait l'interprète latin de Ptolémée, et Vossius après lui. Nous pensons que *Thinæ* ou Tana-sérim doit être regardée comme l'ancienne métropole des Sines, et *Sinæ* ou Sian comme

Malte-Brun.

cienne compagnie française des Indes-Orientales à y établir un comptoir qu'une révolution lui enleva peu de tems après.

L'analogie qu'on vient de remarquer entre deux villes également intéressantes à connaître, est encore confirmée par le nom du pays même où elles sont situées; car la dénomination moderne du royaume de Sian, ou *Tsian*, comme disent les Malais, présente assez de conformité avec le nom de Sinæ que ces peuples portaient autrefois.

La dernière de ces observations n'avait point échappé à Isaac Vossius; mais il a eu tort d'en conclure que la ville de Sian devait représenter la capitale des Sines de Ptolémée, qu'il nomme indifféremment Sinæ ou Thinæ. Vossius n'a point fait attention que Thinæ était l'ancienne capitale de ces peuples; que le nom de *Sina metropolis* est moderne par rapport à Ptolémée, et qu'il n'a été en usage qu'au commencement du sixième siècle. Le premier auteur qui en parle, nous paraît être Etienne de Byzance, qui écrivait sous Anastase.

C'est aussi de Sian que parle Edrisi, sous le nom de *Sinia Sinarum*, en la plaçant dans la partie orientale du pays des Sines; tandis que, d'un autre côté, il indique la situation de *Caithagora* ou Catigara, ville d'un grand commerce, à l'embouchure d'un fleuve, sur la côte occidentale des Sines, baignée par la mer des Indes; ce qui s'accorde parfaitement avec la position de Merghi.

Cosmas, auteur du sixième siècle, est le premier qui ait su que *Tzinista*, c'est-à-dire le pays des Tzines, était borné à l'est par l'Océan; mais, quand il parle de la ville *Tzinitza*, il en décrit la situation conformément à Ptolémée.

On pourrait ajouter que Thinæ ou Sinæ est toujours donnée, dans le texte grec, pour être à plusieurs degrés au nord de l'équateur, au lieu que, dans le texte latin, elle est toujours placée à trois degrés au midi de ce cercle; on pourrait en conclure qu'on a constamment cherché à indiquer la position de deux villes différentes, et que Thinæ ou Tena-Serim doit être regardée comme l'ancienne métropole des Sines, tandis que *Sinæ* ou Sian

Gossellin.

une ville qui n'est devenue la capitale du pays, que dans des siècles postérieurs à celui de Ptolémée.

Ptolémée rapporte qu'à *Thinæ* le plus long jour est de 12 heures 47 minutes 30 secondes ; et que le soleil passe deux fois l'année au zénith de cette ville, lorsqu'il est éloigné du tropique du *Cancer* de 58 degrés (*de l'écliptique*). Ces deux observations, au lieu de placer *Thinæ* à 3° de l'équateur, s'accordent au contraire pour la fixer vers 13° 30′ de latitude boréale, qui est celle de Tanasérim, à 1° 43′ près. Elles achèveraient donc de compléter toutes les preuves que nous avons réunies sur l'identité de ces deux villes. Mais, quelque avantage que nous puissions tirer de cette remarque, nous ne la présenterons ici que comme un moyen secondaire.

La recherche de *Thinæ* nous a fait laisser en arrière la description du *Grand Golfe* qui doit baigner une partie de la côte des Sines. On le reconnaît dans celui de Martaban. La plus intéressante des positions est celle du *Serus* que Ptolémée place précisément dans le fond du golfe : ce fleuve répond à celui du Pégu. La ville de *Tomara*, située sur sa rive gauche, près de son embouchure, se retrouve aujourd'hui dans un lieu appelé Mararco, dont le nom n'a souffert qu'une légère altération dans l'arrangement des syllabes. *Aspithra*, qui vient après, doit être Martaban, située, comme elle, à une petite distance de la mer, et sur un fleuve peu considérable. Enfin *Rhabana* et le fleuve *Ambastus* peuvent se rapporter à Tavay et à la rivière du même nom.

Nous avons reconnu plus haut le *Senus* et le *Cotiaris* dans les deux rivières qui baignent les murs de Tanasérim. Le reste de la côte, qu'on savait se diriger vers le midi, a fait naître l'idée qu'elle se prolongeait jusqu'en Afrique, où elle allait joindre le promontoire *Prasum*. Les auteurs modernes, qui ont placé les Sines chez les Chinois ou dans la Cochinchine, n'ont pas fait attention que, si les connaissances d'Hipparque et de Ptolémée s'étaient étendues jusque-là, jamais ils n'auraient imaginé que cette côte retournât à l'occident pour former un vaste bassin de la mer Erythrée. Tous

Malte-Brun.

serait une ville devenue la capitale du pays dans des siècles postérieurs à celui de Ptolémée.

Ptolémée rapporte qu'à Thinæ le plus long jour est de 12 heures 47 minutes 30 secondes, et que le soleil passe deux fois l'année au zénith de cette ville, lorsqu'il est éloigné du tropique du Cancer de 53 degrés de l'écliptique. Ces deux observations, au lieu de placer Thinæ à 3 degrés de l'équateur, s'accordent au contraire pour la fixer vers 13 degrés 30 minutes de latitude boréale, qui est celle de Tena-Serim, à 1 degré 43 minutes près. Elles achèveraient donc de compléter toutes les preuves que nous avons réunies sur l'identité de ces deux villes ; mais comme les innombrables contradictions dont fourmillent les diverses éditions de Ptolémée, jettent quelques doutes sur cet argument, nous n'y insisterons pas.

La recherche de Thinæ nous a fait laisser en arrière la description du grand golfe (*Magnus Sinus*), qui doit baigner une partie de la côte des Sines. On le reconnaît dans celui de Martaban. La plus intéressante des positions est celle du fleuve *Serus*, que Ptolémée place précisément dans le fond du golfe : ce fleuve répond à celui du Pégu : son nom indique qu'il descend de la *Serique* ou du Thibet. La ville de *Tomara*, située sur sa rive gauche, près de son embouchure, se retrouve aujourd'hui dans un lieu appelé Mararco, dont le nom n'a subi qu'une légère altération. *Aspithra*, qui vient après, doit être Martaban, située, comme elle, à une petite distance de la mer, et sur un fleuve peu considérable. Enfin, *Rhabana* et le fleuve *Ambastus* peuvent se rapporter à Tavay et à la rivière du même nom.

Nous avons reconnu plus haut le *Senus* et le *Cotiaris* dans les deux rivières qui baignent les murs de Tena-Serim. Le reste de la côte, qu'on savait se diriger vers le midi, a fait naître l'idée qu'elle se prolongeait jusqu'en Afrique où elle allait joindre le promontoire Prasum. Les auteurs modernes qui ont placé les *Sines* chez les Chinois ou dans la Cochinchine, n'ont pas fait attention que, si les connaissances de Ptolémée s'étaient étendues jusque-là, jamais il n'aurait imaginé que cette côte retournât à l'occident pour former de la mer Erythrée un vaste bassin. Tous les rensei-

Gossellin.	Malte-Brun.

des renseignemens que les anciens au-raient pu recueillir, leur auraient in-diqué au contraire que la côte remontait au nord sans interruption.

Cette difficulté a été sentie par quel-ques géographes du seizième siècle, qui, prenant la presqu'isle Malayenne pour la Chersonèse d'Or, se sont vus forcés de supposer à l'Asie une troisième presqu'isle beaucoup plus grande que les deux autres, afin d'avoir une côte dirigée au midi et tournée vers l'occi-dent, qui lui représentât celles des Sines de Ptolémée.

La plupart de ces méprises sont l'ouvrage des premiers Portugais qui ont parcouru la mer des Indes. Comme ils n'avaient que Ptolémée pour guide, ils ont cru reconnaître, dans le cap de Romania, le *Grand Promontoire* des anciens et l'emplacement qu'occupait *Sabana* ou *Zabæ*. Le nom d'*Estreito Sabaon*, qu'ils ont quelquefois appliqué au détroit qui baigne ce cap, etc.

---

gnemens que les anciens auraient pu recueillir, leur auraient indiqué au contraire que la côte remontait au nord sans interruption.

Cette difficulté a été sentie par quel-ques géographes du seizième siècle qui, prenant la presqu'île Malayenne pour la Chersonèse d'Or, se sont vus forcés de supposer à l'Asie une troisième presqu'île beaucoup plus grande que les deux autres, afin d'avoir une côte dirigée au midi et tournée vers l'occi-dent, qui leur représentât celles des Sines et de Ptolémée.

La plupart de ces méprises sont l'ou-vrage des premiers Portugais qui ont parcouru la mer des Indes. Ayant cru reconnaître, dans le cap de Romania, le grand Promontoire des anciens et l'emplacement qu'occupaient *Sabana* ou *Zabæ*, ils nommèrent le détroit voisin *Estreito Saboan*.

Nous sommes vraiment affligés de voir que dans ce long fragment le compilateur danois est encore retombé dans ses *nous : Plaçons-nous, nous pensons, nous paraît être*, les preuves que *nous avons* recueillies, *nous avons* reconnu. Mais, au nom de Dieu, M. Malte-Brun, où voulez-vous qu'on vous *place?* qu'avez-vous *pensé?* qu'est-ce qui vous *paraît* être? quelles preuves avez-vous *recueillies?* qu'avez-vous *reconnu?* Toute votre besogne, en ceci, a été de vous armer d'une grande paire de ciseaux, et d'abattre dans le livre de M. Gos-sellin les six pages in-4° dont vous aviez besoin pour couvrir votre nudité. Il ne vous a point fallu plus d'ef-forts pour enfanter tout ce passage sur la mer Cas-pienne :

Gossellin, Géog. des Grecs anal., pag. 133.	Malte-Brun, t. 1, p. 311.

On avait parcouru cette mer dans tout son contour; on savait qu'elle n'était plus un golfe de l'Océan septen-trional, et qu'elle en était même fort éloignée, puisque le Wolga avait été remonté jusqu'à ses sources. En sup-primant les gorges par où Eratosthènes avait cru que la Caspienne communi-quait à l'Océan, on lui avait conservé sa

---

On avait de nouveau appris que la mer Caspienne n'était pas un golfe de l'Océan septentrional, et qu'elle en était même fort éloignée, puisque le Wolga avait été remonté jusqu'à ses sources. En supprimant les gorges par où Ératosthènes avait cru que la Cas-pienne communiquait à l'Océan, on lui avait conservé sa forme prolongée

Gossellin.	*Malte-Brun.*
forme prolongée de l'occident à l'orient.	de l'occident à l'orient. Dans la partie
Quant à la partie orientale de la même mer, Ptolémée nous paraît faire une erreur qu'Eratosthènes ni Strabon n'avaient point commise: c'est de porter au nord-est la côte de toute l'Hyrcanie jusqu'au fleuve *Polytimetus*, quoiqu'elle dût aller directement au nord, et diminuer encore la largeur de la Caspienne de ce côté. Il est probable que cette dernière méprise tenait à des notions imparfaites sur l'existence du lac Aral, qu'on a cru si long-tems faire partie de la mer Caspienne.	orientale de la même mer, Ptolémée nous parait faire une erreur qu'Eratosthènes ni Strabon n'avaient point commise ; c'est de porter au nord-est la côte de toute l'Hyrcanie jusqu'au fleuve Polytimetus, quoiqu'elle dût aller directement au nord ; ce qui aurait diminué la largeur de la mer de ce côté. Cette erreur tenait à des notions imparfaites sur le lac Aral, qu'on croyait faire partie de la mer Caspienne.

Et ce malheureux Ptolémée qui *vous* a paru faire une erreur ! Avouez qu'il a dû *vous* en coûter bien du temps et de la peine pour la vérifier ! Je vous avoue, moi, M. Malte-Brun, qu'il m'en coûte beaucoup pour vous suivre ainsi à la piste ; j'aurais bientôt atteint à la grosseur d'un volume, si j'extrayais du vôtre tout ce qui ne vous appartient pas. Nos juges voudront bien se contenter maintenant d'une simple indication des objets volés et des endroits où l'on peut les ressaisir.

Tout ce que vous nous dites de la *Sérique*, par exemple (page 316), est évidemment pillé du *Mémoire* inséré par M. Gossellin dans le *Journal des Savans :* selon votre tactique, vous le citez une fois, avec un air de loyauté ; mais vous avez bien soin que ce soit pour une chose presque indifférente.

Votre page 158 sur *les côtes orientales* et *les bornes de l'Afrique* a été fabriquée avec les pages 194 et 195 de la *Géographie systématique et positive des Anciens*, par M. Gossellin.

Que l'on prenne la peine de lire vos articles : *Voyages* d'*Artémidore* et d'*Agatharchide* , *Troglodytique* , etc. (p. 171 et suiv.), que remarquera-t-on à l'instant ? que toutes ces descriptions confuses, que toute cette érudition mal digérée, que tout, en un mot, est pillé et mal pillé du savant article de M. Gossellin, intitulé : *Périples combinés d'Agatharchide et d'Artémidore.* (*Géog. syst. et posit. des Anciens* , t. 11 , p. 169 et suiv.)

Il ne tiendrait qu'à moi, compilateur éternel , de vous faire subir encore ici une humiliante confrontation pour vos pages 213, 214 et 215 ; toute la science

dont vous y faites parade pour nous décrire minu-
tieusement les *côtes méridionales de l'Arabie*, n'est-elle
pas scandaleusement pillée dans un Mémoire très-curieux de M. Gossellin, qui porte le même titre ? mémoire qui, par parenthèse, nous a fait connaître la
bévue que j'ai déjà relevée, page 59 : aussi ne reparle-
rai-je pas de ce mémoire, auquel je me borne à renvoyer le lecteur. (M. Gossellin, *Recherches sur les côtes
méridionales de l'Arabie, dans les Mémoires de l'Académie
des Inscriptions*, tom. 49.)

Mais ce n'est pas tout que d'avoir de bons ciseaux
pour dépecer à son profit l'ouvrage d'un autre ; il faut
savoir comprendre ce que l'on copie, ou l'on s'expose
à montrer d'effroyables bouts d'oreilles. Voici, par
exemple, une petite observation que j'ai recueillie
naguère de la bouche d'un savant qui a fait d'excellens
livres, et qui les a faits lui-même :

« M. Malte-Brun, disait-il, cherche à parler des dif-
« férens stades employés par les Anciens, et de la con-
« fusion qu'ils en ont faite ; mais le pauvre homme n'y
« entend rien. Deux fois il veut discourir sur le stade de
« $111\frac{1}{9}$ au degré, et deux fois (pag. 60 et 90 du tome 1
« de son *Précis de la Géogr. univ.*), il écrit 1,119 ; ce qui
« dénature tellement l'objet, qu'il n'est absolument plus
« possible d'y rien comprendre. »

Voyez-vous maintenant, M. Malte-Brun, ce que l'on
va conclure des paroles de ce savant ? c'est que non
seulement vous ignorez ce que c'est qu'un stade (et que
par conséquent vous êtes incapable d'avoir une idée à
vous en géographie ancienne), mais même que vous
êtes étranger aux plus simples élémens de la numéra-
tion arithmétique, puisque vous ne vous êtes point
aperçu que tous les chiffres placés à la droite de votre
virgule devenaient des décimales. Des degrés d'un stade
$\frac{119}{1000}$ ou des stades d'environ 20 lieues marines ! quelle
nouveauté pour tous les académiciens de l'Europe !

Et c'est vous, M. Malte-Brun, vous qui n'avez cessé
de copier M. Gossellin, et qui n'avez pas même su le
copier fidèlement ; c'est vous qui n'avez pas rougi d'affirmer dans un article signé de votre main (*Journal de*

l'Empire, du 20 *février* 1810), que vous avez exposé les opinions de M. Gossellin et les vôtres, « en marquant « ce qui appartient *exclusivement* à chacun de vous : » Nous venons de voir, en effet, ce qui vous appartient *exclusivement :* des citations infidèles, de faux calculs, des faits dénaturés ! Voltaire avait-il soupçonné que l'audace d'un pirate littéraire pût être portée à ce point, quand il écrivait (*Dictionnaire philos. article* PLAGIAT) :

« Le véritable *plagiat* est de donner pour vôtres les « ouvrages d'autrui, de coudre dans vos rapsodies de « *longs passages d'un bon livre avec quelques petits chan-* « *gemens.* Mais le lecteur éclairé voyant ce morceau de « drap d'or sur un habit de bure, reconnaît bientôt le « voleur maladroit. »

Vous l'entendez, M. Malte-Brun, *coudre dans des rapsodies de longs passages d'un bon livre avec quelques petits changemens :* tel a été de tout temps l'art du plagiaire. Fiers d'ajuster un petit morceau de drap d'or sur leur habit de bure, quelques-uns s'en sont tenus là ; mais vous, affublé de lambeaux de toutes formes et de toutes couleurs, votre souquenille est devenue un véritable habit d'arlequin. Avez-vous pu ne pas tressaillir d'effroi, vous qui avez lu des premiers l'Itinéraire de M. Châteaubriant, lorsque vous y avez vu ces lignes (t. II, pag. 318) : « J'aurais pu piller les Mémoires de « l'abbé Guénée *sans en rien dire,* à l'exemple de tant « d'auteurs, *qui se donnent l'air d'avoir puisé dans les sour-* « *ces, quand ils n'ont fait que dépouiller des savans dont ils* « *taisent le nom ?* Ces fraudes sont très-faciles aujour- « d'hui : on commence par écrire sans avoir rien lu, et « l'on continue ainsi toute sa vie. Les véritables gens de « lettres gémissent en voyant cette nuée de jeunes au- « teurs qui auraient peut-être des talens, s'ils avaient « quelques études. » Eh! quelle est aussi cette manie de vous faire voir sur tous les chemins, de discourir sur tous les sujets, de trancher dans toutes les questions ? Qu'arrive-t-il nécessairement ? quand votre science est à court sur un point, vous êtes forcé de recourir à celle d'autrui. Par exemple, ne venons-nous pas de voir, à l'instant même, que vos connaissances en mathématiques n'allaient pas encore jusqu'à distinguer les décimales de l'unité principale ? Et vous nous faites annoncer pourtant, par votre gazette (*Journal de l'Empire, du* 31 *décembre* 1810), que « vous avez non « seulement exposé , dans votre second volume , les « principes *mathématiques* de la géographie , *principes* « *négligés dans tous les traités récemment publiés* , mais « que vous avez encore choisi dans l'immense dépôt « des sciences *physiques* les vérités qui s'appliquent « particulièrement à la géographie.... etc. ! » En un mot, vous ne seriez pas admis dans une classe d'arithmétique ; et vous allez jouer intrépidement le rôle d'un Newton , d'un Lagrange , ou d'un Laplace !

Il est facile de se figurer l'empressement avec lequel tous les amis des sciences ont couru à ce second volume du Phénix danois, pour y recevoir l'initiation à ces *principes mathématiques , négligés dans tous les traités récemment publiés.* Mais me sera-t-il permis de répéter les cris qui se sont élevés de toutes parts ? croirai-je à l'indication de la source où le nouveau docteur a puisé tout ce savoir *géométrique* et *physique* qui devait nous éblouir ? Quoi ! M. Malte-Brun , serait-ce bien réellement dans un livre qui m'appartient ? serait-ce encore dans cette *Géographie de Pinkerton* , qui , depuis votre arrivée à Paris , semble être chargée de votre éducation et de votre entretien ? Comme propriétaire de cet ouvrage, je suis assurément très-flatté qu'en dépit de votre ingratitude et de vos noirceurs, il continue à vous servir de refuge ; mais je ne dois cependant pas m'en faire un mérite avant de m'en être procuré la preuve ; et je vais user du moyen le plus sûr de l'acquérir.

Le voici ouvert devant moi le précieux dépôt de ces connaissances si fraîchement écloses de votre cerveau ; j'ouvre à côté l'*Introduction à la Géographie mathématique et critique* , dont M. Lacroix, membre de l'Institut, a daigné enrichir ma traduction de Pinkerton, et je vous mets en regard avec ce savant :

Lacroix , *Introduction à la Géographie de Pinkerton* , t. 1 , p. xxvj.	Malte-Brun , *Géog. mathématique,* t. 11 , p. 7.
Le *pôle* qui répond à l'étoile polaire	Le pôle qui répond à l'étoile polaire

Lacroix. | **Malte-Brun.**

se nomme le *pôle septentrional* ou le *pôle nord* ou le *pôle arctique* ; et l'opposé, le *pôle austral* ou le *pôle sud* ou le *pôle antarctique*.

Le côté de l'horizon qui répond au-dessous du pôle nord, est le nord ou septentrion ; le côté opposé est le sud ou midi.

Si on conçoit par ces deux points un cercle dont le plan soit perpendiculaire à l'horizon, il passera nécessairement par les pôles, et ce sera celui que les astronomes ont appelé le *méridien* : il partage en deux parties égales l'hémisphère céleste compris au-dessus de l'horizon, en sorte que les astres qui se trouvent sur ce cercle sont au milieu de leur course apparente ; et c'est le passage du soleil par le même cercle qui marque l'instant du midi.

La ligne qui joint le point nord de l'horizon avec celui du midi, se nomme la *méridienne*. Si on lui mène une perpendiculaire, qu'on imagine prolongée de part et d'autre jusqu'à l'horizon, elle détermine sur ce cercle deux points opposés, que l'on désigne sous les noms de *est* et *ouest*, ou *orient* et *occident*, ou *levant* et *couchant*.

Ces dernières dénominations font entendre que l'un de ces points est du côté où les astres paraissent commencer leur course journalière ou se lever, que l'autre est du côté où ils semblent se plonger au-dessous du même cercle ou se coucher.

---

se nomme le *pôle septentrional*, ou le *pôle nord*, ou le *pôle arctique* ; et l'opposé, le *pôle austral*, ou le *pôle sud*, ou le *pôle antarctique*.

Le point de l'horizon qui répond au pôle nord, est le nord ou septentrion ; du côté opposé se trouve le sud ou midi. Si nous concevons un cercle passant par ces deux points, et dont le plan soit perpendiculaire à l'horizon, il passera nécessairement par les pôles, et ce sera celui que les astronomes ont appelé le *méridien* : il partagera en deux parties égales l'hémisphère céleste visible, en sorte que les astres, au moment où ils se trouvent sur ce cercle, sont au milieu de leur course apparente ; c'est le passage du soleil par le même cercle qui marque l'instant du midi.

La ligne qui joint le point nord de l'horizon avec celui du midi, se nomme la *méridienne*. Une ligne perpendiculaire à la méridienne et qu'on imagine prolongée de part et d'autre jusqu'à l'horizon, détermine sur ce cercle deux points opposés, que l'on désigne sous les noms de *est* et *ouest*, ou *orient* et *occident*, ou *levant* et *couchant*.

Les dernières dénominations rappellent que l'un de ces points est du côté où les astres paraissent commencer leur course journalière ou se lever, que l'autre est du côté où ils semblent se plonger au-dessous du même cercle ou se coucher.

M. Lacroix a dit tout simplement : *Si on conçoit un cercle*, etc. ; M. Malte-Brun, toujours occupé de lui, a soin d'écrire : *Si nous concevons*, afin d'avoir l'air d'opérer par lui-même, tandis que c'est beaucoup si, en effet, il *conçoit* ici ce qu'il copie. Je remarque, une fois pour toutes, qu'il change de temps en temps quelques mots de l'original, dans l'espoir ridicule, et même absurde, de déguiser ses vols. Nous le verrons procéder constamment d'après cette tactique puérile :

Lacroix, Introd., tome 1, p. xxvij. | *Malte-Brun*, t. 11, p. 8.

Le cercle MENO, *fig.* 2, représente l'horizon, au centre duquel l'observateur A est placé ; B C D, B' C' D', sont les portions de cercle que paraissent décrire les astres autour du pôle

---

Le cercle NEMO représente l'horizon, au centre duquel l'observateur A est placé ; les lettres *a*, *b*, *c*, et *d*, *e*, indiquent les portions de cercle que paraissent décrire les astres autour du

Lacroix.

céleste. Ceux dont la distance au pôle est moindre que l'arc P N, qui marque l'élévation de ce point au-dessus de l'horizon, paraissent décrire des cercles entiers, tels que G H I K; N est le nord de l'horizon, M le midi, et M N désigne par conséquent la ligne méridienne. Le demi-cercle M Z N, dont le plan est supposé perpendiculaire sur celui de l'horizon MENO, et qui passe par les points N et M, est le méridien céleste qui coupe, aux points C, C', les arcs B C D, D' C' D', en deux parties égales.

Le point E est l'orient ou l'est de l'horizon, et le point O est l'occident ou l'ouest; c'est de E vers O que les astres paraissent se mouvoir, et passer au milieu de leur course par quelqu'un des points du cercle M Z N.

Malte-Brun.

pôle céleste. Ceux dont la distance au pôle est moindre que l'arc PN, qui marque l'élévation du pôle nord au-dessus de l'horizon, paraissent décrire des cercles entiers, tels que g, h, i, k; le point N est le nord de l'horizon, M le midi, et M N désigne par conséquent la ligne méridienne; le demi-cercle MZN, dont le plan est supposé perpendiculaire sur celui de l'horizon NEMO, et qui passe par les points N et M, est le méridien céleste qui coupe, aux points c et e, les arcs a, b, c, et d, e, i, en deux parties égales.

Le point E est l'orient de l'horizon, et le point O y marque l'occident; c'est de l'E vers O que les astres paraissent se mouvoir en passant au milieu de leur course par quelqu'un des points du cercle MZN.

Le lecteur observe-t-il quel travail de tête a coûté cette démonstration au *mathématicien* danois ? Il a changé MENO en NEMO et BCD, B' C' D' en *a*, *b*, *c* et *d*, *e*, *i*. Poursuivons :

Lacroix, Introd., t. 1, p. xxviij.

Le plan M Z N du méridien, élevé sur la ligne méridienne N M, perpendiculairement au plan horizontal E N O M, tourne aussi avec ce dernier, et se dirige successivement vers les mêmes astres, qui se trouvent alors au milieu de l'espace qu'ils semblent parcourir au-dessus de l'horizon.

Quand le bord occidental de l'horizon est parvenu à un astre, cet astre paraît se coucher, et cesse ensuite d'être visible jusqu'à ce que le mouvement de la terre ait ramené sur lui le bord oriental de l'horizon, parce que pendant cet intervalle, les rayons visuels qui rasent la terre passent au-dessus de l'astre.

Malte-Brun, t. 11, p. 9.

Le plan MZN du méridien, élevé sur la ligne méridienne NM, perpendiculairement au plan horizontal ENOM, tournant aussi avec ce dernier, se dirige successivement vers les mêmes astres, qui se trouvent alors au milieu de l'espace qu'ils semblent parcourir au-dessus de l'horizon. Quand le bord occidental de l'horizon est parvenu à un astre, cet astre paraît se coucher, et cesse ensuite d'être visible jusqu'à ce que le mouvement de la terre ait ramené sur lui le bord oriental de l'horizon.

Lacroix, Introd., t. 1, p. xxviij.

Il suit de cette remarque que l'on peut, lorsqu'il s'agit des astres, substituer au plan tangent E N O M un plan parallèle mené par le centre de la terre; car lorsqu'un astre situé en G paraîtra dans l'horizon tangent au point A, un observateur qui serait placé au centre de la terre, voyant le même astre sur la ligne C G, le trouverait seulement élevé de l'angle G C n, qui

Malte-Brun, t. 11, p. 9.

Il est donc facile de voir qu'on peut, sans erreur, substituer au plan horizontal tangent ENOM un plan parallèle mené par le centre de la terre; car lorsqu'un astre situé en I paraîtra dans l'horizon tangent au point A, un observateur qui serait placé au centre de la terre, voyant le même astre sur la ligne CI, le trouverait seulement élevé de l'angle ICn, qui sera d'autant plus

Lacroix. | *Malte-Brun.*

est d'autant plus petit que le point G est plus éloigné, ainsi qu'on le voit à l'égard du point G'.

Lacroix, Introd., t. 1, p. xxix.

Substituant en conséquence de ce qui vient d'être dit, la *figure* 4 à la précédente, je prends pour plan horizontal par rapport aux astres, le plan ENOM, mené par le centre de la terre parallèlement au plan qui la toucherait en A, ou, ce qui est la même chose, perpendiculairement au rayon CA tiré de ce point au centre de la terre. Je conçois le plan MZN du méridien prolongé indéfiniment autour du centre C de la terre, par lequel il passe nécessairement, puisqu'il est mené par l'axe PP'. Il détermine alors sur la surface terrestre un cercle PAP', qui passe par les pôles, qu'on nomme le *méridien* du lieu A, et qui l'est aussi de tous les points situés sur sa circonférence. L'horizon ENOM se nomme l'*horizon rationnel*, pour le distinguer de celui qui est tangent à la surface de la terre et qui s'appelle *horizon sensible*.

Le point Z, qui répond dans le ciel perpendiculairement au-dessus de la tête de l'observateur, se nomme le *zénith*; et à cause de la rondeur de la terre, la ligne CZ prolongée en-dessous en indique un autre Z' que l'on appelle *nadir*, qui est opposé au premier et qui se trouve le zénith du lieu A', diamétralement opposé sur la surface de la terre au lieu A.

La position de la droite ZA, que l'on nomme la *verticale*, est indiquée sur la terre par la direction de la chute des corps graves, comme celle du plan horizontal l'est par la surface des eaux stagnantes d'une petite étendue, sur laquelle la verticale, ou la ligne que marque un fil à plomb est perpendiculaire.

La pesanteur tendant par-tout vers l'intérieur de la terre, agit en A', suivant la direction Z'A' opposée à ZA; les corps en ce lieu tombent encore vers la surface de la terre, à laquelle les hommes sont retenus par leur poids : ceux qui sont en A' ayant leurs pieds opposés aux pieds de ceux qui se trouvent en A, sont les *Antipodes* de ces derniers.

Lacroix, Introd., t. 1, p. xxx.

D'après la définition de l'horizon, on aperçoit sans peine qu'il doit chan-

---

petit que l'astre est plus éloigné, ainsi qu'on le voit à l'égard de celui qui est situé au point H.

Malte-Brun, t. II, p. 10.

Nous substituons donc sans erreur, la *figure* 3 à la précédente; nous prenons pour plan horizontal par rapport aux astres, le plan ENOM, mené par le centre de la terre parallèlement au plan qui la toucherait en A, ou ce qui est la même chose, perpendiculairement au rayon CA tiré de ce point au centre de la terre. Nous concevons de même le méridien céleste MZN prolongé indéfiniment autour du centre C de la terre, par lequel il passe nécessairement puisqu'il est mené par l'axe P*p*. Il détermine alors sur la surface terrestre un cercle PA*p*, qui passe par les pôles, qui est le *méridien* terrestre du lieu A, et qui l'est aussi de tous les points situés sur sa circonférence. L'horizon qui passe par le centre de la terre s'appelle l'*horizon rationnel*, pour le distinguer de celui qui est tangent à la surface, et qu'on nomme *horizon sensible*.

Le point Z, qui répond dans le ciel perpendiculairement au-dessus de la tête de l'observateur, se nomme le *zénith*; la ligne droite qui passe par le zénith et le lieu de l'observateur, prolongée à travers le centre du globe, marque dans la partie opposée du ciel un autre point *z* que l'on appelle le *nadir*.

La position de la droite ZAC, que l'on nomme la *verticale*, est indiquée sur la terre par la direction que prennent dans leur chute les corps graves, comme celle du plan horizontal l'est par la surface que présentent des eaux tranquilles d'une petite étendue, sur laquelle la verticale, ou la ligne qui marque un fil à plomb, se trouve perpendiculaire. La pesanteur tendant partout vers l'intérieur de la terre, agit en *a*, suivant la direction *za* opposé à ZA; les corps en ce lieu tombent donc encore vers la surface de la terre. Les hommes qui sont en *a* ayant leurs pieds opposés aux pieds de ceux qui se trouvent en A, sont les *antipodes* de ces derniers.

Malte-Brun, t. II, p. 11.

D'après la définition de l'horizon, on aperçoit sans peine qu'il doit chan-

Lacroix.

ger de position par rapport aux astres , lorsque l'observateur change spontané·ment de lieu. S'il se transporte par exemple de A en A′, *fig.* 5, en allant directement du nord au midi, ou en suivant le méridien , le rayon visuel horizontal qui était N M deviendra N′ M′, en sorte qu'un astre E placé sur le prolongement de ce rayon se trouvera élevé au-dessus du rayon horizontal M′ N′ au lieu A′, d'un angle E C M′, précisément égal à celui que forment les rayons C A et C A′ menés au centre de la terre.

En effet les angles A C M et A′ C M′ étant droits (n°. 6), si on en retranche l'angle commun M C A′, les restes M C M′ et A′ C A seront égaux.

C'est ainsi que Possidonius ayant remarqué qu'une étoile très-brillante désignée sous le nom de *Canopus*, paraissait à Rhodes dans l'horizon , et se trouvait élevée de la 48e. partie du cercle ou de 7 deg. et demi à Alexandrie en Egypte, en conclut que Rhodes se trouvait éloignée d'Alexandrie, dans le sens du méridien , de la 48e. partie de ce cercle.

Lacroix , Introd. , t. 1 , p. xxxj.

Mais le principe est encore celui dont on se sert aujourd'hui pour parvenir aux déterminations les plus exactes.

Il s'agit toujours de trouver , par les observations du même astre , dans quel rapport l'arc A A′ du méridien qui passe par les deux points d'observation , est avec la circonférence entière ; et on mesure ensuite la distance itinéraire de ces points.

9. Par cette observation , on est en état de rapporter un lieu A′ à un autre lieu A ; mais pour déterminer d'une manière absolue la position de ces points , il est nécessaire de prendre un terme fixe de comparaison.

Pour cela, on conçoit par le centre de la terre perpendiculairement à son axe de rotation, un plan qui détermine sur sa surface une circonférence GEF , *fig.* 6, dont tous les points sont à égale distance des pôles P et P′, et qu'on nomme *équateur*. Lorsqu'on est placé sur ce cercle, les deux pôles sont dans l'horizon ; mais à mesure qu'on s'en éloigne pour s'approcher de l'un des pôles, celui-ci s'élève tandis que l'autre s'abaisse. C'est ainsi que lorsqu'on est en A′, *fig.* 5 , le pôle P paraît élevé

Malte-Brun.

ger de position par rapport aux astres, lorsque l'observateur change spontané·ment de lieu. S'il se transporte par exemple de A en *a* , *fig.* 4 , en allant directement du nord au midi, ou en suivant le méridien , le rayon visuel horizontal qui était N M deviendra *nm*, en sorte qu'un astre E placé sur le prolongement du premier rayon, paraîtra au lieu A , se trouvera élevé au-dessus de l'horizon *mn* d'un angle EC*m*, précisément égal à celui que forment les rayons CA et C*a* menés au centre de la terre. Car les angles ACM et *a*C*m* étant droits , si on en retranche l'angle commun MC*a*, il est évident que les angles MC*m* et *a*CA seront égaux.

C'est ainsi que Possidonius , ayant remarqué qu'une étoile brillante désignée sous le nom de *Canopus* , paraissait à Rhodes dans l'horizon , tandis qu'elle se montrait, à Alexandrie en Egypte, élevée de la 48e partie du cercle ou de 7 degrés et demi , en conclut que Rhodes se trouvait éloignée d'Alexandrie, dans le sens du méridien, de la 48e partie de ce cercle.

Malte-Brun , t. II , p. 11.

Mais son principe est vrai ; c'est le même dont on se sert aujourd'hui pour parvenir aux déterminations les plus exactes. Il s'agit toujours de trouver , par les observations du même astre , dans quel rapport l'arc A*a* du méridien qui passe par les deux points d'observation , est avec la circonférence entière ; on mesure ensuite la distance itinéraire de ces points.

Par cette observation , on établit le rapport d'un lieu *a* à un autre lieu A ; mais pour déterminer d'une manière absolue la position de ces points, on a besoin d'un terme fixe de comparaison.

A cette fin, on conçoit par le centre de la terre perpendiculairement à son axe de rotation, un plan qui détermine sur sa surface une circonférence GEF , *fig.* 3 , dont tous les points sont à égale distance des pôles P et *p* , et qu'on nomme *équateur*. Lorsqu'on est placé sur ce cercle, les deux pôles sont dans l'horizon ; mais à mesure qu'on s'en éloigne pour s'approcher de l'un des pôles, celui-ci s'élève tandis que l'autre s'abaisse. C'est ainsi que lorsqu'on est en *a* , *fig.* 4 , le pôle P

Lacroix.

au-dessus de l'horizon de la quantité angulaire PC N'; et quand on passe en A, cet angle augmente de N C N' et devient P C N.

Le pôle opposé, P', s'abaisse au contraire au-dessous de l'horizon de l'angle M C M', égal à N C N', comme opposé par le sommet.

L'angle qui mesure la hauteur du pôle au-dessus d'un horizon quelconque, est égal à celui qui mesure la distance angulaire d'un lieu à l'équateur, comptée dans le sens du méridien.

Pour s'en convaincre, il suffit de remarquer que les angles A C M et G C P, *fig.* 6, étant droits, si on en retranche l'angle commun A C P, les restes A C G et N C P seront égaux. On voit aussi par la même figure, que la hauteur M C G à laquelle les points de l'équateur paraissent sur l'horizon, est le complément de l'angle A C G.

Lors donc qu'on parviendra à déterminer dans un lieu quelconque la hauteur du pôle au-dessus de l'horizon, on connaîtra la distance angulaire de ce lieu à l'équateur, ou le nombre de parties de l'arc du méridien intercepté entre ce lieu et l'équateur.

Lacroix, Introd., t. 1 *, p.* xxxv.

Les plans des divers méridiens PA P', P L P', P M P', etc., *fig.* 8, se coupant tous dans l'axe P P', et tournant sur cette ligne, répondent successivement à la même étoile, et entre le passage de deux méridiens quelconques par cette étoile, il s'écoule un tems qui est à la durée de la rotation entière, comme l'angle que font ces méridiens est à quatre angles droits; en sorte que si on pouvait mesurer le premier intervalle pour le comparer au second, on en déduirait l'angle que les deux méridiens proposés font entr'eux.

On y parviendrait si l'on pouvait indiquer par un signal visible en même-tems dans des lieux placés sous les deux méridiens, le moment où une étoile paraît sur l'un de ces méridiens; car avant marqué cet instant, une horloge bien réglée donnerait la mesure du tems qui s'écoulerait entre ce passage et celui de la même étoile par l'autre méridien.

Connaissant par ce moyen l'angle que le méridien P L P' passant par le lieu L, fait avec le méridien P A P' passant par un lieu donné A, le lieu

Malte-Brun.

paraît élevé au-dessus de l'horizon de l'espace angulaire PC*n*; et quand on passe en A, cet angle augmenté de NC*n* devient PCN.

L'angle qui mesure la hauteur du pôle au-dessus d'un horizon quelconque, est égal à celui qui mesure la distance angulaire d'un lieu à l'équateur, comptée dans le sens du méridien. Car les angles ACN et GCP, *fig.* 5, étant droits, si on en retranche l'angle commun ACP, les restes ACG et NCP seront égaux. On voit aussi par la même figure, que la hauteur MCG à laquelle les points de l'équateur paraissent sur l'horizon, est le complément de l'angle ACG.

Lors donc qu'on parviendra à déterminer dans un lieu quelconque la hauteur du pôle au-dessus de l'horizon, on connaîtra la distance angulaire de ce lieu à l'équateur, ou le nombre des degrés de l'arc du méridien intercepté entre ce lieu et l'équateur.

Malte-Brun, t. 11 *, p.* 13.

Les plans des divers méridiens PA*p*, PL*p'*, PM*p*, etc. *fig.* 6, se coupant tous dans l'axe PC*p* et tournant sur cette ligne, répondent successivement à la même étoile; et entre le passage de deux méridiens quelconques par cette étoile, il doit s'écouler un temps qui est à la durée de la rotation entière, comme l'angle que font ces méridiens est au cercle entier; d'où il suit que si l'on pouvait mesurer le premier intervalle pour le comparer au second, on en conclurait l'angle que les deux méridiens proposés font entre eux. On y parviendrait si l'on pouvait indiquer par un signal visible en même temps dans des lieux placés sous les deux méridiens, le moment où une étoile paraît sur l'un de ces méridiens; car ayant marqué cet instant, une horloge bien réglée donnerait la mesure du temps qui s'écoulerait entre ce passage et celui de la même étoile sur l'autre méridien.

Connaissant par ce moyen l'angle sur le méridien LL*p*, passant par le lieu L, fait avec le méridien PA*p*, passant par un lieu donné A, le lieu L sera

Lacroix.	Malte-Brun

Lacroix.

L sera entièrement déterminé, si l'on a d'ailleurs sa distance G L à l'équateur E G F , puisqu'il se trouvera à l'intersection du parallèle L M mené à cette distance , et du demi-cercle P L P'.

La distance G L d'un lieu à l'équateur, comptée sur le méridien, se nomme *latitude* ; elle est *septentrionale* ou *nord* lorsque le lieu est placé entre le pôle de ce nom et l'équateur ; elle est *méridionale* ou *sud* dans l'hémisphère opposé.

L'angle des méridiens P A P' et P L P' , mesuré par les arcs F G ou H L , compris sur l'équateur ou sur le parallèle , est la *différence en longitude* des lieux A et L , et se nomme *longitude* du lieu L , lorsque le demi-cercle P A P' est le *premier méridien* , qu'on fait passer par un lieu convenu arbitrairement.

Malte-Brun

entièrement déterminé, supposé qu'on ait déjà sa distance G L à l'équateur E G F , puisqu'il se trouvera , à l'intersection du parallèle L M , mené à cette distance, et du demi-cercle P L P.

La distance d'un lieu à l'équateur, comptée sur le méridien , se nomme *latitude* : elle est *septentrionale* ou *nord* lorsque le lieu est placé entre le pôle de ce nom et l'équateur ; elle est *méridionale* ou *sud* dans l'hémisphère opposé.

L'angle de deux méridiens , mesuré par les arcs de l'équateur ou d'un cercle parallèle , est la *différence en longitude* des lieux situés sous ces deux méridiens. Pour pouvoir compter ces différences d'une manière absolue , il faut convenir d'un *premier méridien*, dont le choix est arbitraire.

Lacroix , Introd. , t. 1 , p. xxxvj.

Outre le mouvement diurne apparent qu'il partage avec tous les astres, le soleil, dans le cours d'une année, semble s'avancer alternativement vers l'un des pôles et vers l'autre ; si de plus on le compare aux étoiles , en remarquant une de celles qui se couchent un peu après lui , on reconnaît que l'intervalle de ces deux phénomènes diminue, et bientôt on cesse d'appercevoir l'étoile , effacée par la lumière du soleil , qui par conséquent s'en est approché en s'avançant vers l'orient. Quelques jours après la même étoile reparaît à l'orient un peu avant le lever du soleil : l'intervalle qui s'écoule entre ce lever et celui de l'étoile augmentant chaque jour, prouve que le soleil s'est éloigné de plus en plus vers l'orient ; et après environ 365 jours , l'étoile et le soleil se retrouvent dans les mêmes positions relatives.

Malte-Brun , t. 11 , p. 14.

Outre le mouvement diurne apparent qu'il partage avec tous les astres , le soleil , dans le cours d'une année , semble changer de lieu de deux manières. D'abord il semble s'élever et s'abaisser alternativement vers l'un et l'autre pôle ou vers le nord et le midi. Ensuite, si on le compare aux astres , il paraît ou qu'il recule journellement vers l'orient , ou que les astres s'avancent dans le sens opposé ; car les étoiles que l'on a vues d'abord se coucher après le soleil , semblent , le soir suivant , perdues dans les rayons du soleil couchant ; quelques jours après , elles reparaissent à l'orient , et leurs levers précèdent de plus en plus celui de l'astre du jour. Enfin , après une année ou environ 365 jours ; les étoiles et le soleil se retrouvent dans la même position.

Arrêtons-nous , un instant, pour contempler M. Malte-Brun qui va voler de ses propres ailes ! Ecoutons-le parler des *planètes entraînées par un tourbillon impétueux* , de l'impossibilité de concilier cette *anarchie des cieux* avec les principes de la physique , etc. Notre Danois se croit un petit Buffon quand il a lâché quelques-unes de ces phrases qui semblent volées à Trissotin ou à la savante Bélise. Il va sagement se remettre à copiér M. Lacroix :

Lacroix , Introd. , t. 1 , p. xxxvij.

Copernic (dit M. Lacroix) imagina donc qu'en même-tems que la terre tournait sur son axe d'occident en orient, dans l'intervalle d'un jour (n°. 5), sa masse, emportée dans l'espace absolu d'orient en occident, faisait, dans un plan incliné à l'équateur, autour du soleil , une révolution entière dans l'intervalle d'une année.

On a tous les jours sous les yeux une fou'e d'exemples de ces deux mouvemens simultanés dans un même corps.

La *toupie* dont s'amusent les enfans est l'un des plus familiers; tandis qu'elle tourne rapidement sur le morceau de fer qui la traverse, et qui forme son axe, elle décrit encore sur le sol des courbes très-variées, et qui dépendent de la manière dont elle a été lancée.

Malte-Brun , t. 11 , p. 15.

Copernic, dit-il , imagina qu'en même temps que la terre tournait sur son axe d'occident en orient, dans l'intervalle d'un jour, sa masse, emportée dans l'espace absolu d'orient en occident, faisait, dans un plan incliné à l'équateur, autour du soleil, une révolution entière dans l'intervalle d'une année.

Ce double mouvement que plusieurs esprits ont encore de la peine à concevoir, se présente cependant à nos yeux dans la *toupie*, avec laquelle les enfans s'amusent : tandis qu'elle tourne rapidement sur le morceau de fer qui la traverse, et qui forme son axe, elle décrit encore sur le sol des courbes très-variées , et qui dépendent de la manière dont elle a été lancée.

Lacroix , Introd. , t. 1 , p. xxxviij.

Cet axe (de la terre), qui est incliné par rapport au plan dans lequel le centre de la terre exécute son mouvement autour du soleil, demeurant toujours parallèle à lui-même , présente alternativement chacune de ses extrémités ou chacun des pôles vers le soleil. Cela se voit dans la *fig.* 9 , où les lignes P P' parallèles entr'elles, représentent l'axe de la terre , et S le centre du soleil. Ce parallélisme fait que le pôle P, qui est le plus près du soleil lorsque la terre est en B , devient le plus éloigné quand la terre est en D, parce que dans la première situation, l'inclinaison de la partie B P de l'axe terrestre est tournée en-dedans de la courbe A B C D , tandis qu'au point D elle se trouve en-dehors. Il y a deux points intermédiaires A et C, dans lesquels l'axe P P' ne penche ni vers le soleil ni du côté opposé, et la ligne C S A qui joint le centre du soleil et celui de la terre dans ces deux positions opposées, est perpendiculaire sur l'axe P P'. Dans tous les autres points de l'orbite A B C D, l'axe terrestre penchera nécessairement vers le soleil ou du côté opposé ; et comme ce sont ces deux positions qui produisent les saisons, je vais les considérer à part.

Malte-Brun , t. 11 , p. 16.

L'axe de la terre , incliné par rapport au plan dans lequel le centre de la terre exécute son mouvement autour du soleil, mais demeurant toujours parallèle à lui-même, présente alternativement chacune de ses extrémités ou chacun des pôles vers le soleil. C'est ce que montre la *fig.* 7, où les lignes PP parallèles entre elles , représentent l'axe de la terre, S le centre du soleil, et ABCD la courbe elliptique décrite autour du soleil par la terre. Ce parallélisme fait que le pôle P, le plus rapproché du soleil lorsque la terre est en B, devient le plus éloigné quand la terre est en D , parce que dans la première situation, l'inclinaison de la partie BP de l'axe terrestre est dirigée en dedans de la courbe ABCD, tandis qu'au point D elle se trouve l'être en dehors. Il y a deux points intermédiaires A et C, dans lesquels l'axe P ne penche ni vers le soleil ni du côté opposé ; et la ligne CSA qui joint le centre du soleil et celui de la terre dans ces deux positions opposées, est perpendiculaire sur l'axe Pp. Dans tous les autres points de l'orbite ABCD, l'axe terrestre penchera nécessairement ou vers le soleil ou du côté opposé ; et comme ce sont ces deux positions qui produisent les saisons, nous allons les considérer plus en détail.

Lacroix , Introd., t. 1 , p. xxxix.

On conçoit d'abord que la surface terrestre se partage à chaque instant en deux parties, celle qui regarde le

Malte-Brun , t. 11 , p. 16.

On voit d'abord que la surface terrestre se partage à chaque instant en deux parties, celle qui regarde le so-

<table>
<tr><td>Lacroix.</td><td>Malte-Brun.</td></tr>
</table>

Lacroix.	Malte-Brun.
soleil étant éclairée, tandis que celle qui est du côté opposé est obscure. La limite qui sépare ces deux parties est déterminée par le grand cercle I L K', mené perpendiculairement à la ligne S O; car il est évident que ce cercle embrasse la surface que la terre présente au soleil, et que les rayons de lumière tels que S I, S K', qui en atteignent la circonférence, ne font que raser le globe. On l'appelle le *cercle d'illumination*.	leil étant éclairée, tandis que celle qui est du côté opposé reste obscure. La limite qui sépare ces deux parties est déterminée par le grand cercle IL *k*, mené perpendiculairement à la ligne SO, qui joint les centres du soleil et de la terre. Nous supposons les rayons du soleil parallèles à cette ligne, attendu que la grande distance du soleil et le petit diamètre de la terre rendent toute convergence ou divergence insensible. Il reste donc évident que le cercle ILk', nommé *cercle d'illumination*, embrasse toute la surface que la terre présente au soleil. Cela posé, l'équateur ELF étant un grand cercle, se trouve partagé en deux parties égales par le cercle d'illumination; chacun de ses points parcourt la moitié de la circonférence dans la partie éclairée de la terre, et jouit par conséquent de la présence du soleil pendant la moitié du temps de la rotation de la terre. Tous les cercles que décrivent les différens points de l'arc PE, sont partagés de plus en plus inégalement par le cercle d'illumination, à mesure qu'ils se rapprochent du pôle; la plus grande des deux portions se trouve dans la partie éclairée, et la plus petite dans la partie obscure : pour tous ces points, la durée du jour surpasse donc de plus en plus celle de la nuit. Il n'y a pas même de nuit pour toute la région renfermée dans le cercle IK, décrit par le point I où passe le rayon solaire qui rase la terre le plus près du pôle P, parce que ce cercle est tout entier dans la partie éclairée.
Cela posé, l'équateur E L F étant un grand cercle, se trouve partagé en deux également par le cercle d'illumination; chacun de ses points parcourt la moitié de la circonférence dans la partie éclairée de la terre, et jouit par conséquent de la présence du soleil pendant la moitié du tems de la rotation de la terre. De là vient que dans les lieux situés sur ce cercle, les jours sont égaux aux nuits, et qu'on le nomme quelquefois *ligne équinoxiale*. Tous les cercles que décrivent les différens points de l'arc P E, sont partagés de plus en plus inégalement par le cercle d'illumination, à mesure qu'ils sont plus près du pôle; la plus grande des deux portions se trouve dans la partie éclairée, et la plus petite dans la partie obscure : pour tous ces points, la durée du jour surpasse donc de plus en plus celle de la nuit. Il n'y a même pas de nuit pour toute la région renfermée dans le cercle I K, décrit par le point I où passe le rayon solaire qui rase la terre le plus près du pôle P, parce que ce cercle est tout entier dans la partie éclairée.	Dans l'autre hémisphère EP'F, tout se passe en un ordre inverse. . .
Pour l'autre hémisphère EP'F, tout se passe dans un ordre inverse. Au-delà de l'équateur E L F, en allant vers le pôle P', les cercles décrits parallèlement à l'équateur, coupés de plus en plus inégalement par le cercle d'illumination I L K', ont leur plus grande portion dans la partie obscure, et leur plus petite dans la partie éclairée. La durée des nuits surpasse donc de plus en plus celle des jours, et la région renfermée dans le cercle I' K', décrit par le point K où tombe le rayon du soleil qui rase la terre le plus près du pôle P', se trouvant tout entière dans la partie obscure, n'a point de jour.	La durée des nuits surpasse de plus en plus celle des jours, et la région polaire se trouvant toute entière dans la partie obscure, n'a point de jour.

Lacroix.

Quand la terre est en A ou en C, *figure* 9, le rayon solaire S A ou S C, dirigé vers le centre de la terre, étant perpendiculaire à l'axe P P' (n°. 14), celui-ci se trouve dans le plan du cercle d'illumination, qui partage alors non-seulement l'équateur en deux parties égales, mais tous les cercles qui lui sont parallèles ; en sorte que la partie éclairée en embrasse autant que la partie obscure. Dans cette position, la durée du jour se trouve égale à celle de la nuit pour tous les points de la surface terrestre. On nomme, en conséquence, *équinoxes* les points A et C, et les époques auxquelles le centre de la terre arrive à ces points.

Le tems que la terre emploie à aller du point A au point B, et pendant lequel le pôle P s'approche de plus en plus du soleil, est le printems astronomique pour l'hémisphère E P F, parce que le plan de l'équateur s'abaissant de plus en plus par rapport au soleil, cet astre parait s'élever vers le pôle. Parvenu en B, le demi-axe B P de la terre, étant incliné le plus qu'il est possible vers le soleil, cet astre parait alors le plus près du pôle P ; et c'est à ce point que commence l'été de l'hémisphère E P F. La situation de l'axe P P' changeant très-peu pendant plusieurs jours, aux environs du point B, on a nommé ce point *solstice* d'été. Cette saison dure jusqu'à ce que la terre soit au second équinoxe C, où commence l'automne. Alors le pôle P s'étant éloigné du soleil, cet astre, en paraissant s'abaisser, est revenu dans le plan de l'équateur. Après son passage par le point C, le demi-axe CP tournant de plus en plus son inclinaison du côté opposé au soleil, cet astre continue de paraitre s'abaisser au-dessous de l'équateur, jusqu'à ce que la terre soit en D, lieu où l'inclinaison du demi-axe D P est directement opposée au soleil, qui a atteint par conséquent la limite de son abaissement au-dessous de l'équateur. C'est à ce point que commence l'hiver de l'hémisphère E P F ; et l'axe demeurant aussi plusieurs jours presque dans la même situation, on a nommé e point D *solstice* d'hiver. La durée de cette saison est marquée par le

Malte-Brun.

Quand la terre se trouve au point A ou C. *fig.* 7, le rayon solaire SA ou SC, dirigé vers le centre de la terre, est perpendiculaire à l'axe PF, et celui-ci tombe dans le plan du cercle d'illumination, qui partage alors en deux parties égales l'équateur et tous les cercles qui lui sont parallèles ; en sorte que la partie éclairée en embrasse autant que la partie obscure. Alors la durée du jour se trouve égale à celle de la nuit pour tous les points de la surface terrestre. On nomme *équinoxes* les époques auxquelles le centre de la terre arrive à ces deux positions. Comme le soleil est alors dans le plan de l'équateur, ce cercle prend aussi le nom de *ligne équinoxiale*, ou simplement de la *ligne*.

Le temps que la terre emploie à aller du point A au point B, et pendant lequel le pôle P s'approche de plus en plus du soleil, est le printemps astronomique pour l'hémisphère EPF ; le point de l'équateur s'abaissant de plus en plus par rapport au soleil, cet astre paraît s'élever vers le pôle. Parvenu au point B, le demi-axe BP de la terre, ayant pris sa plus grande inclinaison possible vers le soleil, cet astre paraît alors le plus près du pôle P ; c'est à ce point que commence l'été de l'hémisphère EPF. La situation de l'axe PF changeant très-peu pendant plusieurs jours, on a nommé ce point *solstice* d'été. C'est la position que nous avons examinée en détail d'après la figure 8 ; c'est l'été de nos régions. La terre étant arrivée au second équinoxe C, l'hémisphère dont nous nous occupons voit commencer l'automne. Alors le soleil, en paraissant s'abaisser, est revenu dans le plan de l'équateur. Après son passage par le point C, le demi-axe CP s'inclinant de plus en plus du côté opposé au soleil, cet astre continue de paraitre s'abaisser au-dessous de l'équateur, jusqu'à ce que la terre soit en D, point où commence l'hiver de l'hémisphère EPF ; l'axe demeurant aussi plusieurs jours presque dans la même situation, on a nommé ce point *solstice* d'hiver. La position de la terre à ce point peut être examinée en détail à l'aide de la figure 9, qui représente l'hiver de nos régions. La durée de cette saison est marquée par le temps

Lacroix. | *Malte-Brun.*

Lacroix.

tems que la terre emploie à revenir au point A. Pendant cet intervalle, le pôle P se rapproche du soleil, qui par conséquent semble remonter vers l'équateur, où il parvient quand la terre est en A, et qu'elle a achevé sa révolution annuelle.

A l'égard de l'hémisphère opposé, E P' F, les saisons suivent un ordre contraire : le printems de cet hémisphère répond à l'automne de l'autre, l'été à l'hiver, l'automne au printems et l'hiver à l'été.

Dans l'origine de l'astronomie, on rapporta le mouvement apparent du soleil aux groupes d'étoiles fixes ou *constellations* qu'il paraît traverser successivement, et qui sont au nombre de douze. L'espace que le soleil parcourt dans une saison en embrasse trois. Leurs noms, et les caractères dont on se sert quelquefois pour les représenter, en commençant par celle qui se trouve à l'équinoxe du printems, sont :

♈ le Belier,   ⊗ le Cancer,
♎ la Balance,   ♑ le Capricorne,
♉ le Taureau,   ♌ le Lion,
♏ le Scorpion,   ♒ le Verseau,
♊ les Gemeaux,   ♍ la Vierge,
♐ Le Sagittaire,   ♓ les Poissons.

Malte-Brun.

que la terre emploie à revenir au point A. Pendant cet intervalle, le pôle P se rapproche du soleil, qui par conséquent semble remonter vers l'équateur, où il arrive quand la terre se retrouvant au point A, vient d'achever sa révolution annuelle.

Il est facile de concevoir que dans l'hémisphère opposé, E*p*F, la succession des saisons doit suivre un ordre contraire, de sorte que le printemps de cet hémisphère répond à l'automne de l'autre, et ainsi de suite.

Les premiers astronomes, pour mieux calculer ce mouvement apparent du soleil, le rapportèrent aux *constellations* ou groupes d'étoiles fixes que cet astre paraît traverser successivement, et qui sont au nombre de douze. L'espace que le soleil parcourt dans une saison en embrasse trois. Voici leurs noms et les caractères dont on se sert pour les représenter :

♈ le Belier,   ⊗ le Cancer,
♎ la Balance,   ♑ le Capricorne,
♉ le Taureau,   ♌ le Lion,
♏ le Scorpion,   ♒ le Verseau,
♊ les Gemeaux,   ♍ la Vierge,
♐ le Sagittaire,   ♓ les Poissons.

Voilà, de compte fait, quatre pages in-8° d'un caractère très-serré, que les ciseaux de M. Malte-Brun ont confisquées sur M. Lacroix. Le docteur scandinave n'a eu d'autre peine que d'y glisser quelques mots pour les coutures :

Lacroix, Introd., t. I, p. xliij.

Par l'effet d'un mouvement particulier, mais très-lent, de l'axe de la terre, les constellations ne répondent plus aux mêmes points de l'orbite terrestre, et comme de plus elles diffèrent les unes des autres en étendue, on a transporté le nom de signes aux douze divisions de la circonférence du cercle qui mesure la révolution entière de la terre. Chacune de ces divisions comprend 30 degrés ; et l'on distingue

. . . .
. . . .
. . . .
. . . .

Malte-Brun, t. II, p. 19.

Par l'effet d'un mouvement particulier, mais très-lent de l'axe de la terre, les *constellations* ne répondent plus aux mêmes points de l'orbite terrestre, mais comme on a restreint le nom de *signes* aux douze divisions de la circonférence du cercle qui mesure la révolution entière de la terre, et comme ces divisions, dont chacune est de 30 degrés, ne changent point, l'équinoxe du printemps répond toujours au premier point du signe du bélier, le solstice d'été coïncide avec le premier point du cancer, l'équinoxe d'automne arrive au premier point

Lacroix.

maintenant les signes du zodiaque des constellations, cette dernière dénomination étant spécialement affectée aux groupes d'étoiles.

Par ces conventions, l'équinoxe du printems répond toujours au premier point du signe du belier, le solstice d'été au premier point de cancer, l'équinoxe d'automne au premier point de la balance, et le solstice d'hiver au premier point du capricorne.

En paraissant s'approcher alternativement de chaque pôle, le soleil passe successivement au zénith de tous les points de la terre compris entre les deux cercles G H et G' H', *fig.* 10 et 11, parallèles à l'équateur, et sur lesquels il répond à plomb au solstice d'été ou à celui d'hiver. Ces limites, où le soleil semble s'arrêter dans chaque hémisphère, portent le nom de *tropiques* ; celui qui répond au solstice d'été est le *tropique du cancer*, et l'autre le *tropique du capricorne*.

Les cercles I K et I' K', qui terminent vers chaque pôle la partie que le soleil éclaire, lorsqu'il est dans l'hémisphère opposé, ont reçu le nom de *cercles polaires*, et se distinguent par la dénomination du pôle qu'ils enveloppent ; l'un est le *cercle polaire arctique*, et l'autre le *cercle polaire antarctique*.

Les cercles polaires et les tropiques partagent la surface terrestre en cinq portions, qu'on nomme *zones*, celles qui sont renfermées dans chaque cercle polaire étant privées du soleil une grande partie de l'année, ou n'en recevant jamais les rayons que très-obliquement, sont les *zones glaciales*.

Les zones comprises dans chaque hémisphère, entre le cercle polaire et le tropique, n'ont jamais le soleil à plomb, mais reçoivent ses rayons moins obliquement que les zones glaciales, et sont appelées *zones tempérées*.

Enfin l'espace terminé par les deux tropiques, dont chaque point passe deux fois sous le soleil dans l'année, et qui reçoit les rayons de cet astre dans une direction toujours peu oblique, éprouvant à cause de ces circonstances une chaleur considérable, porte le nom de *zone torride*.

Malte-Brun.

de la balance, et le solstice d'hiver au premier point du capricorne, bien que les constellations ou groupes d'étoiles de mêmes noms aient cessé d'être en rapport avec ces saisons.

En paraissant s'approcher alternativement de chaque pôle, le soleil passe successivement au zénith de tous les points de la terre, compris entre les deux cercles GH et *gh* (*figures* 8 et 9), parallèles à l'équateur, et sur lesquels ses rayons tombent à plomb au solstice d'été ou à celui d'hiver. Ces limites où le soleil semble s'arrêter et revenir sur ses pas, portent le nom de *tropiques* ; celui qui répond au solstice d'été est le *tropique du cancer*, et l'autre le *tropique du capricorne*.

Les cercles IK et *ik*, qui terminent vers chaque pôle la partie que le soleil éclaire, lorsqu'il est dans l'hémisphère opposé, ont reçu le nom de *cercles polaires* ; l'un est *l'arctique* et l'autre *l'antarctique*.

Les cercles polaires et les tropiques partagent la surface terrestre en cinq portions, qu'on nomme *zones*, c'est-à-dire bandes ; celles qui sont renfermées dans chaque cercle polaire, étant privées du soleil une grande partie de l'année, ou n'en recevant jamais les rayons que très-obliquement, ont mérité le nom de *zones glaciales*. Deux autres zones comprises dans chaque hémisphère, entre le cercle polaire et le tropique, n'ont jamais le soleil à plomb, mais reçoivent ses rayons moins obliquement que les zones glaciales ; ce sont les *zones tempérées*. Enfin la bande, circonscrite par les deux tropiques, dont chaque point passe deux fois sous le soleil dans l'année, et qui toujours reçoit les rayons de cet astre dans une direction peu oblique, a reçu la dénomination outrée de *zone torride*.

Il serait injuste de ne pas faire remarquer ici un petit changement que le bon goût de M. Malte-Brun lui a dicté : « La bande qui *reçoit* a *reçu* : »

Lacroix, Introd., t. I, *p.* xlv.	*Malt.-Brun, t.* I, *p.* 20.
Les anciens géographes ont établi une division de la terre en *climats*, fondés sur la durée du jour comparée à celle de la nuit, au solstice d'été.	Les anciens géographes ont établi une division de la terre en *climats*, fondés sur la durée du jour comparée à celle de la nuit, au solstice d'été.
La diverse distribution des saisons, dans les hémisphères différens par rapport à l'équateur, a fait donner aux habitans de la terre des dénominations qui ne sont plus guères en usage, mais qu'il faut connaitre, parce qu'on les rencontre quelquefois dans les auteurs un peu anciens.	La diverse distribution des saisons, dans les hémisphères situés au nord et au sud de l'équateur, a fait donner aux habitans de la terre des dénominations qu'il faut connaitre, parce qu'on les rencontre quelquefois dans les géographies d'une date ancienne.
Les peuples qui sont placés, l'un au midi, l'autre au nord de l'équateur, mais sur le même méridien et la même latitude dans chaque hémisphère, sont *antœciens*; ils comptent les mêmes heures aux mêmes instans, mais ils ont des saisons opposées.	Les peuples qui sont placés, l'un au midi, l'autre au nord de l'équateur, mais sur le même méridien et à la même latitude dans chaque hémisphère, sont *antœciens*; ils comptent les mêmes heures aux mêmes instans, mais ils ont des saisons opposées.
Ceux qui sont du même côté de l'équateur, mais placés sous des méridiens opposés, sont les *périœciens :* ils comptent au même instant des heures opposées, les uns ayant minuit quand les autres ont midi, *et vice versâ;* mais étant du côté du même pôle, ils ont les mêmes saisons.	Ceux qui sont du même côté de l'équateur, mais placés sous des méridiens opposés, sont les *périœciens :* ils comptent au même instant des heures opposées, les uns ayant minuit quand les autres ont midi, mais étant du côté du même pôle, ils ont les mêmes saisons.
Les géographes anciens ont également établi une division des habitans de la terre, d'après la situation des ombres. Ils ont nommé :	Les géographes anciens ont également établi une division des habitans de la terre, d'après la situation des ombres. Ils ont nommé :
Étérosciens ceux qui sont placés dans les zones tempérées, parce que leur ombre est toujours tournée vers le pôle ;	*Étérosciens*, ceux qui sont placés dans les zones tempérées, parce que leur ombre est toujours tournée vers le pôle ;
Périsciens, ceux qui, habitant les zones glaciales et jouissant, dans un tems de l'année, de la présence du soleil pendant 24 heures et plus, voient cet astre tourner autour de leur horizon, et projeter leur ombre dans tous les sens ;	*Périsciens*, ceux qui, habitant les zones glaciales et jouissant, dans un temps de l'année, de la présence du soleil pendant 24 heures et plus, voient cet astre tourner autour de leur horizon, et projeter leur ombre dans tous les sens ;
Amphisciens ou *asciens*, les habitans de la zone torride, dont les ombres, à midi, sont alternativement tournées vers un pôle et vers l'autre.	*Amphisciens* ou *asciens*, les habitans de la zone torride, dont les ombres presque nulles à midi, sont alternativement tournées vers un pôle et vers l'autre.
En s'attachant ainsi à considérer les phénomènes locaux, ils ont établi trois situations de la *sphère*, c'est-à-dire, de l'ensemble des divers cercles dont j'ai parlé précédemment et aux-	En s'attachant à considérer les phénomènes locaux, les géographes ont distingué trois situations de la *sphère*, c'est-à-dire, de l'ensemble des divers cercles que nous avons fait connaitre

Lacroix.

quels on rapporte la position des astres.

Ils ont dit que les habitans de l'équateur avaient la *sphère droite*, parce que le plan de ce cercle passant alors par le zénith est perpendiculaire à l'horizon, et qu'en conséquence les astres, qui dans leur mouvement diurne paraissent décrire des parallèles à l'équateur, semblent monter et descendre à plomb par rapport à l'horizon.

Depuis l'équateur jusqu'aux pôles, ce cercle coupant l'horizon obliquement, on a la *sphère oblique*, parce que la route diurne des astres est inclinée à l'horizon. Enfin, à l'un et à l'autre pôle, l'horizon est l'équateur même (n°. 6), et les astres paraissent se mouvoir parallèlement à ce cercle; on a par cette raison, dans ces points, la *sphère parallèle*.

L'étendue des zones et des climats est déterminée par l'inclinaison de l'axe de la terre sur le plan de l'écliptique : et cette inclinaison se découvre en observant dans un même lieu la plus grande et la plus petite des hauteurs du soleil, lorsqu'il passe au méridien au solstice d'été et au solstice d'hiver.

En effet, puisqu'il s'écarte également des deux côtés de l'équateur dans l'une et l'autre circonstance, les points de l'équateur doivent passer au méridien à une hauteur moyenne, entre les deux hauteurs extrêmes du soleil, et la différence de celles-ci est le double de la quantité angulaire dont le soleil s'élève et s'abaisse par rapport à l'équateur ; on déterminera donc à la fois cette quantité et la position de l'équateur sur l'horizon, qui fera connaître la latitude du lieu des observations.

A Paris, par exemple, le soleil s'élève au solstice d'été à 64° 38′ au-dessus de l'horizon, et seulement à 17° 42′ au solstice d'hiver.

$$64° 38′$$
$$17° 42′$$
——————

La somme de ces hauteurs est 82° 20′
La moitié . . . . 41° 10′
donne la hauteur de l'équateur sur l'horizon de Paris, et prenant le complément à 90°, on trouve que la distance de l'équateur au zénith, ou la latitude de Paris, est de 48° 50′.

Malte-Brun.

et auxquels on rapporte la position des astres.

Les habitans de l'équateur ont la *sphère droite*, parce que le plan de ce cercle passant par le zénith est, pour eux, perpendiculaire à l'horizon, et qu'en conséquence les astres, qui dans leur mouvement diurne paraissent décrire des parallèles à l'équateur, semblent monter et descendre à plomb par rapport à l'horizon.

Depuis l'équateur jusqu'aux pôles, ce cercle coupant l'horizon obliquement, on a la *sphère oblique*, parce que la route diurne des astres est inclinée à l'horizon. Enfin, à l'un et l'autre pôle, l'horizon est l'équateur même, et les astres paraissent se mouvoir parallèlement à ce cercle ; ainsi un habitant du pôle, s'il y en avait, aurait la *sphère parallèle*.

L'étendue des zones et des climats est déterminée par l'inclinaison de l'axe de la terre sur le plan de l'écliptique ; et cette inclinaison se découvre en observant dans un même lieu la plus grande et la plus petite des hauteurs du soleil, lorsqu'il passe par le méridien au solstice d'été et à celui d'hiver.

Car, puisque dans l'un et l'autre cas, le soleil s'écarte également de l'équateur de côté et d'autre, ce cercle doit couper le méridien à une hauteur moyenne, entre les deux hauteurs extrêmes du soleil, et la différence de celles-ci est le double de la quantité angulaire dont le soleil s'élève et s'abaisse par rapport à l'équateur ; on déterminera donc à la fois cette quantité, et la position de l'équateur sur l'horizon, d'où l'on conclura la latitude du lieu des observations.

A Paris, par exemple, le soleil s'élève au solstice d'été à 64° 38′ au-dessus de l'horizon, est seulement à 17° 42′ au solstice d'hiver. La somme de ces hauteurs est 82° 20′, dont la moitié est 41° 10′. C'est la hauteur de l'équateur sur l'horizon de Paris ; et prenant le complément de cet arc à 90°, on trouve que la distance de l'équateur au zénith, ou la latitude de Paris, est de 48° 50′.

Lacroix.
En retranchant l'une de l'autre,
Les hauteurs. . . . . . . 64° 38′
17° 42′
————
On trouve une différence de 46° 56′
Et la moitié . . . . 23° 28′
donne l'arc dont le soleil s'écarte de
l'équateur vers l'un et l'autre pôle.

Malte-Brun.
En retranchant l'une de ces hauteurs du soleil, de l'autre, on trouve une différence de 46° 56′, dont la moitié, valant 23° 28′, donne l'arc dont le soleil s'écarte de l'équateur vers l'un et l'autre pôles.

Le lecteur attentif, en comparant dans M. Lacroix et Malte-Brun le paragraphe : *L'étendue des zones et des climats*, reconnaîtra que le copiste a tronqué cette démonstration, parce qu'il ne la comprenait pas : En revanche, l'élégante locution : *s'il y en avait aurait* lui appartient en toute propriété. Il n'en est pas tout-à-fait de même des quinze pages que nous allons examiner :

Lacroix, Introd., t. I, p. xlix.

L'*année tropique* est l'intervalle qui s'écoule entre le passage du soleil à l'un des équinoxes, et son retour au même point ; elle comprend 365 jours 5 h. 48′ 48″.

La position des équinoxes, sur le plan de l'écliptique, dépendant de la situation de l'axe terrestre, change par rapport aux étoiles, en vertu d'un petit mouvement particulier de cet axe, en sorte que les points équinoxiaux rétrogradent d'environ 50″ par an, par rapport aux étoiles, qui paraissent en conséquence s'avancer de cette quantité dans le sens de l'écliptique ; et cette circonstance alonge un peu la révolution annuelle de la terre, lorsqu'on la compare aux étoiles. Elle se nomme alors *année sydérale*, et dure 365 jours 6 heures 9′ 12″.

Malte-Brun, t. II, p. 23.

L'*année tropique* ou *solaire* est l'intervalle qui s'écoule entre le passage du soleil à l'un des équinoxes, et son retour au même point ; elle comprend 365 jours moyens 5 heures 48′ 50″.

La position des équinoxes, sur le plan de l'écliptique, dépendant de la situation de l'axe terrestre, change par rapport aux étoiles, en vertu d'un petit mouvement particulier de cet axe, en sorte que les points équinoxiaux rétrogradent d'environ 50″ par an, par rapport aux étoiles qui paraissent en conséquence s'avancer de cette quantité dans le sens de l'écliptique ; et cette circonstance ou la *précession des équinoxes* alonge un peu la révolution annuelle par laquelle la terre revient à la même position à l'égard des étoiles. Elle se nomme *année sidérale*, et dure 365 jours 6 h. 9′ 12″.

Lacroix, Introd., t. I, p. xlix.

La terre n'emploie pas tout-à-fait 24 heures dans sa rotation, parce que dans cet espace de tems, elle parcourt en outre, pour ramener le même méridien au soleil, un espace angulaire égal à celui que son mouvement annuel, qui est en sens contraire de son mouvement diurne, lui a fait décrire autour du soleil ; en sorte que l'intervalle entre deux passages d'une étoile fixe au même méridien, qui mesure la véritable durée de la rotation terrestre, n'est que de 23 heures 56′ 4″.
. . . .

Malte-Brun, t. II, p. 24.

Mais notre terre n'emploie pas tout-à-fait vingt-quatre heures dans sa rotation, parce que dans cet espace de temps, elle parcourt, en outre, pour ramener le même méridien au soleil, un espace angulaire égal à celui que son mouvement annuel, qui est en sens contraire de son mouvement diurne, lui a fait décrire autour du soleil ; en sorte que l'intervalle entre deux passages d'une étoile fixe au même méridien, qui mesure la véritable durée de la rotation terrestre ou du *jour sidéral*, n'est que de 23 heures

Lacroix.	*Malte-Brun.*

Lacroix.

Par cette différence, les étoiles paraissent gagner chaque jour sur le soleil environ 4′ de tems dans leur passage au méridien.

La durée de la rotation de la terre est uniforme dans tous les tems ; mais il n'en est pas ainsi de celle du jour, qui se compose, comme on vient de le dire, du tems de la rotation de la terre, et de celui qu'elle emploie à décrire autour de son axe, l'angle qui compense la quantité dont elle a tourné autour du soleil par l'effet de son mouvement annuel ; car ce dernier mouvement, qui ne s'effectue pas dans un cercle, mais dans une ellipse dont le soleil occupe le foyer, n'est pas uniforme, et a lieu dans le plan de l'écliptique, incliné à celui de l'équateur. Le concours de ces causes fait que la durée des jours, comparée à celle de la rotation de la terre, est tantôt moindre et tantôt plus grande que 24 heures ; et la série des différences forme ce qu'on appelle *l'équation du tems*, qu'il faut dans certaines saisons ajouter, et dans d'autres soustraire à l'heure indiquée par les horloges réglées sur le soleil, ou marquant le *tems vrai*, pour en conclure le *tems moyen*, auquel se rapportent les tables astronomiques, au moyen desquelles on calcule maintenant avec une très-grande précision les mouvemens des astres.

Lacroix, Introd., t. I*, p.* 1.

La lune emploie 27 jours 7 heures 43′ 4″ à accomplir, d'orient en occident, sa révolution autour de la terre par rapport aux points équinoxiaux ; mais quand on la compare au soleil, qui pendant ce tems paraît s'avancer dans le même sens, elle emploie 29 jours 12 heures 44′ 3″ à parcourir la circonférence entière du ciel, plus le chemin fait par le soleil. Telle est la *révolution synodique*, ou le mois lunaire, qui commence au moment où la lune se trouve directement entre le soleil et la terre, ce qu'on nomme *en conjonction*. Cet aspect est représenté dans la figure 12, où S désigne le soleil, T la terre, et L la lune.

Pendant cette révolution, la lune prend, par rapport au soleil, toutes

Malte-Brun.

56′ 4″. Par cette différence, les étoiles paraissent gagner chaque jour sur le soleil environ 4′ de temps dans leur passage au méridien.

Ainsi, quoique la durée de la rotation de la terre soit uniforme dans tous les temps, le jour *solaire* ne l'est pas, parce qu'il se compose, comme on vient de le dire, du temps de la rotation de la terre, et de celui qu'elle emploie à décrire autour de son axe, l'angle qui compense la quantité dont elle a tourné autour du soleil par l'effet de son mouvement annuel ; or, ce dernier mouvement, qui ne s'effectue pas dans un cercle, mais dans une ellipse dont le soleil occupe le foyer, n'est pas d'une vitesse uniforme. Le concours de ces circonstances fait que la durée des jours solaires, comparée à celle de la rotation de la terre, est tantôt moindre et tantôt plus grande que vingt-quatre heures ; et la série de ces différences forme ce qu'on appelle *l'équation du temps*, ou la quantité qu'il faut dans certaines saisons ajouter, et dans d'autres soustraire à l'heure indiquée par les horloges réglées sur le soleil et marquant le *temps vrai*, si l'on veut en conclure le *temps moyen* ou astronomique. Or, c'est au temps moyen que se rapportent les tables astronomiques, à l'aide desquelles on calcule les mouvemens des astres.

Malte-Brun, t. II*, p.* 25.

La lune emploie 29 jours 7 heures 43′ 11″ à accomplir, d'occident en orient, sa révolution autour de la terre par rapport aux points équinoxiaux ; mais quand on la compare au soleil, qui pendant ce temps paraît s'avancer dans le même sens, elle emploie 29 jours 12 heures 44′ 3″ à parcourir la circonférence entière du ciel, plus le chemin fait par le soleil en apparence ou en réalité par la terre. Telle est la *révolution synodique*, ou le mois lunaire, qui commence au moment où la lune se trouve directement entre le soleil et la terre, ce qu'on nomme *en conjonction*. Cet aspect est représenté dans la figure 10, où S désigne le soleil, T la terre et L la lune.

Pendant cette révolution, la lune prend, à l'égard du soleil, plusieurs

| *Lacroix.* | *Malte-Brun.* |

les situations possibles, desquelles résultent les divers aspects ou *phases.* En effet, la lune étant un corps opaque, comme toutes les planètes, ne peut être aperçue qu'autant qu'elle renvoie sur la terre les rayons lumineux qu'elle reçoit du soleil ; et il faut, pour cela, qu'elle tourne vers nous au moins une partie de celui de ses hémisphères qui, se trouvant directement opposé au soleil, est le seul éclairé. La lune ne devient donc visible pour nous que lorsqu'après avoir passé le point L, elle commence à tourner vers la terre une portion ou segment de son disque éclairé, qui s'agrandit à mesure qu'elle s'éloigne du soleil pour passer du côté opposé en L″. La terre se trouvant alors entre ces deux astres, on voit en entier l'hémisphère éclairé de la lune, qui, dans cet état, parait pleine et en *opposition* avec le soleil.

La conjonction et l'opposition de la lune par rapport au soleil, ou la nouvelle et la pleine lune, sont les *syzigies.* Quand la lune est éloignée du soleil d'un quart de circonférence, comme en L′ et L‴, elle est en *quadrature.* On n'aperçoit que la moitié de son hémisphère éclairé. C'est le premier ou le dernier quartier, selon que son bord arrondi est tourné à l'occident ou à l'orient.

Cette explication des phases de la lune semble d'abord sujette à une difficulté qui conduit à la cause des éclipses. On est tenté de croire que la lune devrait toujours, lorsqu'elle est en conjonction avec le soleil, nous cacher en tout, ou au moins en partie, le disque de cet astre ; et lorsqu'elle est en opposition, se trouver dans l'ombre que la terre porte derrière elle, et cessant d'être éclairée par le soleil, devenir invisible. Il y aurait, dans le premier cas, *éclipse de soleil*, et dans le second, *éclipse de lune.*

Ces phénomènes arrivent en effet souvent dans les circonstances que je viens de décrire, et même plusieurs fois dans une année ; mais ils n'ont pas lieu à toutes les nouvelles et pleines lunes, parce que l'orbite décrite par la lune autour de la terre n'étant pas dans le même plan que celle de la terre autour du soleil, il arrive le plus fréquemment que dans la conjonc-

---

situations, desquelles résultent les aspects ou *phases.* En effet, la lune étant un corps opaque, comme toutes les planètes, ne peut être aperçue qu'autant qu'elle renvoie sur la terre les rayons lumineux qu'elle reçoit du soleil ; . . . . elle ne devient donc visible pour nous que lorsqu'après avoir passé le point N, elle commence à tourner vers la terre une portion ou segment de son disque éclairé, qui s'agrandit à mesure qu'elle s'éloigne du soleil pour passer du côté opposé en O. La terre se trouvant alors entre ces deux astres, on voit en entier l'hémisphère éclairé de la lune qui, dans cet état, parait pleine et en *opposition* avec le soleil.

La conjonction et l'opposition de la lune par rapport au soleil, ou la nouvelle et la pleine lune, sont les *syzigies.* Quand la lune est éloignée du soleil d'un quart de circonférence, comme en P et D, elle est en *quadrature.* On n'aperçoit que la moitié de son hémisphère éclairé. C'est le premier ou le dernier quartier, selon que son bord arrondi est tourné à l'occident ou à l'orient.

On pourrait être tenté de croire que la lune devrait toujours, lorsqu'elle est en conjonction avec le soleil, nous cacher en tout, ou au moins en partie, le disque de cet astre, et lorsqu'elle est en opposition, se trouver dans l'ombre que la terre porte derrière elle, et cessant d'être éclairée par le soleil, devenir invisible, de sorte qu'il y aurait dans le premier cas, *éclipse de soleil*, et dans le second, *éclipse de lune.*

Ces phénomènes arrivent en effet souvent dans les circonstances que nous venons d'indiquer ; mais ils n'ont pas lieu à toutes les nouvelles et pleines lunes, parce que l'orbite décrite par la lune autour de la terre n'étant pas dans le même plan que celle de la terre autour du soleil, il arrive le plus souvent que dans la conjonction la lune

Lacroix.

la lune se trouve un peu au-dessous ou au-dessus du soleil, et un peu au-dessus ou au-dessous de l'ombre de la terre dans l'opposition.

Lacroix, Introd., t. I, p. lij.

Pour faire mieux comprendre cette particularité, j'ai joint à la *figure* 12, qui représente en *plan géométral* les orbites de la terre et de la lune, la *figure* 13, qui montre le *coupe* ou *profil*, suivant la ligne S T. Cette ligne S T désigne le plan de l'écliptique, et L L'' celui de l'orbite lunaire. L'inspection de cette figure suffit, sans aucune explication, pour voir quand il peut y avoir éclipse ou non. D'ailleurs le détail de ces circonstances et du calcul des éclipses appartient à l'astronomie, et je n'en parle ici que par rapport à l'usage qu'on peut faire de l'observation de ces phénomènes pour fixer la longitude d'un lieu de la terre.

On a déjà vu dans le n°. 11 que cette détermination revient à celle de l'heure que l'on compte au même instant en deux points différens, par l'observation d'un phénomène instantané qui puisse être aperçu dans ces deux points.

Les éclipses de lune remplissent parfaitement ce but; car un point donné du disque lunaire se plonge dans l'ombre de la terre au même instant pour tous les lieux où cet astre est visible; et les taches dont son disque est parsemé donnent le moyen de faire plusieurs observations dans la même éclipse, en marquant avec soin le tems de la disparition de chaque tache, à son entrée dans l'ombre ou *immersion*. Si les mêmes observations ont été faites dans un lieu dont la position soit connue, la différence entre les tems déterminés dans chaque lieu par la même circonstance, donne la différence des longitudes. Si tous les résultats obtenus ne se rapportent pas exactement, on prend un milieu.

Lacroix, Introd., t. I, p. liij.

Il n'est pas toujours nécessaire d'avoir des observations correspondantes à celles qu'on a faites dans le lieu dont on veut connaitre la longitude. Si ce

Malte-Brun.

se trouve un peu au-dessous ou au-dessus du soleil, et dans l'opposition un peu au-dessus ou au-dessous de l'ombre de la terre.

Malte-Brun, t. II, p. 26.

On comprendra mieux ces particularités en comparant la *figure* 10, qui représente en *plan géométral*, les orbites de la terre et de la lune, et la *fig.* 11, qui montre le *coupe* ou *profil*, suivant la ligne ST. Cette ligne ST désigne le plan de l'écliptique, et *Ll* celui de l'orbite lunaire. L'examen de cette figure suffit, sans aucune explication, pour voir quand il peut y avoir éclipse ou non. Mais le détail de ces circonstances et le calcul des éclipses appartiennent à l'astronomie, et nous ne devons en parler ici que pour faire connaitre en quoi l'observation de ces phénomènes sert à fixer la longitude d'un lieu de la terre.

Nous savons que la détermination d'une longitude revient à celle de l'heure que l'on compte au même instant en deux points différens, par l'observation d'un signal instantané qui puisse être aperçu dans ces deux points.

Les éclipses de lune remplissent ce but; car un point donné du disque lunaire se plonge dans l'ombre de la terre au même instant pour tous les lieux où cet astre est visible; et les taches dont son disque est parsemé donnent le moyen de faire plusieurs observations dans la même éclipse, en marquant avec soin le temps de la disparition de chaque tache, à son entrée dans l'ombre ou *l'immersion*, et celui de la sortie de l'ombre ou *l'émersion*. Si les mêmes observations ont été faites dans un lieu dont la position soit connue, la différence entre les temps déterminés dans chaque lieu par la même circonstance, donne la différence des longitudes. Si tous les résultats obtenus ne se rapportent pas exactement, on prend ordinairement un milieu.

Malte-Brun, t. II, p. 27.

Il n'est pas absolument nécessaire d'avoir des observations correspondantes à celles qu'on a faites dans le lieu dont on veut connaitre la longi-

Lacroix. | _Malte-Brun._

point est fort éloigné, et n'a pas encore été fixé avec une grande précision, les calculs faits dans les bons almanachs, tels que la _Connaissance des tems_ des Français, ou le _Nautical almanach_ des Anglais, sont assez exacts pour tenir lieu des observations dont on est privé.

C'est ainsi que l'éclipse de lune du 30 juin 1787, observée par l'astronome Bauchamp à _Casbine_, place située dans le voisinage de la mer Caspienne, a servi à M. Lalande à déterminer la longitude de ce lieu. La fin de l'éclipse ou la sortie totale du disque lunaire de l'ombre de la terre, ayant eu lieu pour _Casbine_ à

7 h. 45′ 30″ tems vrai,
et le calcul donnant pour Paris . . . . 4 h. 36′ 38″

la différence . . . 3 h. 8′ 52″

répond à la différence des méridiens de Paris et de _Casbine_. Si on la convertit en degrés à raison de 15 pour une heure, ce qui donne 15 minutes de degré pour une minute de tems, et 15 secondes de degré pour une seconde de tems, on trouvera :

Pour 3 h. . . . 45°
Pour 8′ . . . . 2°
Pour 52″ . . . 13′

TOTAL . . . 47° 13′

Telle est, par rapport au méridien de Paris, la longitude de Casbine, résultante de l'observation ci-dessus. Il peut y avoir quelque incertitude dans ce résultat, non-seulement parce qu'on n'a point l'observation correspondante dans un lieu dont la position soit connue, mais encore parce qu'on ne peut répondre de quelques secondes de tems dans la détermination des phases d'une éclipse de lune, et que 4″ de tems font déjà une minute de degré.

Lacroix, Introd., t. 1, p. liv.

Ce qu'on vient de lire doit faire comprendre que si, parmi les planètes, qui décrivent toutes comme la terre une orbite autour du soleil, il y en a qui soient environnées de satellites, ces corps se trouvant dans des circonstances semblables à celles qui produisent les éclipses de lune, se plongeront dans l'ombre de leur planète; et si l'on peut

---

Malte-Brun.

tude. Les almanachs astronomiques, tels que la _Connaissance des temps_ des Français, le _Nautical almanach_ des Anglais, ou le Calendrier _du Navigateur_ des Danois, offrent des calculs d'éclipses faits d'avance pour un point connu.

C'est ainsi que l'éclipse de lune du 30 juin 1787, observée par l'astronome Beauchamp, à _Casbin_, place située dans le voisinage de la mer Caspienne, a servi à M. de Lalande à déterminer la longitude de ce lieu. La fin de l'éclipse ou la sortie totale du disque lunaire de l'ombre de la terre, ayant eu lieu pour _Casbin_ à 7 h. 45′ 30″ temps vrai, et le calcul donnant pour Paris 4 heures 36′ 38″, la différence qui est de 3 heures 8′ 52″, répond à la différence des méridiens de Paris et de _Casbin_. Si on la convertit en degrés à raison de 15 pour une heure, ce qui donne 15 minutes de degré pour une minute de temps, et 15 secondes de degré pour une seconde de temps, on trouvera pour 3 heures 8′ 52″ en temps, la somme de 45° 13′ en arc.

Telle est, par rapport au méridien de Paris, la longitude de Casbin, résultante de l'observation ci-dessus. Mais les éclipses de la lune offrent un grand inconvénient : c'est la difficulté qu'on éprouve à observer avec précision l'instant où la lune entre dans l'ombre; on ne saurait donc répondre de quelques secondes de temps dans la détermination des phases d'une éclipse de lune, et 4″ de temps font déjà une minute de degré.

Malte-Brun, t. 11, p. 28.

Nos lecteurs doivent déjà avoir fait la réflexion que si, parmi les planètes, qui décrivent toutes comme la terre une orbite autour du soleil, il y en a qui soient environnées de satellites, ces corps se trouvant dans des circonstances semblables à celles qui produisent les éclipses de lune, se plongeront dans l'ombre de leur planète; et si l'on observer leur disparition et leur apparition dans plusieurs lieux à la fois, on en fera pour la détermination des longitudes, le même usage que des éclipses de lune.

C'est aussi le parti important qu'on tire pour la géographie, de l'observation des éclipses des quatre satellites qui accompagnent Jupiter, planète remarquable par sa grandeur et par l'éclat de la lumière qu'elle nous réfléchit. Il y a encore deux autres planètes, Saturne et Herschel, auxquelles on a reconnu des satellites; mais leur petitesse et leur éloignement ne les rendant perceptibles que pour les plus grandes lunettes ou les plus forts télescopes, l'observation de leurs éclipses est à-peu-près impraticable.

L'utilité de celles des satellites de Jupiter a engagé les astronomes, non-seulement à observer assiduement toutes celles qu'ils peuvent apercevoir, mais encore à dresser des tables pour les prédire avec une exactitude telle qu'on puisse, comme dans les éclipses de lune, se passer des observations correspondantes lorsqu'elles manquent.

Les éclipses du soleil s'emploient aussi à la détermination des longitudes; mais le calcul n'est pas aussi simple que pour les éclipses de lune; il ne peut guère être fait que par ceux qui sont très-versés dans l'astronomie; M. Lalande, en s'en occupant avec soin, a par leur secours, rectifié les positions d'un grand nombre de lieux importans.

La difficulté du calcul naît de ce que la situation relative du soleil et de la lune n'est pas la même pour les différens points de la terre où l'on aperçoit en même tems ces deux astres. Il arrive à cet égard ce qu'on remarque dans les nuages qui, vus d'un certain point, paraissent sous le soleil, et jettent leur ombre dans un espace limité hors duquel le soleil se montre tout entier. Quand on est sur les bords de cette ombre, on peut apercevoir une partie du disque du soleil, et les diverses apparences changent à chaque instant par l'effet des mouvemens relatifs du soleil, du nuage et du spectateur.

Pour appliquer l'observation d'une éclipse du soleil à la recherche des longitudes, il faut en avoir déterminé plusieurs phases, comme le commence-

peut observer leur disparition et leur apparition dans plusieurs lieux à la fois, on en fera pour la détermination des longitudes, le même usage que des éclipses de lune. C'est ainsi que la géographie astronomique tire un parti important de l'observation des éclipses des quatre satellites qui accompagnent *Jupiter*, planète remarquable par sa grandeur et par l'éclat de la lumière qu'elle nous réfléchit. Il y en a bien deux autres planètes, Saturne et Uranus, auxquelles on a reconnu des satellites; mais leur petitesse et leur éloignement ne les rendant perceptibles qu'au moyen des plus grandes lunettes ou des plus forts télescopes, l'observation de leurs éclipses est à-peu-près impraticable. Les satellites même de Jupiter ne sont pas tous également propres à l'usage des observateurs; car ici, comme dans les éclipses de la lune, le moment précis de l'immersion et de l'émersion est toujours un peu incertain, surtout pour le second et troisième satellite. L'utilité dont les satellites de Jupiter peuvent néanmoins être, a engagé les astronomes à dresser des tables pour prédire leurs immersions, afin que l'on puisse, comme dans les éclipses de lune, se passer des observations correspondantes.

Les éclipses du soleil s'emploient aussi à la détermination des longitudes; mais le calcul n'est pas aussi simple que pour les éclipses de lune; il ne peut guère être fait que par ceux qui sont très-versés dans l'astronomie; M. de Lalande, en s'en occupant avec soin, a par leur secours rectifié les positions d'un grand nombre de lieux importans. La difficulté du calcul naît de ce que la situation relative du soleil et de la lune n'est pas la même pour les différens points où l'on aperçoit en même temps ces deux astres. Il arrive à cet égard ce qu'on remarque dans les nuages qui, vus d'un certain point, paraissent sous le soleil, et jettent leur ombre dans un espace limité hors duquel le soleil se montre tout entier. Quand on est sur les bords de cette ombre, on peut apercevoir une partie du disque du soleil, mais les diverses apparences changent à chaque instant par l'effet des mouvemens relatifs du soleil, du nuage et du spectateur. Pour appliquer l'observation d'une éclipse du soleil à la recherche des longitudes, il faut en avoir déterminé plusieurs phases, comme le commencement et la

Lacroix.

ment et la fin, en conclure le milieu, et tirer des tables astronomiques les données propres à fixer la position respective des lignes parcourues par le centre du soleil et celui de la lune pendant l'éclipse, afin de pouvoir calculer l'instant où les deux astres ont été en conjonction. Connaissant l'heure qu'il était à ce même instant dans un lieu donné, on déduira de la différence de ces tems celle des longitudes.

Lacroix, Introd., t. 1, p. lvj.

En déterminant par l'observation des circonstances de ce phénomène qu'on nomme *occultation*, le moment où le centre de la lune s'est trouvé en conjonction avec l'étoile, ce qui fixe une position absolue de la lune, on peut, soit par des calculs faits à l'avance dans les almanachs astronomiques où ces phénomènes sont prédits, soit par des observations correspondantes, trouver l'heure qu'il était au moment de cette conjonction dans un lieu dont la position est connue.

Lacroix, Introd., t. 1, p. lvij.

On conçoit par cet énoncé, que l'astre doit avoir, par rapport à la terre, un mouvement assez rapide pour que sa position à l'égard des étoiles ou des autres astres qui peuvent servir de terme de comparaison, varie vraisemblablement dans l'espace de 24 heures. La lune est seule propre à cet objet, parce que parcourant à peu-près 13 deg. par jour, une seule minute de degré dans son déplacement répond à un peu moins de deux minutes de tems ou 30 minutes de degré en longitude ; et comme on peut, en prenant la distance angulaire de la lune aux étoiles ou au soleil, fixer souvent dans une précision beaucoup plus grande la position de cet astre, on peut, par son moyen, déterminer à moins de 2 minutes le tems que sous un méridien donné on compte au moment de l'observation.

Malte-Brun.

fin, en conclure le milieu, et tirer des tables astronomiques les données propres à fixer la position respective des lignes parcourues par le centre du soleil et celui de la lune pendant l'éclipse, afin de pouvoir calculer l'instant où les deux astres ont été en conjonction. Connaissant l'heure qu'il était à ce même instant dans un lieu donné, on déduira de la différence de ces temps celle des longitudes.

Malte-Brun, t. 11, p. 30.

En déterminant par l'observation, le moment où le centre de la lune s'est trouvé en conjonction avec l'étoile, ce qui fixe une position absolue de la lune, on peut, soit au moyen des calculs faits à l'avance dans les almanachs astronomiques où ces phénomènes sont prédits, soit par la comparaison des observations correspondantes, trouver l'heure qu'il était au moment de cette conjonction dans un lieu dont la position est connue ; et la différence de longitude se conclut alors comme dans les autres cas.

Malte-Brun, t. 11, p. 30.

Mais on sent aussi que l'astre doit avoir, par rapport à la terre, un mouvement assez rapide pour que sa position à l'égard des étoiles ou des autres astres qui peuvent servir de terme de comparaison, varie considérablement dans l'espace de 24 heures. La lune seule nous présente ces avantages ; comme elle parcourt à-peu-près 13° par jour, une seule minute de degré dans son déplacement répond à un peu moins de 2′ de temps ou 30′ de degré en longitude. Or, on peut, en prenant la distance angulaire de la lune aux étoiles ou au soleil, à l'aide de nos instrumens perfectionnés, fixer avec une grande précision la position de cet astre, et par conséquent déterminer à peu de secondes près le temps que sous un méridien donné on compte au moment de l'observation.

Un astronome très-exercé me fait observer ici que l'attention minutieuse du plagiaire à changer quelques mots par intervalle, pour se donner l'air de penser tout seul, l'a jeté ici dans une grosse erreur : M. Lacroix avait dit que l'on pouvait déterminer *à moins de deux minutes près* le temps, etc. ; le docteur danois a cru le surpasser en mettant sur sa copie *à peu de secondes près*, et il a montré qu'il était *à cent degrés près* d'avoir les connaissances dont il cherche à faire parade.

Lacroix, Introd., t. 1, p. lvij.	*Malte-Brun*, t. 11, p. 51.

Des instrumens construits avec le plus grand soin, des tables, des formules variées d'un grand nombre de manières, facilitent maintenant cette opération, qu'on peut pratiquer presque journellement en mer, et qui a considérablement avancé la géographie, surtout depuis qu'à l'exemple de Cook on y a joint l'usage des *garde-tems* ou montres marines, qui servent dans les intervalles où l'on ne peut se procurer des observations de distances de la lune au soleil ou aux étoiles.

Les garde-tems suffiraient seuls, s'il était possible d'en construire d'assez parfaits pour qu'une fois mis à l'heure sous un méridien donné, ils conservassent le même mouvement pendant toute la durée du voyage, car ils marqueraient alors par-tout l'heure qu'il est sous ce méridien ; et en la comparant à celle que l'on compte au lieu où l'on est parvenu, on aurait la différence des tems et par conséquent celle des méridiens.

Mais si les efforts des Harrison, des Julien-le-Roi, des Berthout et de tous les artistes célèbres qui ont cherché à perfectionner un mécanisme aussi utile, n'ont pu donner aux montres marines cette uniformité absolue de mouvement, ils en ont du moins approché assez pour que la marche de ces horloges demeurât sensiblement la même pendant un intervalle de tems assez long, malgré les agitations que la mer imprime aux vaisseaux.

Des instrumens ingénieux et construits avec le plus grand soin, des tables calculées avec une précision étonnante, des formules variées de beaucoup de manières, facilitent maintenant cette opération qui est devenue d'un usage universel, et qui, sur mer, remplace toutes les autres méthodes pour trouver la longitude.

On joint cependant aux observations lunaires l'usage des *gardes-temps* ou montres marines, qui servent dans les intervalles où l'on ne peut se procurer des observations de distances de la lune au soleil ou aux étoiles. Les gardetemps suffiraient seuls, s'il était possible d'en construire d'assez parfaits pour qu'une fois mis à l'heure sous un méridien donné, ils conservassent le même mouvement pendant toute la durée du voyage, car ils marqueraient alors partout l'heure qu'il est sous ce méridien ; et en la comparant à celle que l'on compte au lieu où l'on est parvenu, on aurait la différence des temps et par conséquent celle des méridiens. Quoique les efforts des Harrison, des Julien-le-Roi, des Berthout, d'Armand et d'autres artistes célèbres n'aient pu donner aux montres marines cette uniformité absolue de mouvement, ils en ont du moins approché assez pour que la marche de ces horloges demeurât sensiblement la même pendant un intervalle de temps assez long, malgré l'agitation perpétuelle des vaisseaux.

Lacroix, Introd., t. 1, p. lviij.	*Malte-Brun*, t. 11, p. 32.

On sait d'abord qu'un rayon de lumière qui passe dans un milieu dont la densité augmente, souffre une *réfraction*, parce qu'il s'approche de la perpendiculaire à la surface des couches qu'il traverse successivement. Par cette raison, les astres ne sont jamais aperçus dans la véritable place qu'ils occupent ; le rayon qui nous les rend visibles, les élève sur l'horizon d'une quantité d'autant plus grande qu'ils sont

On sait qu'un rayon de lumière qui passe dans un milieu dont la densité augmente, souffre une *réfraction*. Par cette raison, les astres ne sont jamais aperçus dans la véritable place qu'ils occupent ; le rayon qui nous les rend visibles, les élève sur l'horizon d'une quantité d'autant plus grande qu'ils sont plus près de ce cercle. Il faut connaître cette quantité pour chaque degré de hauteur au-dessus de l'hori-

Lacroix.

plus près de ce cercle, et qui dépend d'ailleurs de l'état de l'air au moment de l'observation. Il faut connaître cette quantité pour chaque degré de hauteur au-dessus de l'horizon, afin de la retrancher des hauteurs observées qui sont toujours plus grandes que les hauteurs vraies, excepté dans le cas où l'astre serait au zénith, parce qu'alors le rayon de lumière traversant les couches de l'atmosphère perpendiculairement, n'éprouve aucune réfraction.

Lacroix, Introd., t. 1, p. lix.

On a fait remarquer dans le n°. 6, que l'observation des hauteurs était toujours rapportée au centre de la terre, en regardant les rayons de lumière comme parvenant à tous les points de la terre dans des directions parallèles, et en négligeant par conséquent, à cause de la distance considérable où les astres sont de la terre par rapport à son rayon, l'angle A G C, *fig.* 3; mais les planètes sont assez proches de la terre pour qu'il faille, sur-tout quand on l'observe avec précision, tenir compte de cet angle. Son effet est d'abaisser l'astre au-dessous de sa situation réelle à l'égard du centre de la terre. L'astre qui serait en G, par exemple, serait vu au point A dans l'horizon; tandis qu'au centre de la terre il paraîtrait élevé de l'angle G C n égal à A G C, à cause des parallèles M N et m n. L'angle A G C, formé, comme on voit, par les directions suivant lesquelles l'astre serait vu du centre de la terre et d'un point de sa surface, se nomme *parallaxe*. Il change avec la hauteur de l'astre et s'anéantit au zénith, puisque le centre C, le lieu A et l'astre se trouvent alors sur la même droite; mais il est le plus grand possible à l'horizon. Il s'élève pour le soleil à 8″, 6, et pour la lune il varie d'environ 54′ à 62′.

Lacroix, Introd., t. 1, p. lx.

Les tables du mouvement du soleil ou les éphémérides de cet astre calculées d'avance, donnent pour tous les jours de l'année sa distance à l'équateur ou sa *déclinaison*, et l'on peut par ce moyen trouver quelque jour que ce soit la latitude d'un lieu, puisqu'on obtiendra la hauteur de l'équateur sur l'horizon, en retranchant de la hauteur du soleil sa distance à l'équateur, s'il est au-dessus de ce cercle, et en l'ajoutant

Malte-Brun.

zon, afin de la retrancher des hauteurs observées toujours plus grandes que les hauteurs vraies, excepté dans le cas où l'astre serait au zénith, parce qu'alors le rayon de lumière traversant les couches de l'atmosphère perpendiculairement, n'éprouve aucune réfraction.

Malte-Brun, t. 11, p. 33.

Nous avons vu plus haut, qu'attendu la petitesse du diamètre de la terre, comparée à l'immense distance des étoiles fixes, l'observation des hauteurs de ces astres était toujours rapportée au centre de la terre, en regardant les rayons de lumière comme parvenant à tous les points de la terre dans des directions parallèles et en négligeant par conséquent l'angle AIC, *fig.* 2; mais les planètes sont assez proches de la terre pour qu'il faille, quand on veut observer avec précision, tenir compte de cet angle. Son effet est d'abaisser l'astre au-dessous de sa situation réelle à l'égard du centre de la terre . . . . L'angle AIC, formé comme on voit par les directions différentes suivant lesquelles l'astre serait vu du centre de la terre et d'un point de sa surface, se nomme la *parallaxe*. Il s'anéantit au zénith; il est le plus grand possible à l'horizon. Il s'élève pour le soleil à 8°, 6′, et pour la lune il varie d'environ 54′ à 62′.

Malte-Brun, t. 11, p. 34.

On a remédié en partie à cet inconvénient par des *tables solaires* ou des éphémérides de cet astre, calculées d'avance et qui donnent pour tous les jours de l'année sa distance à l'équateur ou sa *déclinaison*; l'on peut par ce moyen trouver, quelque jour que ce soit, la latitude d'un lieu, puisqu'on obtiendra la hauteur observée de l'équateur sur l'horizon, en retranchant de la hauteur du soleil sa distance à s'il est au-dessous : circonstances que la situation de l'ombre et la saison dans laquelle on se trouve font toujours connaître.

Après avoir trouvé *à priori* soit par la méthode du n°. 10, soit par celle du n°. 22, la latitude de leur observatoire, les astronomes se sont attachés à déterminer la distance des principales étoiles à l'équateur, et le tems qui s'écoule entre leurs passages respectifs au méridien, et celui du point de l'écliptique qui répond à l'équinoxe du printems ; ils ont dressé des catalogues qui renferment ces résultats, et avec le secours desquels on peut substituer partout dans la recherche de la latitude, les étoiles au soleil ; ce qui multiplie les moyens de déterminer cet important élément des positions géographiques.

Lacroix, Introd., t. 1, p. lxj).

Toutes ces observations supposent que l'on connaisse la position du méridien. L'étoile polaire l'indique à-peu-près dans l'hémisphère boréal de la terre ; mais c'est la marche du soleil qui le fait connaître le plus commodément avec quelque exactitude.

En effet, le jour d'un solstice, le soleil restant sensiblement à la même distance de l'équateur, paraît décrire un cercle parallèle à l'équateur, et dont la partie BCD, *fig.* 2, comprise au-dessus de l'horizon, est partagée en deux également par le méridien. Il en résulte que sa hauteur est précisément la même, lorsqu'on la prend avant et après son passage au méridien, à des intervalles de tems égaux, et que réciproquement si l'on prend le matin une hauteur du soleil, et qu'on attende le soir le moment où il reviendra à cette hauteur, l'heure de son passage au méridien tiendra le milieu entre ces deux instans.

On reconnaît facilement que la longueur des ombres des corps dépend non-seulement de leur hauteur, mais encore de celle du soleil, par rapport au plan sur lequel elles sont portées. Si ce plan est horizontal, et qu'on ait élevé une verticale AD, *fig.* 14, le rayon solaire étant dirigé suivant SD, l'ombre tombera en AC, et sa longueur dépendra de l'angle SCA, qui est évidemment la hauteur du soleil sur l'horizon. Lors donc que le soleil, après avoir passé dans le méridien, se retrouvera de l'autre côté à la même hauteur dans une di-

l'équateur s'il est au-dessus de ce cercle, et en l'ajoutant s'il est au-dessous ; circonstances que la situation de l'ombre et la saison dans laquelle on se trouve font toujours connaître. - Mais afin de multiplier les moyens de déterminer la latitude, les astronomes, après avoir d'abord fixé la position de leur observatoire, ont calculé la distance des principales étoiles à l'équateur, et le temps qui s'écoule entre leurs passages respectifs au méridien donné et celui du point de l'écliptique qui répond à l'équinoxe du printemps ; ils ont dressé des catalogues qui renferment ces résultats, et avec le secours desquels on peut substituer, dans la recherche de la latitude, les étoiles au soleil.

Malte-Brun, t. 2, p. 35.

Toutes ces observations supposent que l'on connaît la position du méridien. L'étoile polaire l'indique à peu près dans l'hémisphère boréal de la terre ; mais c'est la marche du soleil qui le fait connaître d'une manière universelle et exacte. Supposons le soleil à un des points de solstice ; l'astre, dans cette position, reste sensiblement à la même distance de l'équateur, et paraît décrire un cercle parallèle à l'équateur, et dont la partie comprise au-dessus de l'horizon BCD, *fig.* 2, est partagée en deux portions égales par le méridien. Sa hauteur est donc précisément la même, lorsqu'on la prend avant et après son passage au méridien, à des intervalles de temps égaux ; de l'autre côté, si l'on prend le matin une hauteur du soleil, et qu'on attende le soir le moment où il reviendra à cette hauteur, l'heure de son passage au méridien doit nécessairement tenir le milieu entre ces deux instans.

La longueur des ombres a fourni le plus simple moyen d'estimer la hauteur du soleil. On conçoit facilement que cette longueur dépend non seulement de leur hauteur, mais encore de celle du soleil, par rapport au plan sur lequel elles sont portées. Si ce plan est horizontal, et qu'on ait élevé une verticale AD, *fig.* 12, le rayon solaire étant dirigé suivant SD, l'ombre tombera en AC, et sa longueur dépendra de l'angle SCA, qui est évidemment la hauteur du soleil sur l'horizon. Lors donc que le soleil, après avoir passé

Lacroix.

rection S′D, l'ombre AB de la verticale AD redeviendra égale à l'ombre AC ; et prenant le milieu entre la direction de l'une et de l'autre, en divisant l'angle B A C en deux parties égales, par la droite A N, on aura la méridienne.

Il est à propos d'observer que si l'on mesure en même tems la longueur du bâton et celle de l'ombre, on pourra par la résolution du triangle rectiligne C A D, rectangle en A, et dans lequel on connaîtra les côtés A D et A C, calculer l'angle ACD ou la hauteur du soleil. On aura la hauteur méridienne si l'on mesure la longueur de l'ombre lorsqu'elle tombe dans la direction A N. C'est par ce moyen que les premiers astronomes ont déterminé les hauteurs des astres ; l'extrémité d'un obélisque, une ouverture pratiquée dans un mur à plomb, donnaient la verticale A D. Cet instrument si simple se nomme *gnomon* ; mais on l'a abandonné depuis qu'on a porté à une précision très-grande et sous de petites dimensions, les instrumens qui mesurent immédiatement les angles par les arcs de cercle.

On emploie même ces derniers à la détermination de la méridienne, en les combinant avec les horloges à pendule dont la marche est très-régulière. Pour cela on prend le matin une hauteur du soleil, on remarque en même tems l'heure, puis on attend celle du soir où cet astre se retrouve à cette même hauteur ; et prenant le milieu de l'intervalle, on a celui qui s'est écoulé entre le passage du soleil au méridien, et l'une des observations.

Si, par exemple, l'horloge marquait pour la même hauteur,
le matin. . . . . . 9 h. 45′ 30″
le soir. . . . . . 2 h. 23′ 12″

L'intervalle entre ces deux momens étant de. . . . . 4 h. 37′ 42″
dont la moitié. . . 2 h. 18′ 51″
ajoutée à l'instant de la première hauteur. 9 h. 45′ 30″

donne. . . . . . 12 h. 4′ 21″

pour l'heure que marquait l'horloge au moment où le soleil passait dans le méridien.

En répétant l'observation de ces *hauteurs correspondantes*, on parvient à régler la pendule, et à saisir très-exactement le moment du passage du soleil au méridien, d'où on conclut im-

Malte-Brun.

dans le méridien, se retrouvera de l'autre côté à la même hauteur dans une direction S′D, l'ombre AB de la verticale AD redeviendra égale à l'ombre AC ; et prenant le milieu entre la direction de l'une et de l'autre, en divisant l'angle BAC en deux parties égales, par la droite AN, on aura la méridienne. Si ensuite l'on mesure la longueur du bâton et celle de l'ombre, on pourra connaître la hauteur du soleil par la résolution du triangle rectiligne CAD, qui est rectangle en A, et dans lequel les côtés AD et AC sont connus ; on peut donc calculer l'angle ACD qui est la hauteur recherchée. On aura la hauteur méridienne si l'on mesure la longueur de l'ombre lorsqu'elle tombe dans la direction AN. C'est par ce moyen que les premiers astronomes ont déterminé les hauteurs des astres ; l'extrémité d'un obélisque ou une ouverture pratiquée dans un mur à plomb leur donnaient la verticale. Cet instrument grossier se nomme *gnomon* ; mais on l'a abandonné depuis qu'on a perfectionné les instrumens qui mesurent immédiatement les angles par les arcs de cercle. On emploie même ces derniers à la détermination de la méridienne, en les combinant avec les horloges à pendule dont la marche est très-régulière. Ayant observé le matin une hauteur du soleil, on remarque en même temps l'heure, puis on attend l'instant du soir où cet astre se trouve à cette même hauteur ; et prenant le milieu de l'intervalle, on trouve celui qui s'est écoulé entre le passage du soleil au méridien et l'une des observations.

Si, par exemple, l'horloge marquait pour la même hauteur, le matin 9 h. 45′ 30″, et le soir 2 h. 23′ 12″ ; l'intervalle entre ces deux momens étant de 4 h. 37′ 42″, dont la moitié 2 h. 18′ 51″, ajoutée à l'instant de la première hauteur de 9 h. 45′ 30″, donne 12 h. 4′ 21″ pour l'heure que marquait l'horloge au moment où le soleil passait dans le méridien.

En répétant plusieurs fois l'observation de ces *hauteurs correspondantes*, on parvient à régler la pendule et à connaître exactement le moment du passage du soleil au méridien, d'où

Lacroix.	*Malte-Brun.*
médiatement la direction de la ligne méridienne.	on conclut immédiatement la direction de la ligne méridienne.
C'est pour faciliter l'exposition de ce procédé que j'ai supposé le soleil au solstice ; car on en fait usage dans tous les autres tems de l'année, en appliquant alors au résultat une petite correction pour le changement que la déclinaison du soleil reçoit dans l'intervalle des deux hauteurs , et qui influe sur sa durée.	On fait usage de l'observation des hauteurs correspondantes dans tout autre temps de l'année que le solstice , en appliquant au résultat une petite correction pour le changement que la déclinaison du soleil reçoit dans l'intervalle des deux hauteurs, et qui influe sur sa durée.

Le lecteur est peut-être déjà non moins las qu'indigné du spectacle de toutes les turpitudes littéraires et scientifiques, que je viens d'exposer à ses yeux. Je m'arrête pour ne point abuser de sa patience ; mais je le prie, au moins, d'observer que je n'ai encore parcouru que le premier livre (23ᵉ de l'ouvrage) de la *Géographie mathématique* de M. Malte - Brun ; que de trente-huit pages dont il est composé , je n'en ai confronté que *trente-deux* au Traité de M. Lacroix, et qu'il s'en trouve à peu près *vingt-deux* qui en sont copiées servilement; enfin que je ne suis point entré dans le détail de toutes les intercalations artificieuses, de toutes les altérations du texte , de toutes les bévues où l'ignorance du plagiaire le fait tomber à chaque pas, dès qu'il s'écarte de la lettre de son original.

Mais je ne passerai pas aussi complaisamment sous silence une remarque , qui met au grand jour l'esprit et les calculs d'après lesquels se dirige toujours M. Malte-Brun, quand il veut s'approprier le travail d'un vrai savant : au bas des trente-deux pages que nous venons d'analyser sont jetées des notes et des citations de tout genre. Des mathématiciens, des astronomes, des géographes y sont nommés : tout le monde enfin, hors M. Lacroix , c'est-à-dire, hors l'auteur qui aurait dû l'être seul, puisque seul il a fait tous les frais de l'érudition subite du docteur scandinave.

Mon travail ne serait que celui de M. Malte-Brun, un simple travail de copiste, si j'entreprenais d'examiner son 24ᵉ livre comme je viens de scruter le 23ᵉ ; je me restreindrai à une seule des démonstrations géométriques, qu'il vous affirmera, si vous l'exigez, avoir tirées de son cerveau ; si vous lui objectez que M. Lacroix s'était exprimé, *six ans auparavant*, sur le même sujet, absolument dans les mêmes termes, il vous répondra que cela ne doit pas vous surprendre, parce que *la vérité est une*.

Lacroix, Introd., t. 1, p. lxxj.	*Malte-Brun, t. II, p. 47.*
On est convenu d'appeler degré du méridien l'espace qu'il faut parcourir sur cette courbe, quelle qu'elle soit, pour que les deux lignes A Z et A Z, fig. 17, menées par les extrémités de cet espace, perpendiculairement à la courbe FG, c'est-à-dire à ses tangentes A M, A' M, qui marquent l'horizon du point A et celui du point A', fassent entr'elles un angle A C A', d'un degré.	Qu'est-ce qu'un degré de méridien terrestre ? C'est l'espace qu'il faut parcourir sur cette courbe, quelle qu'elle soit, pour que deux lignes AZ et az, fig. 14, menées par les extrémités de cet espace, perpendiculairement à la courbe FG, c'est-à-dire à ses tangentes AM, am, qui marquent l'horizon du point A et celui du point a, fassent entre elles un angle d'un degré ACa.
Cela posé, si la courbe **F G** est un cercle, les lignes **C A** et **C A'**, perpendiculaires à ses tangentes, n'étant autres que les rayons menés au centre, se rencontreront toujours à la même distance de la courbe : et dans toute l'étendue de la circonférence, le même angle répondra au même arc : les degrés auront donc tous même longueur.	Si maintenant la courbe FG est un cercle, les lignes GA et Ca, perpendiculaires à ses tangentes, n'étant que des rayons menés au centre, se rencontreront toujours à la même distance de la courbe ; et dans toute l'étendue de la circonférence, le même angle répondra au même arc : les degrés auront donc tous la même longueur.
Il n'en est pas ainsi pour les courbes dont la courbure n'est pas uniforme. Si on prend deux arcs de même longueur, comme **M M'** et *m m'*, *fig.* 18, l'un dans la partie la plus convexe, l'autre dans celle qui est plus aplatie, les perpendiculaires **M C** et **M' C**, menées aux extrémités du premier arc, se rencontreront plus près de cet arc que les perpendiculaires *m c*, *m' c*, menées aux extrémités de l'arc plus aplati *m m'*. L'angle *m c m'* est donc visiblement moindre que l'angle **M C M'**; et par conséquent, si ce dernier est d'un degré, l'arc *m m'*, égal en longueur à **M M'**, ne répond pas à un degré. Il faut nécessairement, pour obtenir cet angle dans la partie *m* **P** de la courbe, embrasser un espace plus grand que **M M'**.	Mais il n'en est pas ainsi pour les courbes dont la courbure n'est pas uniforme. Si on prend deux arcs de même longueur, comme M*m* et N*n*, fig. 15, l'un dans la partie la plus convexe, l'autre dans celle qui est plus aplatie, les perpendiculaires MC et *m*C, menées aux extrémités du premier arc, se rencontreront plus près de cet arc que les perpendiculaires N*c*, *nc*, menées aux extrémités de l'arc plus aplati N*n*. L'angle N*cn* est donc visiblement moindre que l'angle MC*m*; et par conséquent, si ce dernier est d'un degré, l'arc N*n*, égal en longueur à M*m*, ne répond pas à un degré. Il faut nécessairement, pour obtenir cet angle dans la partie NP de la courbe, embrasser un espace plus grand que M*m*.

Nous suivrons, pour le 25e livre de la *Géographie mathématique* du savant Danois, la même marche que pour le précédent ; c'est-à-dire que nous donnerons, par un seul plagiat, l'idée de tous les autres. Il faut, d'abord, entendre M. Malte-Brun se plaindre (pag. 81) « de ce que les questions qu'on cherche ordinairement

« à résoudre par le *globe artificiel*, sont pour la plu-
« part, ou trop puériles ou trop étrangères à la Géo-
« graphie, pour *mériter une mention dans son ouvrage.* »
Un homme de sa trempe n'est point fait pour s'abaisser
à ces bagatelles ; il ne débite que du *neuf.* Jugez-en vous-
même :

Lacroix, Introd., *t.* 1, *p.* xciij.	*Malte-Brun*, *t.* 11, *p.* 82.
On trouve la latitude d'un lieu quelconque, en faisant tourner le globe jusqu'à ce que ce lieu soit sous le méridien fixe, et en lisant le degré marqué alors sur ce lieu.	On trouve la latitude d'un lieu terrestre quelconque en faisant tourner le globe jusqu'à ce que le lieu soit sous le méridien fixe, et en lisant le degré marqué alors sur ce lieu. La longitude du même lieu se lit sur l'équateur au point sur lequel passe le méridien. Ré-
La longitude du même lieu se lit sur l'équateur au point sur lequel passe le méridien.	ciproquement la position d'un lieu dont on connaît la longitude et la latitude, se trouve en amenant sous le méridien le point de l'équateur qui a cette longitude, et en comptant sur le méridien la latitude donnée avec sa dénomination ; le point où elle se détermine répond sur le globe à celui qu'on cherche.
Réciproquement on trouve la position d'un lieu quand on connaît sa longitude et sa latitude, en amenant sous le méridien le point de l'équateur qui a cette longitude, et en comptant sur le méridien la latitude donnée avec sa dénomination ; le point où elle se détermine répond sur le globe à celui qu'on cherche.	
L'heure que l'on compte dans un pays, lorsqu'il est midi dans un autre, s'obtient en plaçant ce dernier sous le méridien, et en fixant sur 12 heures l'aiguille du cadran qui environne le pôle, puis en faisant tourner le globe jusqu'à ce que le lieu dont on cherche l'heure soit arrivé sous le méridien ; l'aiguille marque alors sur le cadran l'heure demandée : elle est *après midi*, si l'on a fait tourner le globe à l'orient, et *avant midi* dans le cas contraire.	L'heure que l'on compte dans un pays, lorsqu'il est midi dans un autre, s'obtient en plaçant ce dernier sous le méridien, et en fixant sur 12 heures l'aiguille du cadran qui environne le pôle, puis en faisant tourner le globe jusqu'à ce que le lieu dont on cherche l'heure soit arrivé sous le méridien ; l'aiguille marque alors sur le cadran l'heure demandée : elle est *après midi*, si l'on a fait tourner le globe à l'orient, et *avant midi* dans le cas contraire.
On peut connaître la longueur du plus grand jour pour tous les points d'un hémisphère, du septentrional, par exemple, en plaçant le méridien de manière que le bord du cercle polaire arctique rase l'horizon du globe ; cet horizon représentera alors le cercle d'illumination (n°. 15). Si l'on amène dans le méridien un point quelconque de l'hémisphère proposé, qu'on fixe l'aiguille du cadran polaire sur 12 heures, et qu'on fasse tourner le globe vers l'orient jusqu'à ce que le point remarqué entre dans l'horizon, l'aiguille s'arrêtera sur l'heure à laquelle ce point passe de la partie éclairée à la partie obscure, qui est celle du coucher du soleil. Le nombre d'heures parcourues	Si on veut connaître la longueur du plus grand jour pour tous les points d'un hémisphère, soit du septentrional, par exemple, on n'a qu'à placer le méridien de manière que le bord du cercle polaire arctique rase l'horizon du globe ; cet horizon représentera alors le cercle d'illumination. Si l'on amène dans le méridien un point quelconque de l'hémisphère proposé, qu'ensuite on fixe l'aiguille du cadran polaire sur 12 heures, et qu'en fasse tourner le globe vers l'orient, jusqu'à ce que le point remarqué entre dans l'horizon, l'aiguille s'arrêtera sur l'heure à laquelle ce point passe de la partie éclairée à la partie obscure, qui est celle du coucher du soleil. Le nom-

Lacroix.

sur le cadran sera la moitié de la durée du jour cherché.

En plaçant le pôle plus près de l'horizon, on donnera à ce cercle la position que prend le cercle d'illumina.fion dans les tems qui précèdent et qui suivent les solstices, et on connaîtra, comme ci-dessus, la longueur du jour dans chaque pays.

Il faut remarquer que, dans cette position du globe, tous les points qui se trouvent en même temps sur le bord occidental de l'horizon sont ceux qui, passant à-la-fois de la partie obscure dans la partie éclairée, voient le soleil se lever au même moment. Ceux qui sont sur le bord oriental le voient coucher à ce moment; et il passe alors au méridien pour tous ceux qui sont placés sur ce dernier cercle.

On marque ordinairement sur l'horizon des globes les directions des vents, à l'égard de la ligne méridienne, et les noms qu'on leur assigne; on peut par conséquent connaître la position d'un lieu à l'égard du soleil, au moment où cet astre paraît se lever ou se coucher, en remarquant par quel point de l'horizon le lieu proposé passe de la partie obscure dans la partie éclairée, et *vice versâ*. Prenant l'indication opposée, on aura la situation du soleil par rapport au méridien du lieu proposé.

Ce n'est pas ainsi qu'on résout ordinairement la question ci-dessus, on suit les apparences, au lieu d'établir l'état réel des choses, comme je viens de le faire; mais ce dernier procédé me semble préférable, parce qu'il fournit le moyen de représenter physiquement tout ce qui a été dit dans le n° 15. Il suffit de placer le globe dans l'obscurité, et de l'éclairer par une forte lumière, répondant perpendiculairement au centre de l'horizon, et à une distance un peu considérable par rapport au diamètre du globe; on obtiendra les mêmes phénomènes que produit le soleil pendant la rotation de la terre, relativement aux diverses positions que prend l'axe de la terre à l'égard de cet astre.

Malte-Brun.

bre d'heures parcourues sur le cadran sera la moitié de la durée du jour cherché. En plaçant le pôle plus près de l'horizon, on donnera à ce cercle la position que prend le cercle d'illumination dans les temps qui précèdent et qui suivent les solstices, et on connaîtra, comme ci-dessus, la longueur du jour dans chaque pays. Dans cette position du globe, tous les points qui se trouvent en même temps sur le bord occidental de l'horizon sont ceux qui, passant à la fois de la partie obscure dans la partie éclairée, voient le soleil se lever au même moment. Ceux qui sont sur le bord oriental le voient couché à ce moment; et il passe alors au méridien pour tous ceux qui sont placés sur ce dernier cercle.

On marque ordinairement sur l'horizon des globes les directions des vents, à l'égard de la ligne méridienne, et les noms qu'on leur assigne; on peut par conséquent connaître la position d'un lieu à l'égard du soleil, au moment où cet astre paraît se lever ou se coucher, en observant par quel point de l'horizon le lieu proposé passe de la partie obscure dans la partie éclairée, ou de celle-ci dans l'autre. Le globe, ainsi tourné, fournit le moyen de représenter physiquement tous les phénomènes du mouvement annuel de la terre...

.   .   .   .
.   .   .   .
.   .   .   .
.   .   .   .
.   .   .   .
.   .   .   .

Il suffit de le placer dans l'obscurité, et de l'éclairer par une forte lumière, répondant perpendiculairement au centre de l'horizon, et à une distance un peu considérable par rapport au diamètre du globe; on obtiendra les mêmes phénomènes que produit le soleil pendant la rotation de la terre, relativement aux diverses positions que prend l'axe de la terre à l'égard de cet astre.

Voilà comme le Phénix du Danemarck nous donne du *neuf* aux dépens de nos *pitoyables géographes et érudits français*. Il faut, pourtant, lui faire honneur des deux lignes de suture qui lui appartiennent dans les deux pages que nous venons de transcrire. Je saute à pieds joints par-dessus le 26ᵉ livre, parce que de simples copies ne peuvent plus désormais avoir rien de piquant dans l'histoire de M. Malte-Brun ; mais il doit paraître plus drôle de le voir piller sans pouvoir même faire usage de ses vols. Ses pages 122, 123, 124, 125, 126, 127, 128, 129 et 130, ne sont, à quelques lignes près, qu'un *duplicata* des pages correspondantes de M. Lacroix dans l'*Introduction de la Géographie de Pinkerton : c'est en vain que le plagiaire se flatte de dépister le lecteur trop clairvoyant en intervertissant l'ordre des matières, ou en interpolant quelques réflexions étrangères au sujet. Mais voici un fait très-curieux, fait presqu'incroyable, si quelque chose pouvait l'être encore pour ceux dont les regards ont pénétré au-delà de ce vernis scientifique, dont notre docteur s'était enduit de la tête aux pieds.

Il copie, page 125, tout un paragraphe de M. Lacroix sur les tables des *latitudes croissantes* (*Introduction à la Géographie de Pinkerton*, pag. cxxiij), puis il ajoute ces paroles remarquables : « Comme les principes d'a-« près lesquels ces tables sont construites ne peuvent « être expliqués rigoureusement qu'à l'aide du *calcul in-« tégral*, nous nous bornerons à une observation, etc. » Voilà donc notre savant universel qui, ne comprenant rien à la construction des tables dont il s'agit, annonce assez franchement qu'il n'en parlera pas. Mais, par un de ces oublis ou une de ces inconséquences que ne peut éviter un plagiaire qui ne se reconnaît plus au milieu de la foule de ses vols, M. Malte-Brun, à quelques pas de là, nous donne tout ce calcul dont il ne devait pas être question. D'où lui est-il donc venu si soudainement ? du traité de M. Lacroix, où il l'a trouvé tout fait, et d'où il n'a eu d'autre peine que de le faire tomber d'un grand coup de ciseaux (1). L'astronome que je

____

(1) Le lecteur est prié de confronter toute la note des pag. 143 et 144 de M. Malte-Brun avec les pag. cliv, clv, clvj de l'*Introduction à la Géographie de Pinkerton*.

citais un peu plus haut, m'a fait observer que la per-
plexité où s'est vu M. Malte-Brun, lorsqu'il a abordé
ce fatal chapitre des *latitudes croissantes*, provient de
ce que ce *savant* ignore que la construction des tables
tient à la réduction des routes des navigateurs.

A la page suivante (126), la même ignorance l'a pré-
cipité dans une inconséquence, ou plutôt dans une bévue
bien plus lourde encore. Parlant de la projection des
cartes et des *demi-fuseaux*, M. Lacroix dit (p. cxxij) que
chaque demi-fuseau sera représenté par un secteur,
dont l'angle sera égal à celui que forment les deux plans
qui comprennent le fuseau. Notre pauvre Danois ne s'a-
vise-t-il pas de vouloir corriger ici l'académicien français? et, en conséquence, au lieu des deux plans *qui
comprennent*, il écrit les deux plans *que comprend* le
fuseau. M. Malte-Brun, qui se dit *géographe*, ne sait
donc pas encore que ce sont les plans qui comprennent
le fuseau, et non le fuseau qui comprend les plans! Les
notes de tout ce profond paragraphe sont chargées de
noms d'écrivains français, italiens, allemands, avec
l'observation expresse que ces derniers ont été con-
sultés *dans l'original*; et, nonobstant cet étalage, le
tout est copié mot à mot de M. Lacroix. Et, de plus,
c'est ce mathématicien lui-même qui avait cité divers
auteurs à l'appui de son opinion : le copiste danois s'est
vîte emparé de ces citations pour se donner l'air d'avoir
lu des livres, dont il ne connaissait pas même les titres.

Au reste, est-il un air qu'il n'ait cherché ou ne cherche
à se donner? Ne semble-t-il pas attendre que l'Université impériale lui vote des remercîmens pour son maigre
recueil de cartes petit format, dont les plus remarquables sont volées à nos savans, et dont toutes ont le
défaut d'aveugler ceux qui tentent de s'en servir? Ecou-
tez-le (p. 134) nous dire d'un ton doctoral : « L'ins-
« truction publique réclame des cartes élémentaires ;
« mais l'essentiel dans un *atlas élémentaire*, ce n'est pas
« d'étaler en *grand format* des cartes *très-complètes* et
« d'*une exactitude minutieuse* : c'est plutôt d'offrir, dans
« une série de *petites cartes* très-nombreuses, l'*ensemble*
« *des principes de la science* ».

On me permettra de relever ces lignes, parce que j'ai de bonnes raisons de les croire dirigées contre moi : c'est une attaque anticipée de l'atlas en *grand format* que je me propose de publier. J'avoue, de plus, que j'ai pris toutes les mesures possibles pour que mes cartes soient *très-complètes* et d'une *exactitude minutieuse* ; je ne veux pas qu'on y voie avec effroi, comme dans les *petites cartes* du géographe danois, des villes transportées à 100 lieues de leur position (1), à moins que ce ne soit là ce qu'il appelle l'*ensemble des principes de la science* ; science, en effet, toute nouvelle ! Au reste, que signifie ce bavardage incohérent en faveur des *petites cartes* contre les *grandes cartes ?* rien autre chose, sinon que M. Malte-Brun est aux regrets de n'avoir que de petites cartes à produire ; il serait le plus ardent à les déprécier, s'il en eût fait dessiner de grandes. C'est absolument *le renard qui a la queue coupée.*

Ce paragraphe, déjà curieux, se termine par une phrase plus curieuse encore : « Les fraudes scanda- « leuses dont le public français a été la dupe dans ce « genre, forment un chapitre trop honteux de l'histoire « de la géographie pour qu'il soit digne de notre plume « de le retracer. » Eh ! M. Malte-Brun, quel accès subit de délicatesse et de fierté ! Connaissez-vous une *fraude scandaleuse* égale à celle de vendre à son profit, et sous son nom, l'ouvrage d'un autre ? Depuis quand votre plume est-elle devenue si noble ou si pure, qu'il puisse y avoir au monde quelque chose qui *ne soit pas digne d'elle ?* Un plagiaire qui veut faire respecter sa plume ressemble au filou, qui voudrait faire respecter les fausses clefs avec lesquelles il s'introduit dans les maisons.

Mais puisque nous voici sur le chapitre des cartes, il faut que je fasse voir à mes lecteurs comment un charlatan-géographe, qui ne saurait pas en dresser une correctement, trouve le moyen d'enseigner cet art au public :

---

(1) Sur la carte de l'Amérique méridionale, dans le nouvel atlas de M. Malte-Brun, la position de QUITO offre une erreur d'un degré en longitude ; celle de SAN-CARLOS de quatre degrés. (*Quatre degrés!!!*)

Lacroix, Introd., t. 1, p. cxxviij.

Je n'exposerai point ici les méthodes qu'on emploie pour lever les plans sur le terrain ; elles appartiennent à la géométrie et à la trigonométrie : je me contenterai d'indiquer comment on réunit plusieurs de ces opérations qu'on nomme *levés,* en un seul plan topographique.

Pour que deux plans particuliers se lient ou se rattachent, il faut qu'ils aient deux points communs, ou qu'une ligne de l'un doive s'appliquer sur une ligne de même dénomination dans l'autre. Alors, en tirant dans la feuille destinée à former le plan topographique, cette ligne ou directrice, de manière qu'il y ait de chaque côté un espace propre à comprendre ce qu'on doit y tracer, il n'y a plus qu'à combiner par des triangles, soit avec les points de cette ligne, communs aux deux plans qu'on veut réunir, soit avec les points qui seront placés après, tous ceux que comprend chaque plan ; en construisant des triangles égaux et semblablement situés à l'égard de la directrice sur le plan topographique, on y rapportera sans peine les deux plans particuliers.

S'il doit y avoir réduction, comme cela arrive le plus souvent, il faut faire les triangles sur le plan topographique semblables à ceux qui sont formés sur les feuilles des levés, et de manière que les côtés des premiers soient à ceux des seconds dans le rapport qu'exige la réduction à faire.

Lorsque les feuilles des levés sont *orientées,* c'est-à-dire lorsqu'on y a marqué la méridienne, soit vraie, soit magnétique, et que cette ligne est la même dans toutes les feuilles qu'on veut réunir, alors on rapporte les points de chaque feuille à la méridienne et à une perpendiculaire menée sur cette ligne par un point commun à deux feuilles contiguës. On mesure les distances de tous les points à chacune de ces droites, parallèlement à l'autre, et on porte ces distances, soit telles qu'on les a trouvées, soit réduites dans le rapport demandé, sur la méridienne et la perpendiculaire menées dans le plan topographique, pour représenter celles qui sont communes aux feuilles que l'on assemble. Ceci me conduit à parler du *treillis* qu'on emploie pour copier ou réduire tous les dessins, et qui est très-commode pour la construction des détails des cartes.

Malte-Brun, t. 11, p. 133.

Ce n'est pas ici le lieu d'exposer les méthodes qu'on emploie pour lever les plans sur le terrain ; elles appartiennent à la géodésie et à l'arpentage. Nous nous contenterons d'indiquer comment on réunit en un seul plan topographique plusieurs de ces opérations, qu'on nomme *levés.*

Pour que deux plans particuliers se lient ou se rattachent, il faut qu'ils aient deux points communs, ou qu'une ligne de l'un puisse s'appliquer sur une ligne de même dénomination dans l'autre. Alors, en tirant dans la feuille destinée à former le plan topographique, cette *ligne directrice,* de manière qu'il y ait de chaque côté un espace propre à comprendre ce qu'on doit y tracer, il n'y a plus qu'à combiner par des triangles, soit avec les points de cette ligne, communs aux deux plans qu'on veut réunir, soit avec les points qui seront placés après, tous ceux que comprend chaque plan : en construisant des triangles égaux et semblablement situés à l'égard de la ligne directrice sur le plan topographique, on y rapportera sans peine les deux plans particuliers. S'il doit y avoir réduction, comme cela arrive presque toujours, il faut faire les triangles du plan topographique semblables à ceux qui sont formés sur les feuilles des levés, mais de manière que les côtés des premiers soient à ceux des seconds dans le rapport qu'exige la réduction à faire.

Lorsque les feuilles des levés sont *orientées,* c'est-à-dire lorsque dans chaque feuille on a marqué la méridienne, soit vraie, soit magnétique, on rapporte les points de chaque feuille à la méridienne et à une perpendiculaire menée sur cette ligne par un point commun à deux feuilles contiguës. On mesure les distances de tous les points à chacune de ces droites, parallèlement à l'autre ; et soit en conservant ces distances telles qu'on les a trouvées, soit en les réduisant dans le rapport demandé, on les porte sur la méridienne et la perpendiculaire menées dans le plan topographique, pour représenter celles qui sont communes aux feuilles que l'on assemble. C'est de ces principes que dérive le mécanisme de réduction connu sous le nom du *treillis,* mécanisme très-commode pour la construction des détails des cartes.

Lacroix.

On divise les feuilles qu'on se propose de réunir, en carreaux, par des lignes parallèles et perpendiculaires à celle qui est commune à ces feuilles ; plus ils sont multipliés, plus on a de facilité à juger de la place qu'occupent dans chaque carreau les points et les contours qui y sont contenus, et à les inscrire semblablement dans les carreaux correspondans, qu'on a tracés sur le plan d'assemblage ou de réduction.

La *figure* 31 représente cette opération. Les feuilles A B C D, E F G H, ayant pour lignes communes les droites C D et E F, sont partagées en carreaux, dont les côtés sont parallèles et perpendiculaires à ces droites ; le plan d'assemblage *a b f e* est divisé de la même manière, par rapport à la ligne *c d*, qui représente la droite commune ; mais les côtés de chaque carreau sont les moitiés de ceux des feuilles A B C D, E F G H, en sorte que les objets marqués sur ces feuilles sont réduits sur le plan d'assemblage à des dimensions moitié moindres, et à un espace qui n'est que le quart de celui qu'ils remplissaient d'abord. Pour copier le dessin tracé sur chacune des feuilles primitives, où l'on imite à vue, dans les carreaux du plan *a b f e*, ce que contiennent les carreaux correspondans des feuilles A B C D, E F G H ; ou bien, pour plus d'exactitude, on prend des *repères* sur chacun des côtés de ceux-ci, qu'on transporte sur les autres. Quand on ne veut pas charger de lignes les dessins que l'on copie, on pose dessus une glace bien plane, et d'une transparence bien égale, sur laquelle sont tracés des carreaux avec le *diamant* du vitrier, et on fait coïncider deux lignes perpendiculaires entr'elles sur celles qui doivent servir à la réunion des feuilles qu'on assemble, ou sur les points qui les déterminent.

Lorsqu'on a formé ainsi les plans topographiques, en réunissant les *levés* de détail, pour passer aux cartes chorographiques, il faut non-seulement assembler les plans, mais les assujétir encore à la projection que l'on a adoptée. Pour cela, on trace sur ces plans les méridiens et les parallèles en lignes droites respectivement parallèles et perpendiculaires, comme le sont ces cercles, lorsqu'on ne les considère que sur une très-petite portion de la surface terrestre. On trace aussi les quadrilatères

Malte-Brun.

On divise les feuilles qu'on se propose de réunir, en carreaux, par des lignes parallèles et perpendiculaires à celle qui est commune à ces feuilles ; plus on multiplie ces carreaux et mieux on s'aperçoit de la place qu'occupe dans chaque carreau les points et les contours qui y sont contenus, plus aussi on a de la facilité à les inscrire d'après un ordre semblable dans les carreaux correspondans, qu'on a tracés sur le plan de réduction ou d'assemblage. La *figure* 46 représente cette opération. Les feuilles ABCD, EFGH, ayant pour lignes communes les droites CD et EF, sont partagées en carreaux, dont les côtés sont parallèles et perpendiculaires à ces droites ; le plan d'assemblage *abfe* est divisé de la même manière, par rapport à la ligne *c d*, qui représente la droite commune ; mais les côtés de chaque carreau sont les moitiés de ceux des feuilles ABCD, EFGH, de sorte que les objets marqués sur ces feuilles se trouvent réduits sur le plan d'assemblage à des dimensions moitié moindres, et à un espace qui n'est que le quart de celui qu'ils remplissaient d'abord. Pour reproduire le dessin tracé sur chacune des feuilles primitives, où l'on peut imiter à vue, dans les carreaux du plan *abfe*, ce que contiennent les carreaux correspondans des feuilles ABCD, EFGH, ou bien, pour plus d'exactitude, on prend des *repères* sur chacun des côtés de ceux-ci, qu'on transporte sur les autres. Quand on veut conserver nets et intacts les dessins que l'on copie, on pose dessus une glace bien applanie, et d'une transparence bien égale, sur laquelle sont tracés des carreaux avec le diamant du vitrier, et on fait ensuite coïncider deux lignes perpendiculaires entre elles sur celles qui doivent servir à la réunion des feuilles qu'on assemble, ou sur les points qui les déterminent.

Après avoir ainsi formé les plans topographiques, par la réunion des *levés* de détail, on en compose des cartes chorographiques, non seulement en assemblant les plans, mais encore en les assujettissant à la projection que l'on a adoptée. A cet effet, on trace sur ces plans les méridiens et les parallèles en lignes droites respectivement parallèles et perpendiculaires, comme le sont ces cercles, lorsqu'on n'en considère qu'une portion infiniment petite. On décrit aussi les qua-

Lacroix.

correspondans sur le cadre de la carte qu'on se propose de construire, mais conformément aux lois de la projection, et il n'y a plus qu'à dessiner dans ces quadrilatères, ce qui est contenu dans les carreaux compris entre les méridiens et les parallèles des plans topographiques. Lorsqu'on veut atteindre à une extrême précision, comme ces carreaux ne sont pas tout-à-fait semblables aux quadrilatères, on prend, par rapport aux côtés des premiers, les distances des principaux points qui y sont renfermés ; on convertit ces distances en subdivisions des degrés de latitude et de longitude, et on en prend de semblables, à partir du parallèle et du méridien contigus aux quadrilatères correspondans sur la carte.

Il peut arriver que le plan topographique ne soit point orienté, ou que l'étant par la direction de l'aiguille aimantée, on ne sache pas quelle était la variation de la boussole dans le tems qu'on a levé et réduit ce plan, ou bien dans le lieu où l'on a opéré ; on supplée cet élément, lorsque le plan contient deux points dont la position respective est connue, puisqu'en joignant ces deux points par une droite, on a l'angle que fait cette droite avec la méridienne, et on peut par conséquent la placer, par rapport à la méridienne, ou construire, au moyen de l'angle donné, la méridienne du plan.

On détermine aussi par le même moyen, lorsqu'elle a été omise, l'échelle d'une carte topographique ; car, connaissant la distance de deux points de cette carte, on n'a qu'à diviser en parties proportionnelles aux mesures itinéraires contenues dans cette distance, la droite qui joint les deux points dont il s'agit : elle devient l'échelle de la carte, et fait connaître la distance de tous les autres points pris deux à deux.

Le passage des cartes chorographiques à la carte générale ou géographique, est analogue à celui des cartes topographiques à la carte chorographique ; on transporte dans les quadrilatères formés par les méridiens et les parallèles de la carte géographique, ce qui est contenu dans les quadrilatères correspondans des cartes chorographiques, qu'on assemble et qu'on réduit.

Il peut arriver en effet, que dans les cartes topographiques qui servent à la construction des cartes chorographiques, il y ait des erreurs com-

Malte-Brun.

drilataires correspondans sur le cadre de la carte qu'on se propose de construire, mais conformément aux lois de la projection adoptée ; il n'y a plus alors qu'à dessiner dans ces quadrilatères ce qui est contenu dans les carreaux compris entre les méridiens et les parallèles des plans topographiques. Si on veut atteindre à une extrême précision, on prend, par rapport aux côtés des carreaux, les distances des principaux points qui y sont renfermés ; on convertit ces distances en subdivisions des degrés de latitude et de longitude, et on en prend ensuite de semblables, à partir du parallèle et du méridien contigus aux quadrilatères correspondans sur la carte.

Il peut arriver que le plan topographique ne soit point orienté, ou que l'étant par la direction de l'aiguille aimantée, on ne sache pas quelle était la variation de la boussole dans le temps qu'on a levé et réduit ce plan, ou bien dans le lieu où l'on a opéré. Cet élément peut être suppléé lorsque le plan contient deux points dont la position respective est connue, puisqu'en joignant ces deux points par une droite, on a l'angle que fait cette droite avec la méridienne, et on peut par conséquent en fixer la place, par rapport à la méridienne, ou construire, au moyen de l'angle donné, la méridienne du plan.

On détermine aussi par un moyen semblable, l'échelle d'une carte topographique qui en manque ; car, connaissant la distance de deux points de cette carte, on n'a qu'à diviser en parties proportionnelles aux mesures itinéraires contenues dans cette distance, la droite qui joint ces deux points : elle devient l'échelle de la carte, et fait connaître la distance mutuelle de tous les autres points.

Les cartes chorographiques sont réduites en cartes générales par un procédé analogue à celui par lequel on réunit les topographies en des cartes chorographiques : on transporte dans les quadrilatères formés par les méridiens et les parallèles de la carte générale, ce qui est contenu dans les quadrilataires correspondans des cartes chorographiques que l'on peut assembler.

Il peut arriver que dans les morceaux topographiques employés à la construction des cartes chorographiques, il y ait des erreurs communes à

Lacroix.   Malte-Brun.

munes à tous les points de la carte, comme des distances trop petites ou trop grandes dans le même sens, et que ces erreurs s'ajoutent sur les cartes chorographiques : en réunissant ces dernières sur la carte générale, les grands espaces qu'elle représente, se trouveraient alors, ou considérablement resserrés, ou considérablement dilatés, sans qu'on pût le reconnaître. Mais, lorsqu'on a placé immédiatement sur les cartes chorographiques, ou au moins sur les cartes géographiques un certain nombre de points, par leurs latitudes et par leurs longitudes, ces points déterminent sur la carte, des espaces dans lesquels doivent s'enchâsser les points et les détails intermédiaires ; et si cela n'a pas lieu, l'excès ou le défaut qu'on trouve, étant dû aux erreurs des diverses cartes assemblées, se répartit entre tous les points de chacune, et devient par ce moyen presqu'insensible, à moins qu'on n'ait quelque raison d'attribuer cette inexactitude à certains points particuliers, auxquels on fait alors supporter toute la correction dont les observations astronomiques ont fait connaître la grandeur.

tous les points de la carte, comme des distances trop petites ou trop grandes dans le même sens, et que ces erreurs ayant été accumulées sur les cartes chorographiques et ensuite sur la carte générale, les grands espaces qu'elle représente, se trouvent alors ou considérablement resserrés, ou considérablement alongés, sans même que le géographe puisse s'en apercevoir. Mais s'il a eu soin de placer sur sa carte générale, indépendamment des données topographiques, un certain nombre de points dont les latitudes et les longitudes sont connues par des observations astronomiques, ces points déterminent sur la carte des espaces dans lesquels doivent nécessairement s'enchâsser les points et les détails intermédiaires ; et si cela n'a pas lieu, l'excès ou le défaut qu'on trouve, étant dû aux erreurs des diverses cartes assemblées, se répartit entre tous les points de chacune, et devient par ce moyen presqu'insensible, à moins qu'on n'ait découvert quelque raison d'attribuer cette inexactitude à certains points particuliers, auxquels on fait alors supporter toute la correction indiquée par les observations astronomiques.

. . . .
. . . .
. . . .
. . . .
. . . .
. . . .

etc.   etc.   etc.   etc.   etc.
etc.   etc.   etc.   etc. ! ! !

A partir de ce point, jusqu'à la fin de sa *Géographie mathématique*, le doctissime danois compte encore dix-huit pages, sur lesquelles j'en trouve onze à douze *pillées mot à mot* de l'ouvrage de M. Lacroix que je viens de mettre en regard de la copie.

Somme totale, la Géographie *mathématique* rédigée par le *mathématicien* Malte-Brun (qui, comme je l'ai prouvé, ne sait pas même l'arithmétique), se compose de 157 pages ; et j'en compte plus de 90 conquises à grands coups de ciseaux sur le savant membre de l'Institut qui a composé l'*Introduction de ma Géographie de Pinkerton.* Couvert de ses dépouilles , M. Malte-Brun le cite à peine une fois !

Et la *Géographie physique ,* que le docteur danois a placée immédiatement après la *Géographie mathématique ,* a-t-il la prétention de nous faire croire qu'elle lui appartient plus légitimement que cette dernière ? a-t-il pu se flatter sérieusement que , tôt ou tard, ses lecteurs ne découvriraient pas les sources où il a trouvé le secret de devenir, en huit jours de temps, géologue, physicien, minéralogiste, etc. ? Mais si ce grand homme n'a pas eu toujours le talent de comprendre assez bien MM. Gossellin , Lacroix, Walckenaer, pour les copier sans erreur, que l'on se figure l'épouvantable multitude de bévues qu'il a dû commettre, en *travaillant* des livres écrits dans une langue qu'il ne possède que très-imparfaitement, comme nous l'avons vu (1)! On m'a assuré que des critiques allemands se proposent , moins encore de dévoiler les immenses plagiats dont M. Malte-Brun s'est rendu coupable envers leurs compatriotes, que de venger leur réputation scientifique de toutes les inepties que l'ignare compilateur leur prête si gratuitement.

Quant à moi, j'ose me flatter d'être parvenu , par la seule exposition des faits, à venger les deux savans dont je m'honore d'être l'éditeur, des attaques si fréquemment et si audacieusement renouvelées par le plagiaire même , qui a tenté de s'approprier le fruit de leurs travaux. Ce n'est pas , certes, que j'aie supposé, un seul instant , que le mérite réel de deux hommes aussi distingués que Pinkerton et son traducteur pût dépendre des vociférations calomnieuses d'un Malte-Brun ! Des articles de journaux séduiront, je le conçois, la multitude oisive , le *profanum vulgus ;* ils influeront sur l'opinion versatile de ce peuple de prétendus connaisseurs, toujours *plus enclins à blâmer que savans à bien faire;* mais pense-t-on que ces feuilles éphémères puissent exercer quelque empire sur ces hommes, que l'éten-

____

(1) *Voyez* p. 17 , *en note.*

due de leurs lumières, la gravité de leurs fonctions, et la confiance publique ont constitués les vrais arbitres de la science ? Ouvrons le recueil imposant de ces nobles communications, que le dispensateur suprême de la gloire et des récompenses a voulu lui-même ouvrir avec de tels hommes, afin qu'aucun genre de mérite ne pût échapper à ses regards. Voici premièrement le *rapport présenté à l'Empereur par la classe d'histoire et de littérature ancienne de l'Institut* (*à l'Imprimerie impériale* 1810); après une notice sur quelques ouvrages de géographie, je lis le passage suivant (p. 188) :

« Mais on doit distinguer les ouvrages de Pinkerton
« sur *les antiquités de l'Écosse, ses recherches sur l'origine*
« *et les divers établissemens des Scythes et des Goths,* et
« ses discussions sur plusieurs points de Géographie
« ancienne et du moyen âge, qui se trouvent éparses
« dans sa *Géographie moderne.* La seconde édition de
« cet ouvrage, qui vient de paraître à Londres, en trois
« gros volumes *in - 4°,* renferme deux nouveaux mé-
« moires intéressans, l'un sur les progrès de la géo-
« graphie dans ce siècle, l'autre sur les progrès des
« découvertes géographiques en Asie. M. Pinkerton
« montre, dans ces différens écrits, de GRANDES CON-
« NAISSANCES ET BEAUCOUP DE SAGACITÉ. »

Rappelons - nous bien ici qu'à la même époque M. Malte-Brun déclarait dans un écrit signé que Pinkerton était un *charlatan littéraire, très - ignorant en géographie!* (*Voyez* les pages 2 et 5.)
Nous lisons encore (p. 180 du rapport cité) « que
« M. Walckenaer est le seul qui, depuis plus d'un
« siècle , nous ait fait connaître un ouvrage original et
« inédit de Géographie ancienne : » Plus loin (p. 185),
« que M. Walckenaer, dans ses notes sur la Géogra-
« phie de Pinkerton, est entré dans des détails nou-
« veaux et des discussions qui ont donné lieu à un écrit
« d'un savant italien. » Enfin, si le jugement d'une classe entière de l'Institut de France ne suffisait pas à M. Malte-Brun, je m'empresserais de lui mettre sous les yeux le

rapport fait à Sa Majesté par une autre classe (*celle des sciences physiques et mathématiques*) : on y lit (p. 167 et 168), ce que je vais transcrire :

« Il vient de paraître une seconde édition en trois
« volumes *in-4°* de la *Géographie moderne* de John Pin-
« kerton, dans laquelle l'auteur aura sans doute beau-
« coup amélioré son ouvrage, *qui contenait déjà les ren-*
« *seignemens les plus précieux sur l'état actuel de la*
« *science*, mais mêlés quelquefois d'opinions erronées
« et de détails trop étrangers à la géographie. »

S'il m'était permis de faire entendre ma faible voix après la voix imposante du premier corps savant de l'univers, je dirais que Pinkerton a effectivement beaucoup *amélioré son ouvrage* dans cette seconde édition, dont je me flatte de faire jouir bientôt le public français, grâce au zèle ardent, aux travaux éclairés des vrais savans qui ont réuni leurs efforts pour que ce grand ouvrage ne paraisse dans notre langue, que porté au degré de perfection dont il est susceptible.

J'en donne ici l'avis charitable à M. Malte-Brun : qu'il tressaille de joie en apprenant qu'une nouvelle mine, plus féconde encore que celles qu'il a si bien exploitées à son profit, va être ouverte à sa rapacité ! Que de riches matériaux ne vont pas lui offrir pour la fabrication de sa *Géographie universelle*, et le *très-igno-rant* Pinkerton et les *pitoyables* géographes français qui le traduisent et le commentent ! Voilà de *nouveaux moyens de parvenir en littérature !*

Et c'est ce même M. Malte-Brun qui, comptant apparemment qu'un voile impénétrable couvrirait à jamais tant de turpitudes, osait dire publiquement : « On veut au-
« jourd'hui que les ouvrages de géographie soient *pensés*
« et *écrits ;* il n'y a que les géographes anglais, leurs
« *copistes* et leurs faiseurs d'annonces qui soient d'une
« opinion contraire. » (*Journal de l'Empire*, du 14 jan-
vier 1810.)

Des ouvrages *pensés et écrits !* Et ces mots ont été tracés par un homme qui ne *penserait* jamais, si un autre ne *pensait* avant lui ; par un homme qui n'eût jamais *écrit* une page , s'il ne l'eût trouvée toute *écrite !* Et quel est donc ce géographe *anglais* qui ne se croit pas dans l'obligation de *penser* et d'*écrire ?* Est-ce Pinkerton qui a tant *pensé*, tant *écrit* pour le géographe danois ? Qui ose ici parler de *copistes ?* Ah ! M. Malte-Brun ! s'il y a sur la terre un *copiste* de Pinkerton qui soit d'une opinion contraire à la vôtre , prenez-garde , vous allez vous trouver en contradiction avec vous-même !

Mais ce malheur serait-il nouveau pour vous ? Est-il un moyen plus efficace de dévoiler votre double plan de conduite pour arriver à la réputation, que de mettre M. Malte - Brun *auteur et savant* en opposition avec M. Malte-Brun *journaliste* et *juge ?* Quel être vivant, si je n'en fournis la preuve matérielle , se résoudra jamais à croire , par exemple , que c'est le plus déhonté des plagiaires qui a écrit les lignes suivantes ?

« La race des *compilateurs* pullule dans la république
« des lettres, comme les herbes parasites sur le tronc
« d'un vieux chêne que l'âge fait tomber en poussière.
« Mais de même que le chêne et le sapin nourrissent des
« champignons de diverses espèces, les *compilateurs*
« d'Allemagne et de France diffèrent en plusieurs points
« essentiels : les premiers , plus nombreux, mais plus
« exercés, font à la fois beaucoup de mal et un peu de
« bien ; leur industrie humble , obscure , mais métho-
« dique, fait circuler en détail *les trésors amassés par les*
« *savans ; nos compilateurs* sont heureusement en plus
« petit nombre , mais *plus ineptes et plus ignares :* ils ont
« aussi plus d'impétuosité, plus d'*impudence ;* ils ne se
« bornent pas, comme ceux d'outre-Rhin, à faire tran-
« quillement le métier de *fripiers littéraires ; ils pillent*
« *sur les grands chemins du monde savant :* leur avidité
« extrème ne leur laisse pas le temps de disposer, d'ar-
« ranger, de trier les produits de leur *brigandage ;* sem-
« blables aux Cosaques et aux Arabes Bédouins , ils
« *revendent leur butin* sur-le-champ et à vil prix au
« *premier juif* qu'ils rencontrent. »
« Munis de quelques livres et d'autant de *paires de ci-*

« *seaux*, ils se bornent à fabriquer à la hâte une *compi-*
« *lation* qui n'offre ni un *choix* bien fait, ni une *analyse*
« exacte et complète , etc. ». (*Journal de l'Empire, du*
« 11 *novembre* 1810. *Article signé* MALTE-BRUN.)

Voilà une distinction subtile entre les *compilateurs*
d'au-delà et d'en-deçà du Rhin : on sent qu'elle est faite
par un homme du métier. Cependant, je le confesse,
M. Malte-Brun, embarrassé par le lieu de votre nais-
sance et celui où vous exercez votre profession, je suis
resté quelque temps indécis sur la race de *compilateurs*
dans laquelle il convenait de vous ranger : je ne savais
s'il fallait voir simplement en vous un *frippier littéraire*
qui fait circuler en détail *les trésors amassés par les savans,*
ou un *Arabe qui pille sur les grands chemins.* Il m'en coû-
tait , pour l'honneur de la librairie, d'être obligé de reconnaître dans mon confrère Buisson *ce premier juif* auquel vous avez *revendu votre butin.* Mais , toute réflexion
faite, puisque c'est la traduction française de Pinkerton
que vous avez *pillée* avec *impudence,* puisque ce sont
des Français tels que MM. Gossellin, Lacroix, Walckenaer, qui ont été les objets de votre *brigandage ,*
vous serez en définitif admis au nombre de *nos compi-*
lateurs ; et, qui plus est, malgré votre qualité d'étranger,
vous en serez proclamé le Roi. Pour sceptre, l'on verra
briller dans vos mains ces terribles *ciseaux,* qui vous
ont servi à fabriquer la couronne de papier bariolé
dont vous avez affublé votre tête.

Un coup de vent peut l'en faire tomber ; mais , sur
votre front resté à découvert, ne sera-ce pas une gloire
toujours renaissante de faire lire en caractères ineffa-
çables : *Moyens nouveaux et infaillibles de parvenir en*
littérature? Après en avoir fait un si merveilleux usage, il
vous paraîtra sans doute généreux et même juste d'en
faire jouir les jeunes gens qui commencent. Qu'ils ap-
prennent donc de vous que ces moyens consistent :

1° A annoncer fastueusement l'entreprise d'un ouvrage *tout-à-fait neuf ;* à ne livrer au public , au lieu du
chef-d'œuvre promis , qu'un *choix mal fait* et une *ana-*

lyse inexacte et incomplète des livres que l'on a travaillés
à coups de ciseaux (suivant les propres expressions de
M. Malte-Brun, *article rapporté ci-dessus*) ; à s'associer
pour ce grand œuvre des collaborateurs, auxquels on
promet monts et merveilles ; à ne point dire un mot
de leurs travaux, et à s'en emparer, tandis qu'on se
hâte de décrier ces mêmes collaborateurs, afin d'éviter
jusqu'au soupçon de leur rien devoir.

2° A faire retentir tous les journaux d'un concert
unanime de louanges, soit en obsédant de prières,
d'instances et de caresses, soit en harcelant par de
perpétuelles visites de son libraire, les écrivains pério-
diques dont on a besoin aujourd'hui, et que l'on vili-
pendera demain ; à ne perdre jamais de vue qu'il y a ces
deux chances à courir auprès d'un journaliste ; savoir :
ou il est totalement étranger à la science traitée dans l'ouvrage nouveau, et, dans ce cas, il regarde comme un service le don d'un article tout fait ; ou il a dans cette partie
des connaissances qu'un homme de lettres peut regarder
comme suffisantes, et, alors, il peut admirer de bonne-
foi le savoir du plagiaire qui lui présente *comme siennes*
les découvertes ou les idées, dont il ne croit pas possible que l'impudent ne soit que le servile copiste. L'on
ne saurait admettre ici une troisième classe de juges : ce
serait celle de folliculaires, dont un dîner ou le cadeau
d'un livre bien relié régenterait l'opinion : il faut même
supposer qu'il n'existe point de telles gens parmi nous.

3° A se glisser soi-même dans un journal très-ré-
pandu, afin d'avoir constamment à sa disposition une
des trompettes de la renommée ; puis, lorsqu'on se
croit bien ancré dans ce journal, travailler *per fas et nefas* à en faire expulser l'homme loyal et confiant qui
vous y avait introduit.

4° A ériger dans ce journal un tribunal sans appel où
l'on juge les vivans et les morts ; à y disserter sur toutes
les sciences, sur tous les objets de littérature : par
exemple, sur un Traité de Mathématiques, lorsqu'on ne
sait pas encore chiffrer correctement (1), et sur le

---

(1) M. Malte-Brun a fait plusieurs articles sur des ouvrages de *mathématiques. Voyez*, pour sa science en cette partie, les pages 83 et 115.

Théâtre de Sophocle, quand on ignore les premiers élémens de la grammaire grecque (1) ; à faire le savant et le grand écrivain, avec les préfaces des livres que l'on analyse ; à piller dans ses extraits les plus belles phrases de l'écrivain que l'on juge ; à s'emparer de ses idées les plus remarquables, pour prendre envers lui un ton de maître ; à marquer scrupuleusement par des guillemets les premières lignes d'un passage important que l'on cite, et supprimer ensuite ces guillemets, afin de se donner l'air d'avoir *pensé et écrit* le reste de ce passage, sans s'exposer néanmoins à être accusé ouvertement de mauvaise foi (2).

5° A puiser dans les bibliographes ou lexicographes français et étrangers, qui renferment des titres de livres bien classés et des jugemens tout rédigés, les titres et les jugemens des ouvrages qui ont paru sur la matière de celui que l'on examine. Fier de ce secours, qu'on se garde bien d'avouer, on parle de tous ces ouvrages antérieurs comme si on les avait lus dix fois, on les caractérise par une seule ligne, on indique au nouvel auteur ces richesses inconnues, on lui donne des conseils, on étourdit les abonnés du journal par tout ce fracas d'érudition, on les force à tomber en extase à l'aspect de cette universalité miraculeuse !

6° A apporter le plus grand zèle au perfectionnement, non de la critique enjouée et de la satyre ingénieuse, mais du recueil de plaisanteries grossières, d'injures atroces, qui peuvent divertir le public des tabagies aux dépens de l'auteur, si elles ne peuvent empêcher les hommes éclairés de lire et d'estimer son livre ; s'autoriser du titre d'habitant du nord pour fouler aux pieds cette urbanité française dont on a eu tant à se louer ; abuser de l'hospitalité, jusqu'à imprimer vingt fois, au centre de Paris, que nos géographes sont *pitoyables,* que nos érudits sont des *imbécilles,* que nos professeurs sont

---

(1) M. Malte-Brun a fait des articles sur le *Théâtre de Sophocle. Voyez,* pour sa science en grec, la pag. 58, *en note.*

(2) Nous invitons nos lecteurs à relire attentivement les extraits des voyages de M. de Humboldt, par M. Malte-Brun, ainsi que son analyse des *Hindous,* de M. *Solvyns,* dont les idées sont prises dans un article de M. Langlès, publié dans le Moniteur.

des *ignorans* ; et , pour comble d'audace, demander ensuite à des journalistes français une patente de grand-homme !

7° A réunir sur-tout, au même degré, et tout ce que l'effronterie a de plus impudent, et tout ce que la souplesse a de plus vil et de plus bas. Par exemple, attaquer avec une rage brutale un savant recommandable, parce que vous l'aurez soupçonné d'avoir voulu soulever votre masque de charlatan ; puis, quand vous le voyez étourdi d'un genre de guerre si nouveau, battre en retraite, et retourner paisiblement à ses occupations chéries ; alors, s'étudier à désarmer son ressentiment et même caresser son amour-propre par les éloges que vous semerez dans la même feuille où vous l'avez déchiré ; enfin, semblable à l'huissier des *Plaideurs*, savoir profiter de l'imprudente et blâmable vivacité de vos ennemis, pour arracher à la *pitié* de ce même savant, que vous avez outragé et qui vous méprise, un extrait demi-apologétique de votre *compilation*. Dans la crainte de paraître vindicatif et injuste, il se montrera indulgent jusqu'à la faiblesse (1).

Tels sont, en substance, les *moyens de parvenir* dont j'ai rédigé le petit manuel ci-dessus d'après le grand modèle que j'avais sous les yeux. On sent bien que je n'ai pu faire entrer dans cette théorie une foule de manœuvres, qui doivent être inspirées par les circonstances à l'individu qui entend le métier.

Il apprend, par exemple, qu'un homme distingué par de grands talens se propose de publier la relation d'un voyage qu'il a fait dans des contrées célèbres. L'ouvrage sera lu infailliblement par cent mille personnes de toute condition : quel coup ce serait donc d'y obtenir une mention honorable ! Mais comment y parvenir ? on

---

(1) Cédant à cette partialité, qui avait, au reste, sa source dans un sentiment généreux, le savant désigné ici se laissa entraîner, en effet, à écrire dans un journal hebdomadaire quelques lignes en faveur de cette mixtion de Sprengel, Mannert, Gosselin, etc., que M. Malte-Brun publia sous le titre de 1er volume du *Précis de la Géographie universelle*. Mais ce savant ne put pousser la condescendance jusqu'à prôner le petit atlas : il déclara ingénuement qu'on ne saurait en faire usage sans danger pour la vue.

terne de toutes parts l'illustre voyageur qui, fatigué du spectacle des déprédations continuelles des Turcs et des Arabes, ne s'attend pas à rencontrer à Paris des pillards d'une espèce bien plus redoutable. Il est encore bien plus loin de trouver dans sa conscience ou dans son esprit le degré de perversité où peut atteindre un forban littéraire, que d'heureuses rapines rendent de jour en jour plus téméraire et plus avide. On n'éprouve donc que peu de peine à persuader à un homme loyal et sans défiance, qu'on est également savant dans les mathématiques et dans la Géographie ancienne et moderne ; on lui offre hypocritement des services *qu'on ne lui rend point* (1), et on lui arrache un témoignage d'estime qui est un honteux larcin fait à sa bonne-foi, et un crime littéraire de plus.

Mais la situation devient embarrassante : on voudrait rendre compte du voyage nouveau dans le journal auquel on travaille, parce que l'on sent très-bien que c'est un moyen de parler ou de faire parler de soi ; cependant, au moment de prendre la plume, le flibustier-folliculaire ne peut se défendre d'une réflexion. « Voici, « d'un côté, se dit-il, un auteur célèbre qui m'a déjà « accordé la mention honorable que j'ai tant souhaitée, « et dont je pourrais peut-être encore, un jour, obtenir un *memento* ; mais voici, d'autre part, un ancien journaliste qui s'est ouvertement déclaré contre « ce grand écrivain, et qui, au contraire, m'a prodigué « sinon les plus sincères, du moins les plus magnifiques éloges ; il a mon secret : c'est un homme à ménager. » Glacé à l'aspect de ces deux écueils, un sujet ordinaire n'aurait pas osé s'y engager, ou il s'y serait

---

(a) Ceci est à la lettre : **M.** de Châteaubriand, croyant avoir affaire à un individu de sa trempe, s'est fié à **M.** Malte-Brun pour la révision de certains détails géographiques qui demandent un homme du métier. Qu'est-il arrivé ? soit ignorance, soit mauvaise foi, le compilateur danois n'a rien revu, rien corrigé : aussi trouve-t-on, par exemple, l'emplacement des ruines de *Sparte* donné comme une découverte, quoiqu'il fût connu depuis cent ans ; *Damiette* représentée comme l'ancienne *Péluse*, qui est à l'autre extrémité du lac Menzahlé, c'est-à-dire à 40 milles géographiques ; le *Granique* déplacé de 60 milles ; *Kirchagach*, comme paraissant, *pour la première fois*, sur une carte géographique, tandis que cette ville est marquée sur des cartes d'Arrowsmith, etc.

brisé dès le premier pas : mais qu'imagine celui qui sait se faire *tout à tous?* Au lieu d'analyser franchement le livre en question, il s'amuse à divaguer sur l'ouvrage précédent de l'auteur, et dans un préambule tellement amphigourique qu'il y donne raison tout à la fois et aux amis et aux ennemis. Par une suite de la même tactique, s'il accorde au voyageur, pour des beautés de style, quelques louanges devenues trop vulgaires pour le flatter, il met un soin artificieux et méchant à chercher dans ses trois volumes un fait, qui puisse non seulement prêter à un indécent persifflage, mais faire naître des doutes sur la véracité de l'écrivain.

Il ne peut plus en exister maintenant sur la loyauté du journaliste-compilateur-géographe, que je viens de contraindre à paraître devant le public, dépouillé de tout l'appareil qui lui servait à éblouir les yeux des faibles. Quant à moi, victime depuis long-temps de ses déprédations, n'obtenant pour fruit des réclamations les plus légitimes que d'amères railleries ou de grossières invectives, j'ai pris enfin le parti dont de vains ménagemens m'avaient détourné jusqu'à ce jour. Déjà, il est vrai, j'avais essayé d'élever la voix dans quelques journaux; mais elle fut promptement étouffée sous les clameurs du plus audacieux des plagiaires. D'ailleurs, comme l'observait très-judicieusement M. T. dans le *Journal de l'Empire*, du 10 mars dernier :

« Rien n'est plus vague qu'une *accusation de plagiat*,
« si l'on ne prend soin de la bien déterminer *par des*
« *confrontations;* elle peut s'étendre depuis l'idée qu'on
« emprunte pour l'habiller à sa manière, jusqu'à l'ou-
« vrage entier qu'on vole *pour le publier tel qu'il est, sous*
« *son propre nom.* »

Non, sans doute, une simple *accusation de plagiat* ne suffit pas ; et l'eussé-je renouvelée chaque jour et à chaque instant, elle eût à peine attiré l'attention d'un juge impatient de s'éclairer. Il faut au public, justement incrédule en pareille matière, une *confrontation de l'o-riginal et de la copie.* Je la lui ai fournie de la manière la plus franche, la plus complète et la plus irrécusable. Qu'il prononce !

J'attends son jugement sans crainte : que dis-je ? Je l'appelle, je l'invoque. L'homme de lettres, le savant, l'ont déjà porté dans le fond de leur conscience : seraient-ils dignes de se parer de ces titres honorables s'ils ne partageaient pas toute mon indignation ? A quel ouvrage mériteraient-ils d'attacher leurs noms, s'ils ne frémissaient pas en voyant que la carrière qu'ils parcourent ne serait bientôt plus qu'une arène de gladiateurs ou une école de brigandage, si les dépouilles du génie et du travail y devenaient un trophée glorieux entre les mains de l'audacieux qui les ravit ou du fourbe qui les dérobe ? Les hommes qui écrivent, on l'a cent fois observé, exercent tous une influence quelconque sur la morale des peuples ? Sera-ce donc parmi eux-mêmes que régnera ce mépris frauduleux de la probité, plus précieuse encore que la science et les talens ? Non, jamais ; et tous ici sont prêts à joindre leur voix à la mienne. Mais est-ce d'eux seulement que mes réclamations peuvent obtenir l'accueil qui leur est dû ? Est-il une classe de citoyens qui puisse être étrangère à la violation des lois protectrices de la propriété ? Eh ! quoi ! un malheureux, tourmenté par la faim, sera puni exemplairement s'il enlève de mon jardin un fruit qui calme ses douleurs, et le téméraire qui vient porter ses mains rapaces dans une possession mille fois plus importante, jouira d'une impunité qui ne fera qu'accroître son audace et enhardir sa cupidité ?

Il viendra se parer à mes yeux des lambeaux qu'il m'a arrachés ! bien plus ! si j'ose les réclamer, il réclamera lui-même contre ma hardisse ; et, qui le croirait enfin ? Un simple éloge donné à l'une de mes propriétés deviendra pour ce furieux l'objet d'une menace (1).

___

(a) Pour comprendre ces dernières lignes, il faut savoir qu'il y a quelques mois (nᵒˢ des 29 et 30 octobre 1810), le Journal de Paris rendit compte d'un *Mémoire sur l'origine et les progrès des decouvertes faites en Asie*, par *Pinkerton*, traduit par *Dupuy*, avec des notes critiques de *M. Walckenaer*. Il n'était pas plus question de M. Malte-Brun que s'il n'existait pas. Il accourut cependant

Si telle était la violence de ses dépits, lorsqu'il croyait apercevoir la plus légère atteinte à la suprématie scientifique qu'il prétendait exercer parmi nous, quels seront les transports de sa rage en se voyant livré nu et sans masque à la risée publique? Je sais, quant à moi, quel orage s'apprête à fondre sur ma tête. Si le compilateur danois perd désormais toute autorité auprès des savans, ne peut-il conserver quelque crédit auprès des abonnés de son journal? S'il faut qu'il renonce au plaisir de vanter les ouvrages qu'il fabrique, ne peut-il jouir de la douceur de déchirer ceux que je vends? Oui, sans doute, et j'entrevois déjà quelle grêle d'articles foudroyans se prépare dans l'atelier du folliculaire; mais déjà aussi j'entends la réponse qui leur sera faite par tous les lecteurs que je viens d'éclairer:

Cette Géographie nouvelle est mauvaise, — *parce que le libraire a prouvé à M. Malte-Brun que la sienne n'était qu'un tissu des plus honteux plagiats.* —

Ce Traité de mathématiques ne vaut rien, — *parce que le libraire a prouvé à M. Malte-Brun qu'il ne savait pas l'arithmétique.*

Ce voyage est sans intérêt, — *parce que le libraire a prouvé à M. Malte-Brun qu'il composait ses* Annales des Voyages *avec des lambeaux de livres qui sont dans les mains de tout le monde.*

---

chez moi le lendemain matin, et, ne m'y trouvant point, il y laissa le billet suivant, dont je garde l'original :

« Je suis venu pour acheter le Mémoire d'Asie, par Pinkerton, traduit par
« Dupuy, en ayant besoin pour réfuter les *insolentes assertions* de l'anonyme,
« qui, dans le Journal de Paris, annonce comme neuves des matières que j'ai
« déjà traitées. Si vous ne vendez pas le Mémoire, *je n'en formerai pas moins*
« *ma plainte* contre l'anonyme. »   *Signé* MALTE-BRUN.

Deux mots suffiront pour expliquer cette grande colère du compilateur danois.
1º Il était désespéré qu'en donnant connaissance au public de ce Mémoire de Pinkerton, qui fait partie de sa seconde édition, on l'empêchât d'y piller à son aise, comme il se le proposait.
2º Pinkerton déclare dans ce Mémoire qu'il s'est procuré des matériaux *inconnus aux auteurs qui l'ont précédé.* Quel coup de foudre pour un pauvre compilateur, qui, au contraire, ne parle jamais qu'après tout le monde!
Enfin une note apprend que plusieurs savans français se sont réunis pour publier la 2e édition de Pinkerton, *avec un atlas entièrement neuf.* — « Que va devenir mon *petit atlas* ? se sera dit M. Malte-Brun. »

Cette histoire naturelle est remplie d'erreurs, — *parce que le libraire a prouvé que M. Malte-Brun était naturaliste au point de confondre des zèbres avec des zébus.*

Ce roman anglais, ce roman allemand sont détestables, — *parce que le libraire a prouvé à M. Malte-Brun qu'il entend à peine et l'anglais et l'allemand.*

Cette grammaire grecque est défectueuse, — *parce que le libraire a prouvé à M. Malte-Brun qu'il ne connaissait point les articles et pas même les caractères grecs.*

Songez, d'ailleurs, M. Malte-Brun, à une vérité qui fait ma consolation comme elle fait votre désespoir : vos articles de journaux passeront, et cet écrit accusateur vivra plus long-temps que vos ouvrages mêmes. Ainsi, abstenez-vous, croyez-moi, de toute folle récrimination : parvinssiez-vous à persuader à cent mille sots que MM. Gossellin, Lacroix, Walckenaer, Koch, Pinkerton, sont des *ignorans*, il n'en sera pas moins prouvé que vous les avez tous ignominieusement pillés.

Mais pourquoi m'occuper encore de ce que pourra imprimer M. Malte-Brun ? Le voilà dépouillé de tout cet attirail qui en imposait non seulement à la multitude, mais même à des hommes graves, et, ce qui paraît incompréhensible à des hommes plus versés que lui dans la science où il aspirait à régner. Le sycophante a perdu tous ses prestiges. Si, jadis, étayé de l'appui des savans mêmes qu'il avait volés ; si favorisé, sur-tout, par la répugnance qu'ont les ames droites et loyales à soupçonner tant de perversité, il parvint à trouver des protecteurs et des panégyristes, tout espoir d'un pareil succès lui est interdit à l'avenir. Le censeur, aussi distingué par son intégrité que par son esprit, qui accueillait dans son journal des articles, où il croyait sincèrement que M. Malte-Brun n'avait en vue que les progrès de la science, admettra-t-il dorénavant les diatribes d'un pirate qui prétendrait avoir le droit de prodiguer l'outrage aux victimes mêmes de ses rapines ? Le critique honnête qui, étranger aux manœuvres du plagiat et de l'intrigue, ne dédaignait pas de consacrer sa plume à l'éloge des *travaux* de M. Malte-Brun, ira-t-il désormais la prostituer à l'apologie d'un brigandage dont notre histoire littéraire n'offrait point d'exemples, jusqu'à ce qu'un étranger vînt en donner le scandale parmi nous ? Et aurai-je à redouter moi-même l'animadversion des écrivains qui sont ou les guides ou les échos de l'opinion générale, lorsque je viens, j'ose le dire, de bien mériter de la société entière ?

Oui, M. Malte-Brun, je vous le déclare en face : en dévoilant vos infâmes plagiats et vos basses manœuvres, j'ai, sans contredit, rendu à la morale publique, à la littérature, à d'illustres savans, et à mon pays qu'ils honorent, un service signalé. Mais en est-il un plus réel que celui que je vous rends à vous-même ? Tâchez d'obtenir de la rage qui vous dévore assez de calme, pour comprendre que cette assertion n'est point une ironie barbare par laquelle je veuille ajouter à la confusion dont le poids vous accable. Quelques instans de réflexion peuvent vous convaincre que ce même écrit, qui va d'abord allumer votre colère et redoubler votre haine, doit au contraire mériter toute votre reconnaissance. Si quelque autre écrivain, avouez-le, se fût rendu coupable (je ne dis pas de délits aussi graves, aussi authentiquement constatés, parce que de telles turpitudes ne se renouvellent pas deux fois dans un siècle), mais seulement d'un étalage d'érudition empruntée, avec quelle rigueur inexorable ne l'eussiez-vous pas immolé dans vos journaux ? Le malheureux, sur-tout, qui vous eût volé une seule ligne, aurait-il eu jamais la faculté d'en écrire une seconde ? Accablé de railleries, d'injures, poursuivi dans sa personne comme dans ses ouvrages, bientôt il eût été réduit à aller pleurer dans une retraite éternelle sur l'erreur d'un moment. Ma vengeance est-elle aussi impitoyable ? m'entraînera-t-elle à d'aussi cruels excès ? Non, sans doute ; voyez en moi un plus noble ennemi.

Si, contraint par vos provocations multipliées à vous traîner sur la place publique, je vous y ai forcé à de honteuses restitutions ; si mes révélations vous ont fait descendre du rang que vous aviez usurpé dans le monde savant, pensez-vous que mon légitime courroux me rende assez inique, assez aveugle pour vous contester toute espèce de savoir ou de talent? Parce que dans des volumes entiers vous n'êtes que servile copiste, nierai-je que dans quelques pages vous ne puissiez être observateur judicieux ou narrateur intéressant? Dans vos Annales des Voyages, dans des articles de journaux, et même dans votre Précis géographique, des hommes faits pour être vos juges ont reconnu qu'avec du travail et des années, vous pourriez vous placer honorablement dans les rangs de ceux que vous pillez et que vous injuriez aujourd'hui. Eh bien donc ! M. Malte-Brun, que ce jour soit pour vous l'époque d'une vie nouvelle ! consacrez à l'étude le temps que vous donniez à l'intrigue ; aspirez à devenir un des soutiens de la science, au lieu d'en être le scandale ; et si vous publiez ensuite les ouvrages , fruits de vos travaux, que ce soit, du moins, sans causer la honte de ceux qui les louent, et le déshonneur de ceux qui les débitent !

SUPPLÉMENT.

Avant d'entreprendre la lecture de ce Mémoire, il n'est personne qui n'eût refusé d'ajouter foi à la centième partie des accusations dont les preuves y sont déduites d'une manière irréfragable ; et, après l'avoir lu, il n'est personne qui ne soit confondu, affligé même, en réfléchissant qu'un tel excès d'impudence avait trouvé parmi nous des dupes et des prôneurs. Que je suis loin, cependant, d'avoir tout révélé ! combien de larcins sont encore perdus dans la foule ! Mais l'éveil est donné, tous les yeux sont ouverts ; et chaque jour va éclairer la découverte d'une iniquité nouvelle. En voici quelques exemples :

Il est dit, page 27 (en note), que M. Malte-Brun ayant à rendre compte du bel ouvrage de M. Solvyns, intitulé : les *Indous*, avait *pris* les idées de son analyse dans celle que M. Langlès avait déjà donnée dans le Moniteur. On va voir que cette assertion était encore au-dessous de la vérité.

En confrontant le *Moniteur* du 5 novembre 1809 et le *Journal de l'Empire* du 21 du même mois, même année, on trouvera non seulement que l'article de M. Malte-Brun est une contre-épreuve manifeste de l'article de M. Langlès; mais on se convaincra 1° que le Danois a copié mot à mot 21 lignes in-4° de l'ouvrage même de M. Solvyns (tome 1), sans les indiquer avec des guillemets, comme avait fait M. Langlès. 2° Que le plagiaire a volé 29 lignes entières à M. Langlès lui-même.

Ainsi, que nous examinions M. Malte-Brun dans ses ouvrages de Géographie, dans ses Annales des Voyages, dans ses articles de Journaux, nous le trouverons toujours *pensant, toujours écrivant* ce qu'ont *pensé*, ce qu'ont *écrit* les autres. (Voyez la page 123.)

Mes lecteurs vont avoir ici une nouvelle preuve que, dans mon plaidoyer, je n'ai rien avancé au hasard. Je disais (page 121): « Le docteur Danois a-t-il pu se

« flatter sérieusement que tôt ou tard nous ne dé-
« couvririons pas les sources où il a trouvé le secret de
« devenir, en huit jours de temps , Géologue, Physi-
« cien , Minéralogiste , etc. ? »

Depuis que j'ai écrit ces lignes , on m'a fait part effectivement d'une petite découverte dont je ne puis donner ici qu'un aperçu ; il ne tiendra qu'aux curieux, au reste, de recourir aux renseignemens indiqués , s'ils veulent se procurer le plaisir de voir M. Malte-Brun *travaillant* encore un de nos savans, comme il *a travaillé* MM. Gossellin, Lacroix, Walckenaer, Pinkerton , etc.

Ouvrez, d'une part, le *Traité de Topographie, d'Arpentage et de Nivellement*, par M. L. Puissant, chef de bataillon au Corps impérial des ingénieurs-géographes, un vol. in-4° (*chez Courcier, quai des Augustins*) ;

Et de l'autre part , prenez le tome II du *Précis de la Géographie universelle*, par M. Malte-Brun ;

Puis , commencez la confrontation , d'après le procédé dont j'ai fait usage jusqu'ici , et selon les indications qui suivent :

Traité de Topographie par M. Puissant, p. 117.	*Malte-Brun, Précis de la Géographie universelle*, t. II, p. 94.
Soit AP le rayon représentatif, etc. , *jusqu'à* la représentation des points A , (1) , (2) , p. 118.	
	Copié mot à mot.
Idem, p. 119.	*Idem*, p. 95.
Soit AB la projection de l'équateur, etc., *jusqu'à* représenté par l'axe PP', p. 120.	
	Copié mot à mot.
Idem, p. 121.	*Idem*, p. 96.
On place un rayon , etc. *jusqu'à* géométrie élémentaire, *même page*.	
	Copié mot à mot.
Idem, p. 121.	*Idem*, p. 96.
Ces courbes circulaires , etc. *jusqu'à* par la latitude de 90 deg., p. 122.	
	Copié presque mot à mot.

Puissant, p. 122.	*Malte-Brun , p.* 96 *et* 97.
Soit ADBE l'horizon d'un lieu, etc., *jusqu'à* la hauteur du pôle.	

Mot à mot.

Idem , p 123.	*Idem , p.* 97 *et* 98.
Or , le méridien dont le plan est perpendiculaire, etc., *jusqu'à* le plan de projection , *p.* 124.	

Copié presque mot à mot. Le plagiaire cite en note le savant auteur qu'il pille, mais sans parler de ce qu'il a volé plus haut.

Idem , p. 124.	*Idem , p* 98.
D'un point quelconque, etc., *jusqu'à la fin de l'alinéa.*	

Copié mot à mot.

Idem , p. 125.	*Idem , p.* 98.
Dans le cas où l'on n'aurait pas d'espace, etc. *jusqu'à la fin de l'alinéa.*	

Quatre lignes volées ! que le plagiaire, selon sa coutume , a tronquées.

Idem , p. 125.	*Idem , p.* 98 *et* 99.
Il est très-facile, etc. , *jusqu'à* tout ce qu'il faut pour le décrire.	

Copié servilement.

Idem , p. 127.	*Idem , p* 101.
Soit Z le zénith d'un lieu, etc. , *jusqu'à* de la circonférence ABD , *p.* 128.	

Copié presque mot à mot.

Idem , p. 131.	*Idem , p.* 104.
Soit l'angle DCP, etc. *jusqu'à* il suit de-là , etc.	

Le plagiaire a fait sauter l'opération algébrique, comme ne l'entendant pas ; mais, en revanche, il a copié mot à mot les deux passages indiqués, au moyen d'une suture.

Puissant, p. 135. **Afin** de mieux fixer les idées à cet égard, etc. *jusqu'à la fin de l'alinéa.*	*Malte-Brun*, p. 109 et 110. Copié servilement.
Idem, p. 138. Proposons-nous, etc. *jusqu'au bas de la page 140.*	*Idem*, p. 119, 120 et 121.

Tout ce long passage est *copié* mot à mot, et non *extrait*, comme l'annonce le plagiaire. Lorsqu'on cite le texte d'un auteur, il faut guillemeter le passage, mais ne pas l'altérer.

Après avoir accumulé tant d'exemples, tant de preuves d'un brigandage littéraire pour qui rien n'est sacré, il est impossible de douter qu'un examen plus étendu ne conduisît à la découverte d'une multitude de plagiats aussi infâmes. Il serait même superflu de les énumérer dans toute la *partie mathématique* et *physique* des *compilations* (je ne puis plus dire *ouvrages*) de M. Malte-Brun : ces sciences lui sont tellement étrangères, que je n'hésite pas à avancer que, dans tout ce qu'il a fait imprimer sur les matières de ce genre, *il n'y a pas une seule ligne* qui lui appartienne en propre, si ce n'est celles qu'il glisse quelquefois dans le texte copié, soit dans l'idée pitoyable de déguiser ses vols, soit pour coudre un passage à un autre. Et encore avons-nous vu que lorsqu'il s'aventure à faire un pas tout seul, il tombe aussitôt dans le bourbier.

Eh bien ! vous le voyez, M. Malte-Brun, le jour de la justice est arrivé : j'ai soulevé, j'ai déchiré ce voile imposteur que vous aviez cru impénétrable. Ne me forcez pas à pousser plus loin de légitimes représailles : respectez mes propriétés, cessez d'en faire à la fois l'objet de vos rapines et de vos outrages, ou craignez tout de l'issue d'une guerre que vous avez si long-temps et si imprudemment provoquée. Je puis rendre plus redoutables encore les armes que vous m'avez fournies vous-même : je m'entourerai, s'il le faut, de *lec-*

teurs, de *traducteurs*, d'*examinateurs* en tout genre ; je disséquerai vos compilations jusqu'à la dernière syllabe, je vous arracherai jusqu'au dernier des lambeaux dont vous cherchez à voiler la confusion qui vous couvre !

FIN.